金融工程案例分析

CASE ANALYSIS FOR FINANCIAL ENGINEERING

徐凤敏 ◎ 主编

中国财经出版传媒集团
经济科学出版社
Economic Science Press

图书在版编目（CIP）数据

金融工程案例分析 / 徐凤敏编著．—北京：经济科学出版社，2021.2
ISBN 978－7－5218－2313－4

Ⅰ．①金…　Ⅱ．①徐…　Ⅲ．①金融工程－案例　Ⅳ．①F830.49

中国版本图书馆 CIP 数据核字（2021）第 015203 号

责任编辑：李　军　谭志军
责任校对：隗立娜
责任印制：李　鹏　范　艳

金融工程案例分析
徐凤敏　编著
经济科学出版社出版、发行　新华书店经销
社址：北京市海淀区阜成路甲 28 号　邮编：100142
总编部电话：010－88191217　发行部电话：010－88191522
网址：www.esp.com.cn
电子邮箱：esp@esp.com.cn
天猫网店：经济科学出版社旗舰店
网址：http://jjkxcbs.tmall.com
固安华明印业有限公司印装
787×1092　16 开　17.5 印张　380000 字
2021 年 2 月第 1 版　2021 年 2 月第 1 次印刷
ISBN 978－7－5218－2313－4　定价：68.00 元
（图书出现印装问题，本社负责调换。电话：010－88191510）

前　言

2020年是不平凡的一年，突如其来的疫情扰乱了全球经济发展的节奏，给世界各地的人民带来了巨大的灾难。金融市场也上演了众多历史性时刻。3月19号，美国标准普尔指数大跌7%，触发了10天内的第四次熔断，也是美国股市历史上第5次熔断。4月20日，WTI原油5月期货合约历史上首次出现收盘价为负值的情况，最低价格达到－40.32美元。这些惊心动魄的金融工程案例不断重塑着金融行业从业者和科研人员的认知，同时也对金融工程领域的科研工作和教育工作提出了更高的要求。本书的特色之一就是探讨这些切实影响整个市场的重大金融案例，帮助读者在学习金融工程知识的同时，运用金融工程理论解释重大金融事件。

金融工程作为一个年轻的学科，诞生在波澜壮阔的20世纪50年代，彼时信息技术革命刚刚兴起，运筹学大师辈出，第二次世界大战复兴的浪潮为金融市场注入了新的活力，而传统的金融理论和产品已经无法满足日益高涨的生产需要和投资需求。1952年，哈里·马科维茨创造性地运用收益的一阶信息和二阶信息度量收益和风险，开启了金融工程理论研究的新纪元。之后，金融工程理论研究以不确定条件下的微观经济为基础，通过各类金融工具，如债券、股票、基金等基础工具和远期、期货、期权和互换等衍生工具讨论资本市场的运营。近年来，量化交易、大数据、人工智能和金融科技的兴起，对投资银行、对冲基金、商业银行、保险公司等各类金融机构和现代企业的资金运作、交易模式和风险防范提出了更高的要求。在当前大数据的时代背景下，金融工程迎来了新的发展契机。该领域的前沿越来越侧重于基于多因子模型、机器学习、数据挖掘等方法开发量化投资策略、基于实际金融问题的需求设计开发新型产品，包括资产证券化产品等，以及基于大数据和高维统计方法进行定价和风险管理。

作者从事金融工程相关科研和教学工作近二十年，在授课过程中深感实际问题导向对金融工程学科的重要性。学生们需要一本能引导其灵活利用金融和数学知识思考、分析及解决实际问题的书籍。为了满足数据时代对金融工程人才培养的需求，作者编写了《金融工程案例分析》一书。本书以金融工程领域的理论知识为基础，以金融市场中的真实案例分析为核心，旨在为金融工程专业的学生以及需要掌握金融工程相关知识的读者提供参考。

西安交通大学经济与金融学院金融优化团队的老师参与了本书的编写，感谢他们提供的资料和修改意见。金融工程专业 51、61、71 班部分同学参与了案例的整理，李雪鹏博士和刘文玲博士参与了本书的编写，在此感谢他们的辛勤付出。本书的出版离不开国家自然科学基金重点项目（编号：11631013）、国家自然科学基金面上项目（编号：11571271）和西安交通大学出版基金的资助和帮扶，再次表示衷心的感谢。最后感谢华紫悦同学的支持与陪伴。

限于作者水平，虽已竭力修改，但仍不免有错误之处，敬请各位读者批评指正。

徐凤敏

2021 年 1 月

目　录

第1章 绪论

引例

1634年，荷兰全国上下都开始为郁金香疯狂。起初，郁金香价格不断升高，参与者低买高卖，尝到不少甜头，因此对郁金香的市场行情信心大增，倾家荡产地把更多钱投入郁金香买卖。为了方便交易，1636年，郁金香在阿姆斯特丹及鹿特丹证券交易所上市。为了给普通人投资机会，交易所甚至把单株郁金香分割为细股，并制定了一系列交易规范。与此同时，荷兰政府也颁布了郁金香交易法，为郁金香交易设立特别公证人，指定具有资质的交易所。

1635～1636年，荷兰郁金香合约价格上涨幅度达到5900%。在这股狂热到达巅峰时，也就是1636～1637年的寒冬，荷兰人创造了“期货选择权”。人们不仅买卖已收获的郁金香球茎，而且还提前买卖1637年将要收获的球茎，交割前不需要付款，交割时只需交割证券市场差价。同时还产生了交易杠杆、允许卖空等交易机制，球茎的期货市场就这样诞生了。现在，我们耳熟能详的“看多”“看空”“期权”“期货”等证券市场名词基本都是那个时候由荷兰人创造出来的。

（资料来源：M. 达什著，冯璇译.《郁金香热》，社会科学文献出版社，2015年5月）

这次事件被称作“荷兰郁金香热”，其中已经开始出现金融工程的一些概念。

（1）什么是金融工程？

（2）遇到金融工程相关事件时，我们应该如何理性地分析它？

1.1 金融工程

1.1.1 定义及特点

金融工程（financial engineering）一词早在20世纪50年代就已经出现在相关文献中，1988年，美国金融学家约翰·芬尼迪首次对其概念进行明确：金融工程包括创新型金融工具与金融手段的设计、开发与实施，以及对金融问题给予创造性的解决。

根据约翰·芬尼迪的定义，金融工程的研究范围可分为三个方面：一是新型金融工具的研究与开发，这部分内容相当广泛，从期货、期权到零息债券、可转换债券皆属此列；二是设计研究风险管理技术，从整体上构筑更为完善的金融体系，以增强整个金融市场的稳定性和有效性；三是为解决某些金融问题提出完备的方法，包括公司融资结构的创造、企业兼并收购方案的设计、资产证券化的实施等。

随着金融工程相关理论的不断实践，1992年，约翰·马歇尔从实务角度对金融工程的研究范围重新做出如下界定：一是公司理财，当传统的金融工具难以满足公司特有融资需要（包括兼并与收购）时，金融工程师要为其设计出适当的融资方案；二是证券及衍生产品等金融工具的交易，主要是开发具有套利性质或准套利性质的交易策略，这些套利策略可能涉及不同的地点、时间、金融工具、风险、法律法规和税率等；三是投资与货币管理，开发新型投资工具，如“高收益”共同基金、货币市场共同基金，以及反向回购协议，将高风险投资工具转变为低风险；四是风险管理，是指将各种风险管理方法组合进行金融风险分析与管理的工作，基于对企业的风险识别与度量，根据企业管理目标，利用已有金融工具构造降低或避免风险的方案。

通过对上述金融工程定义的理解，总结其特点如下：

1. 综合性

金融工程跨越多门学科，是现代金融理论和现代工程技术相结合的产物。工程技术进入金融领域，使金融学进入一个新的发展阶段——从描述、分析阶段进入工程化阶段。现代金融理论包括证券组合理论、资产定价理论以及金融衍生产品定价理论，现代工程技术包括信息技术、数值计算、仿真模拟、人工智能等。

2. 创造性

对金融工程而言，创造性具有三种含义：一是金融领域中思想的跃进，如创造出第一份期权合约、第一份互换合约等；二是对已有观念做出新的理解和应用，如将期货交易推广到以前未能涉及的领域，产生金融期货等；三是对已有金融产品和手段进行重新分解和组合，从而创造出新型金融工具，如远期、互换、期货、期权、互换期权等复合型金融工具。

3. 实用性

金融学科的工程化表明金融学已经从抽象的理论中走了出来，开始面向客户、面向市场。在当今的金融市场上，越来越多的客户已经不仅仅满足于市场上现有的金融工具，他们更需要具有个性化的产品。正是这种需求推动着金融产品不断更新换代，也使得金融工程学成为理论和实践联系最紧密的学科之一。

1.1.2 产生及发展

随着金融市场在20世纪80年代后期发展到工程化的阶段，金融工程逐渐形成体系，1991年“国际金融工程师学会”（International Association of Financial Engineers）的成立被研究者广泛认同为金融工程学正式确立的标志。自诞生以来，金融工程就是一个不断自我更新、拥有深刻理论内涵和市场应用前景的学科，它的发展壮大将金融市场推向了新层次。金融工程的关键发展时期如表1.1所示。

表1.1　　金融工程发展大事记

时间	事件
16世纪	荷兰郁金香热创造金融衍生品雏形
17世纪初	阿姆斯特丹银行利用工程化思想发行银行券
1848年	芝加哥期货交易所成立并开始规范化远期合约交易
1973年	芝加哥期权交易所成立并开始统一标准化的期权合约交易
1981年	IBM与世界银行之间基于固定利率进行货币互换
1992年	信用衍生产品诞生
21世纪以来	大数据、区块链、云计算、人工智能等前沿技术不断打破和重构金融工程的内涵

资料来源：笔者自行整理。

金融工程作为金融市场中前沿、尖端和高科技的部分，它的快速发展与三个方面是分不开的：一是现代金融理论的形成和发展；二是社会经济的全球化、自由化发展；三是科学技术的不断发展和广泛应用。

欧文·费雪（1896）提出了资产当前价值等于其未来现金流贴现之和的思想，弗里德里克·麦考利（1938）提出了债券久期的概念。20世纪中期，投资组合选择理论（马科维茨，1952）和MM定理（莫迪里阿尼，米勒；1958）的提出开启了现代金融理论的定量化发展新时代。随后，资本资产定价模型（夏普等，1964）、期权定价一般模型（布莱克，斯科尔斯；1973）、套利定价模型（罗斯，1976）的相继发表将分析型的现代金融理论推向成熟。20世纪90年代之后，更是涌现出一系列基于金融市场实践的理论，如，在险价值理论（G30 集团，1993）、风险平价理论（钱恩平，2006）等。现代金融理论的形成和发展为金融工程的快速发展奠定了坚实的理论基础。

随着全球经济的稳定发展与社会财富的逐步增长，投资者的理财需求不断增加，对个性化金融服务和金融产品创新的需求也越来越大。与此同时，20 世纪 70 年代以来，国际经济局势日趋复杂（布雷顿森林体系崩溃、两次中东石油危机、西方资本主义世界通货膨胀加剧、周期性金融危机），经济环境急剧变化导致经济活动中的不确定性不断增强，投资者及相关利益共同体出于自身经营的需要，依托于现代信息技术的应用和发展，以加强风险控制为主体，直接推动了金融创新（金融产品、金融工具、交易制度）的发展，间接促成了金融工程的兴起和发展。

近年来，金融工程爆炸式发展是科学技术发展和广泛应用的结果。科学技术，特别是数理分析技术、计算机信息技术、数值计算和仿真技术为金融工程的产生和发展提供了技术支持、物质条件、研究手段和新的发展空间。计算机的大规模运算和数据处理能力的不断提升推动了相关技术在金融领域的应用；通信技术的发展使世界金融市场通过信息连成一体；各种大规模的计算和分析软件包为金融工程提供了开发和实施各种新型金融产品、解决金融财务问题的有效手段；计算机软件技术和仿真技术也被应用于各种新型金融衍生产品的交易。

1.1.3 知识结构及应用领域

作为一门新兴的交叉学科，金融工程是金融科学的工程化和产品化，是现代金融学、现代信息技术和工程技术方法的结合，有“现代金融的高科技领域”之说。

金融工程的基本知识结构可概括为三部分。第一部分是概念性工具，是使金融工程成为一门正式学科的思想和理论，包括估值理论、证券组合理论、套期保值理论、资本资产定价理论、套利定价理论、期权期货定价理论、风险管理理论、会计关系、税收待遇等；第二部分则是被用于实现某一特定目的的实体性工具，包括基础证券、衍生工具和混合工具（基础证券与衍生证券的结合）；第三部分是利用概念性工具和实体性工具来解决金融实际问题的金融策略，包括资产负债管理策略、套期保值以及相关的风险管理策略套利、投机、避税策略、流动性管理策略等。

金融工程可应用于公司财务管理、个人理财、证券及衍生产品交易、投资与货币管理等诸多方面，具有个性化、灵活性、创新型的特点。金融工程也有其弊端。首先，虽然金融工程方法能够根据客户的需求，通过分解组合改变某个客户的风险收益比，但是它并不能消除风险，也不能在风险不变的情况下无限制地增加收益。其次，金融工程为市场提供了丰富多彩的产品选择，提供了众多对冲风险的手段，但同时衍生金融工具虚拟程度的不断加深、杠杆效应的一再放大，会使风险产生聚合作用。一旦风险暴发，将对相关经济主体产生毁灭性打击。最后，由于现实市场的复杂多变性以及存在许多无法被量化的因素，金融工程的理想化假设和过度依赖数学工具有可能导致预估状况与实际情况存在较大偏差。

1.2 金融工程的基本分析方法

1.2.1 基本假设

金融工程的理论研究需要通过简化实际情况，进而建立模型来实现市场的定量化分析。现对实际市场做出一些假设：

假设1 市场无摩擦，即市场无交易成本；

假设2 市场无卖空限制；

假设3 无对手风险，即交易双方无违约；

假设4 市场参与者风险厌恶，并希望财富越多越好；

假设5 市场不存在套利机会；

假设6 市场完全竞争，即参与者都是价格的接受者。

这些假设只是一般性假设，不排除具体情况具体假设的可能性，并且上述假设是为了在进行分析时更为方便，可根据情况逐渐放宽。

1.2.2 基本思想

金融工程有其特定的分析方法，具有代表性的有：无套利均衡分析、工程化分析、分解组合分析。

1. 无套利均衡分析

算例 1-1 无套利均衡分析

假设货币市场上英镑利率为6%，美元利率为10%，外汇市场上英镑与美元的即期汇率为1:1.8，一年期的远期汇率还会是1:1.8吗？

假设套利者借入1英镑，则他1年后应归还1.06英镑。若他在即期市场用1英镑兑换1.8美元，存放一年，则到期可得到1.98美元。

若一年期的远期汇率依然是1:1.8，则套利者可换回1.1英镑，归还1.06英镑后，剩余0.04英镑，套利者获取无风险利润，此时市场不均衡。因此一年期远期汇率不会是1:1.8（套利机会的存在会促进外汇市场短期美元需求上升，长期美元需求下降，引起汇率的波动，直到不存在套利机会为止）。

2. 工程化分析

工程化分析是指利用数学建模、数值计算、网络图解、仿真模拟等技术手段，以工程化思想分析金融工程案例的过程。工程化分析方法一般包括以下几个步骤：

（1）诊断：识别客户要求和特殊困难，分析问题本质和来源；

（2）研究和设计：根据现有的金融理论、技术、市场状况和本公司、客户资源状况，依照金融监管要求，为客户寻找解决问题的最佳方案；

（3）开发和定价：按照上述最佳方案开发新型金融产品并计算产品价格；

（4）管理和调整：考察金融产品运行状况，监督公司和客户的头寸暴露情况，进行动态交易调整。

3. 分解组合分析

分解组合分析又被称为积木分析法或模块分析法，是指将各种金融工具进行分解、组合，以解决金融工程问题的方法。该方法中的“积木”包括股票、债券等基础证券工具以及远期、期货、期权、互换等衍生工具等，具体分析过程如下：

（1）分解技术：在既有的金融工具基础上，通过拆分风险进行结构分解，使其风险因素与原工具分离，创造出若干新型金融工具，以满足不同偏好投资人的需求，例如将附息债券拆分为零息债券等。

（2）组合技术：是指在金融工具或产品之间进行搭配，通过构造对冲头寸规避或抑制风险暴露，以满足不同风险管理者的需求，例如股票与期权组合、期货与现货组合等。一般地，在分解与组合的过程中会出现6种情况（以股票为例）：资产多头、资产空头、看涨期权多头、看涨期权空头、看跌期权多头以及看跌期权空头。为了更方便地分析这些情况，我们利用金融产品损益图，图1.1所示的为3种头寸情况的损益图。可以看到，一单位资产多头与一单位看跌期权多头产生的投资效果等同于一单位看涨期权多头。

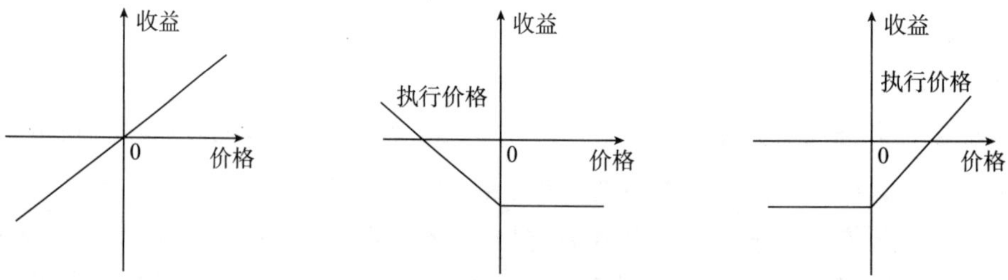

(a)资产多头　(b)看跌期权多头　(c)看涨期权多头

图1.1　组合金融产品损益

1.2.3　基本定价原理

金融产品的定价方法通常被分为绝对定价法和相对定价法。绝对定价法是指一个金融产品当前的价格等于其未来现金流以适当贴现率贴现的数值之和，适用于一般的基础性金融产品，如股票、债券等。相对定价法是探索标的资产价格与金融产品价格之间的内在关系，根据标的资产的价格求出金融产品的价格，适用于价格依赖于标的证券价格的金融衍生产品，如期货、期权等。由于定价过程中常涉及利率的计算，因此本小节先介绍连续复利的概念，然后介绍三种常见的相对定价方法：无套利定价、风险中性定价以及状态价格定价。

1. 连续复利

连续复利是指在期数趋于无穷大的极限情况下得到的复合利息，就是俗称的“利滚利”。假设投资者对一项资产投入数额为 A，该项资产的年化利率为 r，如果每年复利 m 次，投资 n 年，则该项资产 n 年后的终值为：

$$A\left(1+r/m\right)^{mn} \tag{1.1}$$

当期数趋于无穷大时可得到连续复利终值公式为：

$$\lim_{m\to\infty}A\left(1+r/m\right)^{mn}=Ae^{rn} \tag{1.2}$$

反之，也可得若终值为 V，该项资产在连续复利情况下的现值为：

$$Ve^{-rn} \tag{1.3}$$

2. 无套利定价

套利是指在没有任何风险和损失且无须自有资金的情况下获取利润的行为。无套利定价则是指，在有效金融市场上，任何一项金融资产的定价应当使得利用该项金融资产进行套利的机会不存在。此时市场达到无套利均衡，价格为无套利价格。在实际定价过程中，无套利定价具体过程如下：

（1）利用市场上其他金融产品得出与需定价产品相关的组合；

（2）在市场无套利均衡的条件下计算组合的现值；

（3）以其组合的现值测算需定价产品的价格。

算例 1-2

假设一种不支付红利的股票，目前市价为 5 元，半年后股价要么是 8 元要么是 4 元，概率相等。以无风险年利率 10% 进行贴现。求一份 6 个月期执行价格为 6.5 元的该股票欧式看涨期权的价格。

假设看涨期权价格为 f，依据上述定价步骤可得：

（1）利用一单位看涨期权空头和 Δ 单位股票多头构造组合。

（2）6 个月后，若股价为 8 元，期权执行，则组合的价值为 $8\Delta-(8-6.5)$；若股价为 4 元，期权不执行，则组合的价值为 4Δ。

（3）在市场无套利均衡的情况下，Δ 满足 $8\Delta-1.5=4\Delta$，因此可得 $\Delta=0.375$

（元）。将 Δ 代入，则可得 6 个月后组合价值为 1.5 元。按无风险利率折现，现值为 $1.5e^{-0.1\times0.5}=1.429$（元）。

（4）根据组合的方式，看涨期权的价格 f 满足 $5\times0.375-f=1.429$（元），则 $f=0.446$（元）。

风险中性定价

风险中性是指投资者对风险资产和无风险资产偏好相等，此时不存在风险溢价。因此，所有资产的期望收益率都等于无风险利率。在此条件下，所有资产的未来现金流均使用无风险利率进行贴现。

算例 1-3

利用风险中性定价法为算例 1-2 中的欧式看涨期权定价。

假设股票价格上涨的概率为 P，则下跌的概率为 $1-P$，根据风险中性定价原理，未来的期望价格贴现值应该等于现期的价格，无额外收益：$[8P+4(1-P)]\times e^{0.1\times0.5}=5$，则可得 $P=0.3125$。

若股价上涨，6 个月后该期权的价值为 $1.5P$，若股价下跌，该期权的价值为 $(1-P)\times0$，因此期权价格为 $f=(0.3125\times1.5+0)\times e^{-0.1\times0.5}=0.446$（元）。

状态价格定价

状态价格是指在特定的状态发生时回报为 1，否则回报为 0 的资产在当期的价格，这类资产一般被称为“基本证券”。状态价格定价是无套利以及证券复制技术的具体运用。

算例 1-4

利用状态价格定价法为算例 1-2 中的欧式看涨期权定价。

（1）构造两个“基本证券”：证券 1 在市场上升时价值为 1，下降时为 0；证券 2 在市场上升时价值为 0，下降时为 1。假设当期 1 的价格为 π_u，2 的价格为 π_d。构造 8 单位证券 1 和 4 单位证券 2 多头的组合，该组合在任何情况下都有和标的股票一样的现金流。

（2）根据无套利原理，有 $5=8\pi_u+4\pi_d$；利用 1 单位的证券 1 和 1 单位的证券 2 构造无风险资产，则根据无套利原理，有 $\pi_u+\pi_d=e^{-0.1\times0.5}$；联立上述两个关于 π_u 和 π_d 的等式，可得：$\pi_d=0.298$；$\pi_d=0.654$。

（3）继续利用两个“基本证券”构造在任何情况下都和期权现金流一样的组合：需要 1.5 单位证券 1 和 0 单位证券 2 多头。在当期满足：$f=1.5\pi_u+0$，可得期权当期

价格为 $f=0.446$（元）。

1.3 金融工程案例

1.3.1 编写目的

金融工程是市场对更高金融效率不断追求的产物，也是一个综合使用各种工具和数理方法创造性解决金融问题，推动金融产品和制度创新的系统工程。金融工程一经产生，便迅速发展成为金融市场日益重要的组成部分。

发展金融工程对我国金融市场有着十分重要的意义。第一，有利于规范金融市场的行为，并加强对商业银行等金融机构的业务管制。以金融工程作为技术支持的金融革新促使金融管制不断改进完善，并带动了金融业务创新以及经济体对宏观经济调控和金融管制力度，对加强金融立法、建立现代完善的金融管制体系有着重要的意义。第二，将促使金融产品和金融工具品种的多样化，更有利于公平竞争，也能更有效地配置社会资本资源。有利于杜绝幕后交易，方便国家在使用货币政策进行宏观调控时更多地采用经济手段进行间接调控，更便于实现宏观经济的“软着陆”。第三，将推动我国商业银行和其他金融机构的业务现代化和向国际规范靠拢。我国的民族金融业要在国内与国际和外国同行竞争，势必要采用现代化的经营手段，提供现代化的产品和服务。

20 世纪 90 年代以来，日趋复杂的金融市场开始出现很大的不稳定性，爆发了许多影响巨大的事件：英国巴林银行的倒闭、法国里昂信贷银行巨额亏损、日本东京三菱银行的合并、泰国货币贬值导致的东南亚金融危机、日元持续大幅度贬值等，这使得各国政府、金融学术界及实务界都提高了对金融工程的研究和发展的重视程度，哈佛商学院的金融与财务学教授们还编著了金融工程案例集以研究金融事件背后的原因。对重大事件分析是研究金融工程的重要途径之一，本书将在提供理论知识的基础上，放眼于国内外金融市场相关重大事件，结合文献资料对案例进行分析，提供完整的事件分析体系，得出金融工程的一般性理论、普遍性规律，以期从中吸取指导我国将来金融市场发展的经验教训。

1.3.2 本书框架

《金融工程案例分析》共 11 章，第 1 章概述了金融工程的内涵及外延，并对金融工程案例分析提供了基本的思路与分析方法；第 2 ~3 章概述了金融市场上的两种重要基础证券——股票和债券的定义、定价及风险度量；第 4 ~8 章概述了金融市场上的四种重要金融衍生产品——远期、期货、互换、期权的定义、定价及市场交易机制；第

9～10章概述了金融市场上的两种重要交易方式——套期保值和套利的定义及交易机制；第11章概述了量化交易的定义、经典策略及评价指标。本书的第2～11章均在理论知识的基础上对相关案例进行了深入剖析，图1.2给出了本书的知识框架及案例索引。

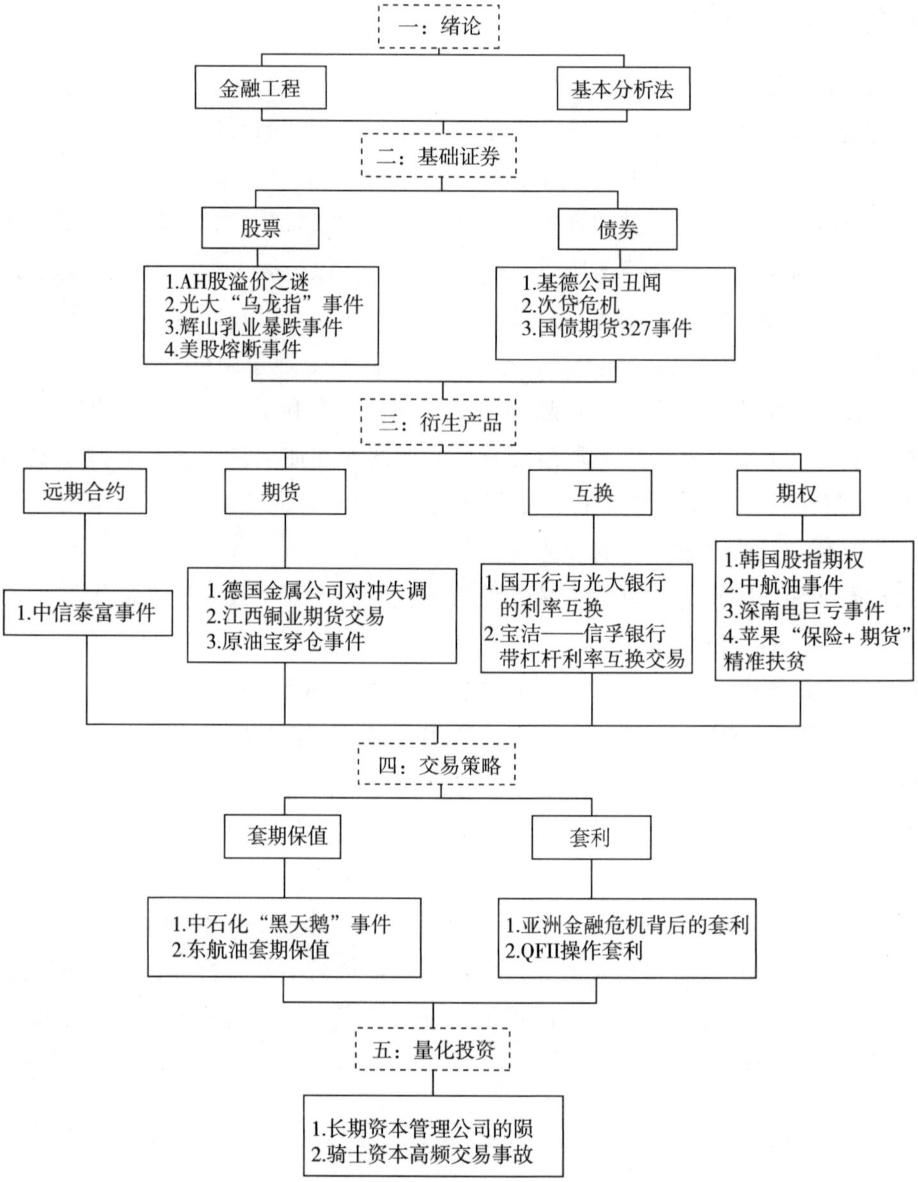

图1.2　知识框架及案例索引

第2章 股　票

引　例

英国南海公司成立于1711年，成立之初，公司认购了总价值近1000万英镑的政府债券，至1720年，南海公司承诺接收全部国债并要求政府逐年偿还。该公司允许客户以分期付款的方式来购买公司的新股票（第一年仅需支付10%的价款），此外，公司为了融资夸大了业务前景。多种因素促使其股票大受追捧，股价由每股120英镑急升至1000英镑以上。在南海公司股票价格扶摇直上的示范效应下，全英所有的公司股票都成了投机对象。1720年6月，为了制止各类“泡沫公司”的膨胀，英国国会通过了《泡沫法案》，炒股热潮随之减退，外国投资者纷纷抛售南海股票，英国国内投资者纷纷跟进，南海股价很快一落千丈，“南海泡沫”由此破灭。

这就是人类历史上第一次“经济泡沫”，它与郁金香热、1929年美国股票危机被合称为“三大著名投机风潮”。

（资料来源：财经国家周刊，《男孩事件：牛顿时代的金融泡沫》）

（1）什么是股票？股票由谁来发行？发行股票的目的是什么？

（2）股票的价格是如何决定的？

（3）“南海泡沫”的产生与破灭分别是由什么原因导致的？

2.1　股票

2.1.1 定义及分类

股票（stock）的思想起源于1596年的荷兰东印度公司，它是股份公司为筹集资金而发行给各个股东的有价证券。凭借持股凭证，股东可以获得股息或红利，分享公司成长或交易市场正向波动带来的利润，并同时承担公司运作错误或市场负向波动所带来的风险。与股票密切相关的一个概念就是股东，凡是购入股份公司股票份额的投资者都可以成为该公司的股东，股东有优先股股东与普通股股东之分。

股票作为金融市场中一种重要的基础证券，它的内涵是：第一，股票是有价证券，它证明持有人对发行人净资产一定比例的所有权；第二，股票是要式证券，它应该按照《公司法》规定记载一定的事项，且内容必须全面、真实；第三，股票是证权证券，它是股东权利的物化载体；第四，股票是资本证券，它是投入股份公司的资本份额的证券化；第五，股票是综合权利证券，它代表股东权利是一种综合权利，具体权利有股东身份权、参与决策权、资产收益权等。

股票的主要特点有：第一，股票具有不可偿还性，普通股股东在认购股票之后无权要求公司赎回，只能在股票二级市场买卖流通，股票的期限与公司存续的期限一致；第二，股票具有参与性，股东有权参与公司的重大决策；第三，股票具有收益性，凭借持股凭证股东有权要求公司的股息或红利，并且还可以通过低买高卖赚取价差利润；第四，股票具有流通性，不同股东之间可以对股票进行交易，流通性越好的股票，变现的速度越快；第五，股票具有价格波动性，即风险性，股票的价格波动受到多种因素影响，不确定性很大，这可能导致股东投资失败蒙受损失。

在具体发行过程中，股票是各种各样的，下面从三个方面对其进行分类：

（1）按照票面记载事项的不同，股票可以分为记名股票和无记名股票、有面额股票和无面额股票

记名股票不易于转让，但便于挂失，无记名股票流通简单，但安全性较差；有面额股票的票面金额以公司资本总额除以股份数求得，无面额股票只注明它在公司总股本中所占比例。

（2）按照股东享有权利的不同，股票可以分为普通股、优先股和后配股

其中，普通股是公司股份的最基本形式，在公司的经营管理、盈利及财产分配上享有普通权利。目前在上海和深圳证券交易所中交易的股票都是普通股；优先股是股份公司发行的在分配红利和剩余财产时比普通股具有优先权的股份；后配股又称延期付息股或创始人股票，它在利益或利息分红及剩余财产分配时一般是在普通股之后。

（3）按照是否允许上市交易，股票可以分为流通股票和非流通股票

其中，流通股票按照股票的上市地点和所面对的投资者不同，在我国又可以分为：A 股、B 股、H 股、N 股和 S 股。A 股是人民币普通股票，由中国大陆注册公司发行，在境内上市，以人民币标明面值，供境内（不包括港澳台地区）的个人和机构以人民币认购和买卖；B 股是人民币特种股票，由中国大陆注册公司发行，在境内上市，以人民币标明面值，以外币认购和买卖，投资者不仅仅局限于境内；H 股由中国大陆注册公司发行，在香港上市，投资者仅限于境外投资者与境内机构投资者；N 股由中国大陆注册公司发行，在纽约交易所上市；S 股指在境内主板上市的 A 股公司里，尚未进行股权分置改革或者已进入改革程序但尚未实施股权分置改革方案的公司发行的

股票。

除上述常见的股票分类方式外，还有三种热门的股票类型：蓝筹股、红筹股和成长股。其中，蓝筹股是指在所属行业内占有重要支配地位，业绩优良、成交活跃、红利优厚的大公司发行的股票；红筹股是指在境外注册、在香港上市的中资控股公司发行的股票；成长股是指处于成长阶段公司发行的股票，这种股票往往在今后有足够的实力进行大发展并能长期为股东带来投资收益。

2.1.2 股票交易市场

股票交易市场是股票发行和流通的场所，一般分为一级市场和二级市场，一级市场也被称为股票发行市场，二级市场也被称为股票交易市场。证券交易所为股票集中交易提供了场所和设施，并对其进行组织和监督。根据交易场所不同，股票交易市场又可以分为场内交易市场和场外交易市场，场内交易市场通过证券交易所对股票进行买卖，场外交易市场则脱离证券交易所。股票交易大多在场内交易市场进行。

股票交易市场起源

早在1611年，荷兰的阿姆斯特丹就出现了商人们聚集买卖海外贸易公司股票的现象，这就是股票交易所的雏形。后来，伦敦柴思胡同的约那森咖啡馆（1773年）、纽约华尔街一棵梧桐树下的经纪人联盟（1792年）、东京股票交易所（1878年）、香港的股票经纪协会（1891年）纷纷为伦敦、纽约、香港、东京证券交易所奠定了基础。

在我国，北洋政府于1914年颁布了证券交易所法，并于1917年成立了北京证券交易所，该证券交易所几经波折后演变成了现在的北京（场外）证券交易所。

我国股票交易市场发展重要事件如下表2.1所示。[①]

表2.1 中国股票市场发展大事记

时间	事件
1984年11月	公开发行第一支股票：上海飞乐音响公司“小飞乐”股票
1986年9月	成立第一个证券交易柜台：中国工商银行上海信托投资公司静安分公司
1987年9月	成立第一家证券公司：深圳经济特区证券公司
1990年12月	相继成立两家内地证券交易所：上海证券交易所、深圳证券交易所
1991年8月	成立中国证券业协会

① 仅列示改革开放以后的。

续表

时间	事件
1992 年 10 月	成立国务院证券委员会、中国证券监督管理委员会
1998 年 4 月	国务院证券委员会、中国证券监督管理委员会合并
2001 年 6 月	正式运行“证券公司代办股份转让系统”：三板市场
2005 年 4 月	宣布启动股权分置改革试点工作
2014 年 11 月	正式启动沪港通
2016 年 12 月	正式启动深港通
2018 年 11 月	上交所新设科创板
2019 年 6 月	正式启动沪伦通
2020 年 6 月	创业板注册制改革

资料来源：笔者自行整理。

全球著名证券交易所有纽约证券交易所（New York Stock Exchange）、纳斯达克交易所（National Association of Securities Dealers Automated Quotations）、东京证券交易所（Tokyo Stock Exchange）、上海证券交易所（Shanghai Stock Exchange）、香港证券交易所（Hong Kong Stock Exchange）、伦敦证券交易所（London Stock Exchange）、深圳证券交易所（Shenzhen Stock Exchange）等，下面分别对其进行简述。

1. 国际股票交易所

纽约证券交易所起源于 1792 年 24 个证券经纪人的梧桐树协议，位于美国纽约州纽约市。它于 2005 年收购全电子证券交易所，成为一个营利性机构，并于 2006 年底与泛欧证券交易所合并组成纽约证交所——泛欧证交所公司。2013 年，纽约泛欧证券交易所被洲际交易所集团收购，纽约证交所和泛欧交易所作为洲际交易所集团的子公司，继续营运。

纳斯达克证券交易所创立于 1971 年，全称为全美证券商协会自动报价系统，位于美国纽约州纽约市。该市场的特色是允许电话或互联网直接交易，而不用限制在交易大厅，是世界上第一个电子证券交易市场，挂牌上市的公司以高科技公司为主。2008 年，它与 OMX 集团合并形成纳斯达克 OMX 集团。

东京证券交易所前身是于 1878 年成立的东京股票交易所，位于日本东京。它于 2013 年与大阪证券交易所合并组成日本交易所集团，该集团全资拥有东京证券交易所、大阪证券交易所、东京商品交易所和日本证券结算机构等子公司，是亚洲最大的证交所。

伦敦证券交易所成立于 1773 年，位于英国伦敦。21 世纪以来，它先后收购意大利证券交易所、伦敦结算所的全部或部分股权，并试图与德意志交易所合并（后被欧洲执行委员会拒绝），现在形成了伦敦证券交易所集团，拥有伦敦结算所大部分股权、意大利证券交易所、Shorcan 经纪有限公司、CanDeal. ca 公司部分股权以及富时集团等，是欧洲最大的证交所。

2. 国内股票交易所

我国目前主要的证券交易所包括上海证券交易所、深圳证券交易所、香港证券交易所等。

上海证券交易所创立于 1990 年 11 月 26 日，位于上海浦东新区。在上交所上市的企业以央企、国企为主，知名公司为辅，多为传统企业，成立之初只有主板市场，2019 年 6 月 13 日，正式开通科创板。它的主要职能包括：提供证券交易的场所和设施；制定证券交易所的业务规则；接受上市申请，安排证券上市；组织、监督证券交易；对会员、上市公司进行监管；管理和公布市场信息。它主要的指数为上证系列指数。

深圳证券交易所创立于 1990 年 12 月 1 日，位于深圳经济特区，深交所以服务中小型企业及创业型企业为主，多为高科技企业，有主板、中小板和创业板。它的主要职能与上交所一致，主要指数有深证系列指数和创业板指数。

香港证券交易所全称为香港交易及结算所有限公司，是 2000 年 6 月香港联合交易所有限公司、香港期货交易所有限公司和香港中央结算有限公司合并后诞生的，位于香港特别行政区中西区。它在香港及英国伦敦均有营运交易所，旗下成员不仅包括上述三家，还有香港联合交易所期权结算所有限公司、香港期货结算有限公司，以及基本金属市场——英国伦敦金属交易所、伦敦金属交易结算所。它的主要指数为恒生系列指数。

3. 股票交易市场的主要参与者

股票在交易市场上从发行到交易流通的主要参与者有四类：

（1）股票发行人，是指符合条件的企业主体。为保障投资者利益，我国相关法律法规分别对首次公开发行股票的企业和上市公司公开发行证券的条件做了详细规定。

（2）股票投资者，包括个人投资者和机构投资者。个人投资者往往是为了理财储蓄而进行长期投资，机构投资者的种类则多种多样。企业既可以是股票的发行人，也可以是投资人，它投资二级市场上的股票不仅是公司理财的一部分，还是合并或控制其他股份公司时的手段；保险公司、养老基金是契约型储蓄机构，它们将得到的资金用于投资股票、债券等证券以赚取更多的资金支付给客户；基金公司依靠投资于股票、债券等获取收益。

（3）中介机构，主要承担着股票发行人和股票投资者之间以及股票投资者内部的中介作用，有证券经营机构和证券服务机构。证券经营机构主要有承销商、自营商、经纪人、做市商等。承销商如投资性银行，是一级市场上发行人与投资者的媒介；自营商指不为顾客买卖股票，而为自己买卖股票的证券公司；经纪人是指专门替客户买卖股票并收取佣金的商人，非会员投资者想在交易所买卖股票，必须通过经纪人；做市商是指不断向公众投资者报出某些特定证券的买卖价格（即双向报价），并在该价位上接受公众投资者的买卖要求，以其自有资金和证券与投资者进行证券交易的个人或公司。其他的中介机构还有证券服务机构投资咨询公司、信用评级机构、会计师事务所、律师事务所等。

（4）自律性组织及监管机构，自律性组织是从事证券经营业务的单位自愿形成的行业性、自律性的社会团体，具有非营利性，如中国证券业协会。它存在的意义在于代表证券行业与政府等部门合作交流，以维护本行业运作过程中的各种相关权益。监管机构是为了保护参与者的相关权益，维护证券交易过程的规范性的机构，如中国证券监督管理委员会。

4. 股票交易制度

在二级流通市场，投资者在交易所进行股票交易，需要进行五个步骤：

（1）开户，它要求投资者在进入市场进行交易之前必须到指定的证券登记和托管中介机构办理相关注册登记手续。我国上海证券交易所实行指定交易制度，要求投资者事先明确指定一家证券营业部作为其委托、交易清算代理机构，只能开一个账户进行交易；我国深圳证券交易所实行托管制度，允许投资者多家开户，同时交易。

（2）委托，它要求投资者通过自己的证券账户向券商提出委托进行股票投资，委托方式有柜台、电话、网上三种。委托时有四种指令：市价指令、限价指令、止损指令和止损限价指令。其中，市价指令指的是投资者向经纪人发出的只规定数量、不限制价格的指令，经纪人在接到这一指令后应以最快的速度，并尽可能以当时市场上最好的价格来执行；限价指令指的是投资者向经纪人发出的、同时规定了数量和价格的指令，经纪人在接到这一指令后应以最快的速度提交市场并尽可能使成交价格优于指令规定的价格；止损指令指的是投资者向经纪人规定一个触发价格，当市场价格上升或下降到该触发价格时，止损价格被激活，转化为一个市价指令，否则该止损指令处于休眠等待状态，不提交到市场执行；止损限价指令指的是投资者向经纪人规定两个价格，触发价格和限制价格，当市场价格上升或下降到该触发价格时，止损指令被激活，转化为一个限价指令，否则该止损指令处于休眠等待状态，不提交到市场执行。

（3）竞价成交，经纪人执行指令时整个交易市场的指令都集中于证券交易所，这些指令按照一定的交易机制成交。目前上交所和深交所同时采用集合竞价和连续竞价。集合竞价指的是由交易所电脑撮合系统集合有效的买卖双方指令，汇总供给与需求数量，找出供给与需求的均衡点形成均衡价格，以该价格为成交价；连续竞价指的是在交易日规定的时间段内的各个时点连续不断地撮合，一旦按照有关竞价规则存在与交易指令相匹配的订单，该订单就可以成交，对每一个指令按照“价格优先、时间优先”

的原则竞价成交。目前，上交所与深交所开盘集合竞价的时间为9:15—9:25，深交所还有收盘集合竞价，时间为14:57—15:00；上交所连续竞价的时间为9:30—11:30、13:00—15:00，深交所连续竞价的时间为9:30—11:30、13:00—14:57。

（4）清算交割，股票在交易所竞价成交之后进入清算交割环节，进行证券公司与交易所之间的、投资者与证券公司之间的清算交割。目前上交所与深交所实行的股票交割制度是“T+1”，即在交易日买卖股票的活动要等到次日之后才能完成清算交割，股票和现金才能划到投资者账上。

（5）过户，股票交割后意味着股票代表的一些权利与义务关系也发生了变化，所以最后要进行过户使投资者正式成为发行股票公司的股东。

除了上述股票交易制度，证券交易所为了抑制过度投机行为，防止市场出现暴涨暴跌而设立的涨跌幅限制也是一个重要的制度。它指的是证券交易所在每天的交易中规定当日的证券交易价格在前一个交易日收盘价的基础上下波动的幅度，目前上交所和深交所均实行10%的涨跌幅限制。

2.1.3 股票投资风险

股票投资风险一般有系统性风险和非系统性风险，其中系统性风险主要包括利率风险、汇率风险、购买力风险、市场风险和宏观经济风险；非系统性风险主要包括经营风险、筹资风险、流动性风险和操作风险。

1. 股票投资的系统性风险

第一，利率风险，指的是利率变动给股票价格带来的波动。一般地，利率上升，股票价格下跌；利率下跌，股票价格上升。第二，汇率风险，指的是汇率变动给股票价格带来的波动。一般地，汇率与股票投资风险的关系主要体现在两个方面：一是本国货币升值给出口业务相关企业带来的股票价格下跌，本国货币贬值给进口业务相关企业带来的股票价格下跌。二是汇率变动引发利率变动，从而为股票投资带来风险。第三，购买力风险，指的是通货膨胀给股票价格带来的波动。通胀初期公司股票的市场价格会上涨，持续恶化一段时期以后，股票市场需求将萎缩，股票价格将下降。严重的通货膨胀还会使投资者持有的股票贬值，抛售股票得到的货币收入的实际购买力下降。第四，市场风险，指的是个别企业、行业或者整个市场的股票价格变动带来的风险。这种风险的根本原因一般是大部分投资者对个别企业、行业或者整个市场的预期降低。第五，宏观经济风险，指的是由于宏观经济因素的变化、经济政策变化、经济的周期性波动以及国际经济因素的变化给股票价格带来的波动。

2. 股票投资的非系统性风险

第一，经营风险，指的是由于公司外部经营环境和条件以及内部经营管理方面的问题造成公司收入的变动给公司股票价格带来的波动；第二，筹资风险，指的是由于筹资结构不当，或者负债比例过高，而使公司出现严重财务危机，致使公司股票价格有较大幅度的下跌；第三，流动性风险，是指由于将资产变成现金的潜在困难而造成投资者收益的不确定，股票在不做出大的价格让步的情况下成交的困难越大，该种股票的流动性风险越大；第四，操作风险，是指由于投资者在投资过程中操作不当所造成的风险，操作风险主要来自不同投资者的不同市场判断、不同投资决策和不同心理素质等多重原因。

2.2 股票定价理论

股票价格是投资者最关心的要素之一，它有理论价格和市场价格之分。其中，市场价格包括发行价格和流通价格，流通价格就是投资者常说的股票市价，而理论价格则可以视为投资者为获得股票收益而付出的代价。一般地，股票理论价格并不等于其市场价格，甚至相差悬殊，但是理论价格往往能为股票的市场价格变动趋势提供判断基础。

2.2.1 股票市场价格影响因素

影响股票市场价格的因素有五个方面：第一，宏观因素，包括社会、政治、经济、军事、文化等方面对股票市场价格产生的影响，其中宏观经济因素包括经济景气循环、利率、财政收支、货币供应量、物价等。第二，行业和区域因素，主要是指产业发展前景和区域经济发展状况对股票市场价格的影响，比如行业生命周期、行业地位、行业动向等。第三，公司因素，是指上市公司的运营状况对股票市场价格的影响，比如经营管理水平、科技开发能力、行业内的竞争实力与竞争地位、财务状况等。第四，市场因素，包括股票市场上各种投机操作对供求关系的影响，以及证券主管机关的限制行为对股票市场价格的影响。第五，心理因素，是指投资者的心理变化对于股票市场价格的影响。

以上因素中，宏观因素、行业和区域因素及公司因素是市场以外的、不为投资者所左右的因素，统称为基本因素。市场因素和心理因素则是存在于股票市场内部的、通过投资者的各种技术操作来影响股票市场价格，统称为技术因素。

接下来的几小节将具体讨论三种定价方法，分别是股利贴现模型（dividend discount model）、市盈率估值法（price-earnings ratio valuation method）以及自由现金流估值法（free cash flow valuation method），这些估值分析均来自市场有效假说，并假设投资者的行为遵循理性预期理论。①

① 这些方法的定价计算均基于普通股票。

2.2.2 股利贴现模型

股利贴现模型的实质是利用股票未来现金流的现值之和来计算股票理论价格，它于1938年由威廉姆斯（Williams）和戈登（Gordon）提出。股票会带来两种形式的未来现金流：第一，大多数股票定期支付的股利；第二，股票持有者出售股票时得到的收入。

算例 2-1 无套利均衡分析

假设一个投资者决定持有某股票一年，这一年中该股票预计向投资者派发股利 D_1，一年之后该投资者卖出该股票可以得到 P_1，R 是股票的近似折现率，表示投资者愿意投资该股票所要求的必要报酬率。该股票当期的理论价格是多少？

按照股利贴现模型的思想，该股票当期的理论价格 V 应该是未来一年的现金流的现值总和，即：

$$V = \frac{D_1}{1+R} + \frac{P_1}{1+R} \tag{2.1}$$

继续根据股利贴现模型的思想可以得到 P_1：

$$P_1 = \frac{D_2}{1+R} + \frac{P_2}{1+R} \tag{2.2}$$

其中，D_2 是该股票第二年向投资者派发的股利，P_2 是两年后该股票的价格。将式（2.2）代入式（2.1）中，则有：

$$V = \frac{D_1}{1+R} + \frac{D_2}{(1+R)^2} + \frac{P_2}{(1+R)^2} \tag{2.3}$$

以此类推，可以得到：

$$V = \sum_{t=1}^{\infty} \frac{D_t}{(1+R)^t} \tag{2.4}$$

这就是股利贴现模型的基本公式。其中，D_t 是股票第 t 期派发的股利，可以看到此时股票当期的理论价格已经与未来预期的价格无关，而只与股利和贴现率有关。根据一些特别的股利发放形式，股利贴现模型还有以下几种变形公式。

1. 零增长股利贴现模型

零增长股利贴现模型适用于那些每期发放的股利都一样，不存在股利增长情形的股票，即 $D_1 = D_2 = ,\cdots, = D_{\infty} = D$。利用等比数列求和公式，模型可由式（2.4）简化为：

$$V = \sum_{t=1}^{\infty} \frac{D_t}{(1+R)^t} = \frac{D}{R} \tag{2.5}$$

2. 固定增长率的股利贴现模型

固定增长率的股利贴现模型适用于那些每期发放的股利以一个固定的比率 g 增长的股票，即 $D_t = D_{t-1}(1+g) = D_1(1+g)^{t-1}$，当 $g = 0$ 时，该模型退化为零增长率的股利贴现模型。当 $g < R$ 时，利用等比数列求和公式，模型可由式（2.4）简化为：

$$V = \sum_{t=1}^{\infty} \frac{D_1(1+g)^{t-1}}{(1+R)^t} = \frac{D_1}{R-g} \tag{2.6}$$

该模型也被称为戈登红利增长模型，以该模型的提出者迈伦·戈登的名字命名。需要注意的是：只有当股利增长率 g 小于必要报酬率 R 时，式（2.6）这个等比数列求和才有根，一旦超过，股票的理论价格将会是无限大。

3. 两阶段增长的股利贴现模型

两阶段增长的股利贴现模型适用的股票满足以下假设：企业增长呈现两个阶段，在第一个阶段（$t = [1,T]$）股利以一个固定增长率 g_1 增长，在第二个阶段（$t = [T+1,\infty]$）股利以另一个固定增长率 g_2 增长，当 $g_1 = g_2$ 时，该模型就退化为固定增长率的股利贴现模型。这类增长模型还有三阶段、多阶段的，这里仅阐述两阶段的。利用截止 T 时刻的现金流折现之和求当期股票理论价格为：

$$V = \sum_{t=1}^{T} \frac{D_1(1+g)^{t-1}}{(1+R)^t} + \frac{P_T}{(1+R)^T} = \frac{D_1}{R-g}\left[1-\left(\frac{1+g_1}{1+R}\right)^T\right] + \frac{P_T}{(1+R)^T} \tag{2.7}$$

这里 P_T 为 T 时刻的理论价格。P_T 可由 T 时刻以后的现金流折现之和求得：

$$P_T = \frac{D_{T+1}}{R-g_2} = \frac{D_1(1+g_1)^{T-1}(1+g_2)}{R-g_2} \tag{2.8}$$

将式（2.8）代入式（2.7）即可得到两阶段增长模型的股票现值 V。

算例 2-2

A 公司的股票宣布一年后将派发每股 3 元的股利，并且在未来 10 年内保持股利固定增长率为 $g_1 = 8\%$，10 年之后增长率将变为 $g_2 = 5\%$。假设必要报酬率为 $R = 10\%$，求该股票当期理论价格。

根据两阶段增长的股利贴现模型，先利用 10 年以后的现金流折现之和求第 10 年的理论价格 P_{10} 为：

$$P_{10} = \frac{3\ (1+0.08)^9\ (1+0.05)}{0.1-0.05}$$

$$= 125.94\text{（元）}$$

再利用未来 10 年的现金流量折现之和计算目前的理论价格：

$$V = \frac{3}{0.1-0.08}\left[1-\left(\frac{1+0.08}{1+0.1}\right)^{10}\right] + \frac{125.94}{(1+0.1)^{10}}$$

$$=73.70\ (\text{元})$$

该股票当期理论价格为 73.70 元。

4. 增长机会与股票估值

本节将介绍增长机会，并用这一概念在股利贴现模型的基础上重新定义股票的理论价格。

一般地，上市公司在进行财务管理时有两种行为模式，第一种是满足于现状，在一个营业期间结束后将盈利全发放给股东；另一种是仅将盈利的一部分发放给股东，留存一部分用于下一个营业期间新项目的投资。显然，当上市公司选择第一种模式，该公司不存在增长机会，因此其股利为零增长；选择第二种模式的公司股利将以一个比率增长，且该增长率与留存盈利、留存盈利回报率有关，这一关系表述如下（推导过程在此不再详述）：

$$g = ROE \times b \tag{2.9}$$

式（2.9）中，b 代表留存盈利，指的是公司用于未来新项目投资的资金占当期总盈利的比率，ROE 代表留存盈利回报率，指的是预期留存盈利的回报率。如果 $b = 0$，则该公司股利零增长。

鉴于此，上市公司股票的内在价值由两部分构成：第一部分是现有资产带来的未来现金流的现值，第二部分是增加投资带来的未来现金流的现值，增长机会价值占股票价值的比重越高，其成长性就越好。股价的模型表示如下：

$$V = \frac{EPS}{R} + NPVGO \tag{2.10}$$

式（2.10）中，$NPVGO$ 是增长机会的每股净现值，EPS 代表每股收益，它等于股利 D 除以股息分配率。对于零增长的公司，$NPVGO = 0$，$EPS = D$。

算例 2-3

有 A、B 两家上市公司每股收益均为 5 元，A 公司将盈利全部派发给股东，B 公司将所得盈利的 60% 投资于新项目，该项目的预期回报率为 15%。投资者的必要报酬率 R 为 12.5%，求 A 公司与 B 公司股票的理论价格，以及 B 公司股票的 $NPVGO$。

（1）A 公司将盈利全部派发给股东，则每股股利等于每股收益为 5 元，股利零增长，于是根据零增长的股利贴现模型，它的股价为：

$$V = \frac{D}{R} = \frac{5}{0.125} = 40\ (\text{元})$$

（2）B 公司仅将盈利的 40% 派发给股东，则每股股利等于每股收益乘以 40%，为 2 元，其股利增长率为：

$$g = 0.6 \times 0.15 = 0.09\ (\text{元})$$

则根据固定增长率的股利贴现模型，它的股价为：

$$V=\frac{D}{R-g}=\frac{2}{0.125-0.09}=57.14\ (元)$$

对比两个公司的股票价格：每股收益相同的公司，由于B公司存在增长机会股价比A公司多了17.14元，这多出来的便是B公司的 $NPVGO$。

2.2.3 市盈率估值法

市盈率估值法利用股票的市盈率这一指标对其进行估值。市盈率（price earnings ratio），简称 PE 或 PER，具体计算公式如下：

$$PER=\frac{V}{EPS}=\frac{D/EPS}{R-g} \tag{2.11}$$

因此可以反推股票的当期价格为：

$$V=PER\times EPS \tag{2.12}$$

市盈率进行股票估值时存在一定的不足，市盈率的分母每股收益由公司的利润表得来，属于会计范畴，它在某种程度上受会计准则的影响，可能存在一定的信息扭曲。

算例 2-4

A上市公司的股票2019年的每股收益经计算为0.5元，截至2020年6月1日该公司的平均市盈率为25.40，根据市盈率估算，这一天该公司股票的理论价格为多少？

由市盈率估值公式可以得到2020年6月1日股票的理论价格为：

$$V=25.4\times0.5=12.7\ (元)$$

1. 市盈率与增长机会

将式（2.10）两边同时除以 EPS，可以看到增长机会如何影响市盈率：

$$\frac{V}{EPS}=\frac{1}{R}+\frac{NPVGO}{EPS} \tag{2.13}$$

当 $NPVGO$ 为0，即公司不存在增长机会时，$V=\frac{EPS}{R}$，此时市盈率恰好是 $\frac{1}{R}$；当 $NPVGO$ 成为决定价格的主导因素时，市盈率会迅速上升。因此，具有高增长机会的公司通常具有高市盈率。

同时，也可以利用股利贴现模型理解市盈率与公司留存盈利比率、留存盈利回报率的关系，式（2.6）两边同时除以 EPS 可以得到：

$$\frac{V}{EPS}=\frac{D_1/EPS}{R-g}=\frac{1-b}{R-ROE\times b} \tag{2.14}$$

可以看出，市盈率随留存盈利回报率的增加而增加。并且还可以证明，当留存盈利回报率超过必要报酬率时，市盈率随留存盈利比率的增加而增加。市盈率还随必要报酬率的增加而减少，必要报酬率越高，说明股票所承担的风险也越高，因此，股票的风险越高，市盈率越低。

不同行业的市盈率相差很大。即使是相同行业里的公司，也可能因为拥有不同的投资机会、风险水平和会计处理方法而拥有不同的市盈率。

2. 其他估值比率

除了市盈率之外，金融市场中还存在一些其他的比较估值比率可以用于为股票估值，比如，市净率、市销率、创新型比率、股价现金流等。市净率，指的是每股价格除以每股账面价值。一些分析师认为，账面价值可以有效衡量市场价值，因此把市净率当作衡量公司进取性的指标，进而对公司股票的内在价值进行评估；市销率，是每股价格除以每股销售额。许多初创公司没有盈利，因此市盈率对它们来说无意义，此时便可以用市销率来代替市盈率；股价现金流比率，是每股价格除以每股现金流（流入—流出），利润表中的利润会受不同会计方法的影响，因此不精确，甚至可以人为调节。而现金流记录的是实际流入和流出企业的现金，受会计决策的影响较小。因此与市盈率相比，一些分析师更喜欢用股价现金流比率；创新型比率，一些分析师根据自己设计的指标来为公司估值。比如，一些公司根据网站点击次数对网络零售公司股票进行估值。

2.2.4 自由现金流估值法

在金融市场中，有些上市公司并不派发股利给股东，此时无法利用股利贴现模型对其股票进行估值，自由现金流量估值法恰好弥补了这一不足。自由现金流是公司产生的、在满足了再投资需要之后剩余的现金流量，它等于企业经营活动产生的现金流量减去资本性支出。自由现金流有两种类型：公司自由现金流（$FCFF$）与股东自由现金流（$FCFE$），计算公式分别如下所示：

$$FCFF = EBIT(1-t) + \text{折旧} - \text{资本化支出} - \text{营运资本的增加值} \tag{2.15}$$

$$FCFE = FCFF - \text{利息费用}(1-t) - \text{负债的增加值} \tag{2.16}$$

式（2.15）和式（2.16）中，$EBIT$ 是息税前利润，t 为公司税率。

自由现金流估值法是每一年的自由现金流与公司最终估计价值 V_T 的贴现值之和。自由现金流估值法有两种实现途径：第一，以加权平均资本成本（$WACC$）为贴现率对公司自由现金流进行贴现来估计公司价值，然后扣除已有债务价值得到股票价值；第二，以权益资本成本为贴现率对股东自由现金流进行贴现估计股票价值。其中，加权平均资本成本指的是以公司的股权投资者必要收益率与债权所有者利息比率（除去税率）加权平均所得的一种贴现率，权益资本成本指的是普通股股东的必要报酬率，它就是我们前面提到的 R 。两种路径下的估值公式分别如下所示：

$$V = \sum_{t=1}^{T} \frac{FCFF_t}{(1 + WACC)^t} + \frac{V_T}{(1 + WACC)^T} \tag{2.17}$$

$$V = \sum_{t=1}^{T} \frac{FCFE_t}{(1 + R)^t} + \frac{V_T}{(1 + R)^T} \tag{2.18}$$

式（2.17）和式（2.18）中，V_T 是 T 时刻公司股票的价值。式（2.17）与式（2.18）的估值结果与股利贴现模型的结果意义不同，它得到的是公司股票的整体价值，要得到每股价格还需要进行运算。

2.3 股票指数

股票指数是指由证券交易所或金融服务机构编制的体现股票行情变动的一种指示数字。由于股票价格起伏无常，投资者必定面临市场价格风险，对于具体某一种股票的价格变化，投资者比较容易了解，而对于多种股票的价格变化，要逐一了解，既有难度也不胜其烦。为了适应这种情况和需要，一些金融服务机构利用自己的业务知识和熟悉市场的优势，编制股票价格指数并公开发布，作为市场价格变动的指标。投资者可以据此检验自己的投资效果，并用以预测股票市场动向。同时，新闻界、公司管理人乃至政界领导人等也以此为参考指标观察、预测社会政治和经济的发展形势。

一般地，股票指数主要有三个功能：第一，股票指数可以反映市场以及社会整体的经济活动；第二，股票指数可以衡量投资业绩尤其是基金运作业绩；第三，股票指数作为金融衍生产品的标的物。

2.3.1 股票指数的编制

股票指数反映的是股票市场全部或某一部分股票组合的整体价值变化，因此股票指数的编制对象可以包括所有在市场公开交易的股票，也可以仅选取部分有代表性的股票样本，具体的股票指数选择样本的方式不尽相同。在选择指数样本股时，有的指数把所有上市股票按总市值大小排序，然后选择排列在前面的若干种股票作为样本；有的指数把所有股票先按行业分类，然后在每个行业抽取若干个总市值排在前列的股票作为样本。以总市场价值计算的股票指数可以客观地反映样本股公司的市场价值以及其对整个市场的贡献。但是，这种选股方法忽略了股票市场的另一个重要因素——流通性。某些市场规模很大，但流通股较少的公司往往没有足够的股票可以买卖，这会导致股票指数的可投资性降低。克服这一不足的一个做法是对流通股设置一定比例，只有流通股超过该比例的上市公司才有可能入选样本股。

价格指数的编制方法有相对法、综合法、加权法三大类。

相对法又称平均法，它面对的编制对象不是股票，而是市场上已经发行过的股票指数，在选取样本股票指数的基础上，这种方法的公式为：

$$股票指数 = \frac{\sum_{i=1}^{n} 市场上已发行股票指数}{n} \tag{2.19}$$

综合法是先将样本股票的基期和报告期价格分别加总，然后相比求出股票指数，如式（2.20）所示。样本股票的基期一般由股票编制单位给定，报告期则为计算指数的时期。

$$股票指数 = \frac{报告期股票价格之和}{基期股票价格之和} \tag{2.20}$$

平均法与综合法计算的股票指数均未考虑到各个样本股票对股票交易市场的影响有大有小这一问题，从而导致指数不够准确。为了解决这一问题，引入加权法进行股票指数编制。加权股票指数是根据各期样本股票的相对重要性予以加权，根据其权数计算的不同，主要可以分为拉斯拜尔指数和派许指数。拉斯拜尔指数以基期股票的成交股数（或发行量）为权数，派许指数则是以报告期股票成交股数（或发行量）为权数，当前世界上大多数股票指数都是派许指数。根据其加权方式的不同，加权法又可以分为算数平均价格指数和几何平均价格指数。

算术平均价格指数的具体计算公式为：

$$AP_t = \frac{\sum_{i=1}^{N} P_{it}}{N} \tag{2.21}$$

式（2.21）中，AP_t 代表 t 时刻股票价格指数，P_{it} 表示第 i 样本股在时刻 t 的价格，N 为入选样本股的总数。当入选股票由于分割而导致价格下降时，需要对股票指数的计算方法做出调整：假设 N 只样本股票在前一天的股价为 P_{i1} ，$i = 1,2,\cdots,N$ ，在第二天的股价为 P_{i2} ，$i = 1,2,\cdots,N$ ，其中第 k 只股票在第二天的价格是股票进行分割后的价格，即将原来的 n_k 股分割成 m_k 股（ $m_k > n_k$ ），则由这 N 只样本股组成的新股票价格指数应该按下式计算：

$$AP_2 = \frac{\sum_{i=1}^{N} P_{i2}}{N} \times u_2$$

其中，$u_2 = \dfrac{\sum_{i=1}^{N} P_{i1}}{\sum_{i=1,i\neq k}^{N} P_{i1} + \dfrac{n_k}{m_k} P_{k1}} > 1$ 称为调整因子。

几何平均价格指数的具体计算公式为：

$$AP_t = \prod_{i=1}^{N} P_{it}^{\frac{1}{N}} \tag{2.22}$$

采用股票价格的平均值（算术平均或几何平均）作为股票指数的方法虽然简单，但这样处理的结果会造成一个问题：对股价高而股数少的公司赋予过高的权重，股价低而股数多的公司权重过低。于是市场加权指数应运而生，它在原有指数的基础上以入选样本公司的总市值（股票的价格乘以股票）计算另一个权数来计算整体指数的平均收益率，从而对原有股票价格指数进行修正。假设已知 t 时刻的股票价格指数为

AP_t，则 $t+1$ 时刻的股票价格指数 AP_{t+1} 为：

$$AP_{t+1} = AP_t \times (1 + R_{t+1}) \tag{2.23}$$

式（2.23）中，R_{t+1} 为样本股组合从 t 到 $t+1$ 时间段内的平均收益率，可由下式得到：

$$R_{t+1} = \sum_{i=1}^{N} \omega_i r_{it+1}$$

r_{it+1}（$i = 1,2,\cdots,N$）是第 i 只样本股在时间段 $[t,t+1]$ 内的收益率，P_{it} 和 P_{it+1} 分别表示第 i 只样本股在时刻 t 和时刻 $t+1$ 的价格，$\omega_i = n_iP_{it}/\sum_{i=1}^{N} n_iP_{it}$ 表示第 i 只样本股在计算股价指数时的权数，n_i 表示样本股 i 在市场的流通股数，P_{it} 是其在时刻 t 的价格，n_iP_{it} 表示第 i 个样本股公司在时刻 t 的总市值，$\sum_{i=1}^{N} n_iP_{it}$ 表示所有样本股在时刻 t 的全部市值。因此，ω_i 是 t 时刻样本股 i 的总市值占所有样本股总市值的百分比。可以看出，随着股票价格的波动，即使假定流通股数在一段时间内保持不变，但每个样本股的市值是变动的，因而其在样本股总市值所占比例 ω_i 是变动的，但无论怎样变动，都有下式成立：

$$\sum_{i=1}^{\infty} \omega_i = 1$$

在利用式（2.23）进行计算时，需要一个指数的初始值 AP_0，该初始值与基准日期和基准值有关。对此，不同的股票指数有不同的选取方法，例如，恒生指数以 1964 年 7 月 31 日为基准日，基准值取 100，标准普尔则以 1941～1943 年的平均流通市值作为基准值。

2.3.2 国内外股票指数

国内外交易所或金融机构编制了各种各样的股票指数以反映金融市场和整个经济活动的状态，最为投资者们所熟知的股票指数有纳斯达克综合指数、纽约证券交易所综合指数、道琼斯 30 工业平均指数、标准普尔 500 综合指数、伦敦金融时报普通股票指数、香港恒生指数、东京日经 225 指数以及上证、深证综合指数等。

纳斯达克综合指数以所有在纳斯达克市场交易的 5000 余只股票为样本股，采用以所有样本股市场价值为权数的加权算术平均编制方法，以 1971 年 2 月 5 日为基期，基准值取 100；纽约证券交易所综合指数以所有在纽约证券交易所交易的 1700 余只股票为样本股，采用以所有股票市值为权数的加权算术平均编制方法，以 1965 年 12 月 31 日为基期，基准值取 50；道琼斯 30 工业平均指数以 30 只美国大型的关系国计民生的"蓝筹股"公司的股票为样本股，采用样本股票价格为权数的加权算术平均编制方法，不需要基期和基准值；标准普尔 500 综合指数以在纽约证券交易所上市的 456 家最大公司的股票、36 只在纳斯达克上市的柜台交易股票和 8 只美国交易所股票为样本股（共 500 只），采用股票市场价值为权数的加权算术平均数编制方法，以 1941～1943 年的平均流通市值作为基准值。

伦敦金融时报普通股票指数以英国工商业中有代表性的 30 只交易量大的"蓝筹

股”为样本股，这 30 只股票总的市场价值占在伦敦证券交易所所有上市股票总市值的 30%，采用对所有样本股相同权数的等权几何平均算法编制，指数从 1935 年 7 月 1 日开始计算；香港恒生指数以在香港证券交易所交易的股票中有代表性的 33 只股票为样本股，采用样本股的市场价值为权数的加权算术平均方法编制，以 1976 年 7 月 31 日为基期，基准值为 100；东京日经 225 指数以东京证券交易所第一板块的 225 家“蓝筹股”股票为样本股，采用以样本股票的市场价格为权数的加权算术平均数方法编制，不需要基期和基准值。

上证综合指数以所有在上海证券交易所上市的股票为样本股，采用以股票发行量为权数的加权算术平均法编制；深证综合指数以所有在深圳证券交易所上市的股票为样本股，采用以指数计算当日样本股的总股本数为权属的加权算术平均法编制，以 1991 年 4 月 3 日为基期，基准值为 100。

2.3.3 沪深 300 指数

2010 年 4 月 16 日我国股指期货——沪 300 股指期货合约正式上市交易，本小节对它的标的股指——沪深 300 指数做简要介绍。

沪深 300 指数由沪深证券交易所于 2005 年 4 月 8 日联合发布，反映中国证券市场股票价格变动的概貌和运行状况，并能够作为投资业绩的评价标准，为指数化投资和指数衍生产品创新提供基础条件。该股指在中证指数有限公司成立后，由它实时计算并发布沪深 300 的价格指数、全收益指数和净收益指数，其中价格指数实时发布，指数更新频率为每 5 秒更新一次；全收益指数、净收益指数于每日收盘后在中证指数公司网站和上海证券交易所网站发布。沪深 300 成分股在各行业的分布状况如图 2.1 所示，指数编制以来的波动情况如图 2.2 所示。

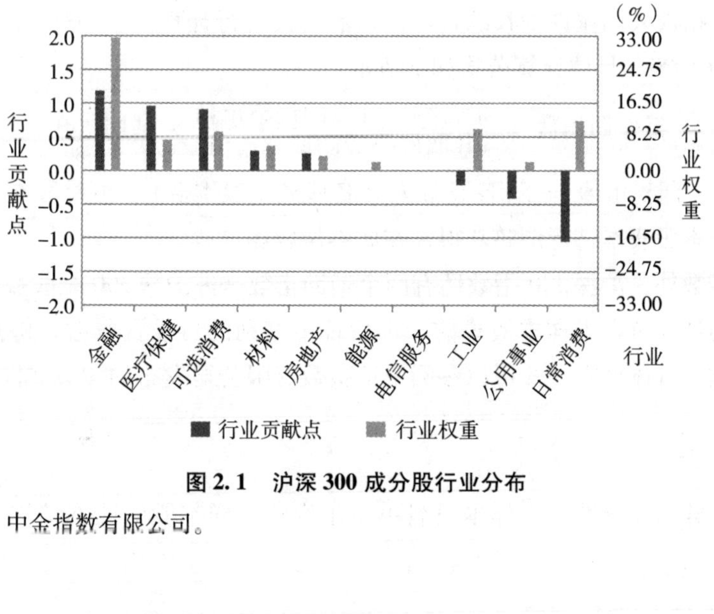

图 2.1 沪深 300 成分股行业分布

资料来源：中金指数有限公司。

图 2.2　沪深 300 历史行情

资料来源：中金指数有限公司。

1. 样本股选择

沪深 300 指数以上海和深圳证券市场中的 300 只 A 股作为样本，其中沪市 179 只，深市 121 只，样本覆盖了沪深市场 60% 左右的市值，具有良好的市场代表性。沪深 300 指数在强调样本股市值规模的同时也注重其流动性，选择遵循以下标准：

（1）选定样本空间：上市时间超过一个季度的非创业板股票，自上市以来日均 A 股总市值在全部沪深 A 股（非创业板股票）中排在前 30 位的股票可以无时间约束、上市时间超过三年的创业板股票、非 ST、*ST 股票，非暂停上市股票；

（2）筛选样本股：首先，对样本空间股票在最近一年（新股为上市第四个交易日以来）的 A 股日均成交金额由高到低排名，剔除排名后 50% 的股票；然后对剩余股票按照最近一年 A 股日均总市值由高到低排名，选取前 300 名股票作为指数样本。

2. 指数计算

沪深 300 指数采用派许加权综合价格指数公式进行计算，以 2004 年 12 月 31 日为基日，基点为 1000，具体计算公式如下所示：

$$\text{报告期指数} = \frac{\text{报告期成分股的调整市值}}{\text{基期成分股的调整市值}} \times \text{基期指数} \tag{2.24}$$

式（2.24）中，调整市值 = Σ(各股市价 × 各股调整股本数)。调整股本数根据分级靠档的方法对样本股股本进行调整获得，在此不做叙述。

除价格指数外，沪深 300 指数还有两个辅助指数——沪深 300 全收益指数和净收益指数，它们的计算考虑了样本股税前、税后现金红利的再投资收益，供投资者从不同角度考量指数，具体计算公式可以参阅中证指数有限公司发布的相关文件。

3. 指数修正

为保证指数的连续性，当样本股名单发生变化、样本股的股本结构发生变化或样本股的市值出现非交易因素的变动时，沪深 300 指数根据样本股股本维护规则，采用“除数修正法”修正原除数。同时，依据样本稳定性和动态跟踪相结合的原则，沪深 300 指数样本股每半年审核一次，并根据审核结果调整指数样本股，每次调整比例一般不超过 10%。样本股调整实施时间分别是每年 6 月和 12 月的第二个星期五的下一交易日。

2.4 案例分析

2.4.1 AH 股溢价之谜

1. 案例简介

AH 股指的是在内地 A 股和香港 H 股市场同时上市的股票，AH 股企业按照同股、同时、同价的原则在内地的证券交易所（上海证券交易所和深圳证券交易所）发行 A 股和 H 股。按照上市或者发行的顺序，又可以分为 A + H 或者 H + A，即先在内地交易所发行 A 股，然后在香港证券交易所发行港股，反之亦然。AH 股溢价指的是 AH 股在同一时间经过汇率套算后股价不同的情况，分为 A 股对 H 股溢价以及 H 股对 A 股溢价。最常见的是 A 股对 H 股溢价。

2020 年 10 月 27 日前后，衡量 AH 股比价的主要指标沪港 AH 溢价指数已超越了 2015 年的高位 152.03 点，创下过去 10 年以来的新高。Wind 数据显示，该指数 26 日收于 148.36 点，仍稳居高位附近。市场人士指出，AH 溢价指数目前的走势表明，同时在沪港上市的公司中，A 股的交易价格平均比港股贵 50% 左右，而从历史多数时间看，这一数据一般为溢价 20% 左右。①

对于这一现象，投资者不免有许多困惑：股票作为公司所有权的凭证，持有相同的 A 股和 H 股，就拥有相同份额的公司所有权，即所谓的同股同权。为何 A 股和 H 股价格会不同呢？

2. 案例分析

一般地，造成 AH 股溢价主要有三方面的原因：

（1）税收。AH 股属于两个不同的股票市场，在政策方面有许多的不同，比如税收制度。香港投资者投资 H 股，股息所得税适用税率为 10%；国内投资者通过沪港通投资 H 股，股息所得税适用税率为 20%，这将会导致国内投资 H 股的意愿下降，A 股则更加繁荣。

① 资料来源：中国证券报 - 中证网，详见 http：//www. cs. com. cn/gppd/ggzx/202010/t20201027_6105330. html。

（2）外汇。国内投资者投资港股需要将人民币兑换为港币。人民币执行的是有管理的浮动汇率制度，盯住一篮子货币；而港币执行的则是联系汇率制度，盯美元。汇率的波动必然导致股票价格不一致，兑换成本也会受到影响。

（3）投资偏好。相比于 A 股市场来说，H 股市场是高度发达的开放性的市场，以机构投资者为主，投资更加理性；而 A 股是不成熟的市场，投机者多。因此对于同一信息，机构投资者和投机者理解不同，对股票价格影响不同。比如同样的消息，A 股市场可能理解为利好，H 股市场可能理解为利空。

3. 案例总结

随着沪港通和深港通的开通，两地投资者可以通过当地证券公司（或经纪商）买卖规定范围内对方交易所上市的股票，相当于在 A 股和 H 股的水池中开了一道口。尽管当前 A 股平均溢价高于 H 股，但随着时间推移，这种差距会逐渐缩小。更有甚者，当放开汇率管制时，AH 股溢价会消失。因此，无论是 A 股相对于 H 股溢价，还是 H 股相对于 A 股溢价，从长期来看，它们都会趋向于零。

2.4.2 光大"乌龙指"事件

1. 案例简介

2013 年 8 月 16 日，A 股上证指数早盘在 11 时 5 分到 11 时 7 分大涨 100 余点，涨幅达到 5%，最高到 2198 点，其中金融、地产、石油等板块不符合常理暴涨，造成沪深 300 成分股中有 71 只股票瞬间涨停①。

当天 14 时 22 分，光大证券宣称"当天上午公司策略投资部门自营业务在使用其独立的套利系统时出现问题"，并解释错误引起原因为光大证券自营策略投资部门使用的套算系统在当日上午出现系统错误，造成了计划金额外的 180ETF 订单的生成，导致超过 70 亿元资金冲击市场。事件宣布之后，股指被瞬间打回原形，3 小时跌幅超过 3%，收盘指数跌至 2166 点，业界将这次事件称为光大"乌龙指"事件②。

经核查，光大证券策略投资部门按计划进行 ETF 套利交易，审核批准的额度为 8000 万元。9 时 41 分，交易员认为存在 180ETF 的套利机会，于是通过订单生成系统发出买入订单，10 时 13 分，交易员再次持续发出买入订单，11 时 02 分，交易员发出第三组买入 ETF 成分股的订单。此时，光大 ETF 套利策略系统出现错误：该交易员在 11 点 02 分发现一组 ETF 有 24 只个股未申请成功，便希望通过交易系统的重下功能重新进行下单，但系统错误地将申购 24 只成分股变成了申购 24 组 180ETF。由于对大额

① 资料来源：Wind 金融终端。
② 资料来源：人民日报－人民网，详见 http：//finance. people. com. cn/n/2014/0818/c1004－25481958. html。

交易没有设定交易金额上限，该系统发出了超过预期金额的市价委托订单 26082 笔。11 时 07 分左右，交易员发觉成交金额异常，得到上级部门指示后，开始卖出股指期货 IF1309 空头合约对此进行对冲。交易终止时股票成交额已经达到了 72.7 亿元，用于对冲卖出的股指期货 IF1309 共计 253 张。光大证券将使用股票换购到的 ETF 在二级市场中卖出，到 15 点时共卖出 50ETF、180ETF 合计约 18.9 亿元，全天新增期货空头约为 7130 张①。

事后，中国证监会对光大证券进行了调查，并正式发出处罚措施，没收光大证券内幕交易违法所得 13070806.63 元，并处以违法所得 5 倍的罚款，有近百名投资者起诉了光大证券股份有限公司。根据光大证券的计算，此次事件造成的光大证券账面损失为 7.21 亿元，其中账面敞口为 1.98 亿元，证监会罚款为 5.23 亿元，损失了几乎半年的利润②。

2. 案例分析

在股票交易市场中，有两类事件会引起股价的瞬间急剧波动："乌龙指"和"老鼠仓"。乌龙指是一种戏谑化的调侃，通常指金融市场的参与者，如机构投资者或个人投资者在确定一笔买卖交易时，由于错误输入交易方向，数量以及价格等主观原因，造成个人以及相关利益者的巨额损失，以及金融市场巨大震荡。"老鼠仓"指的是无良经纪对客户不忠的"食价"做法，具体指庄家在用公有资金拉升股价之前，先用自己个人资金在低位建仓，待用公有资金拉升到高位后个人仓位率先卖出获利。此次光大证券造成的事件属于"乌龙指"。

由股指的定义可知，数量巨大的成分股价格上升会拉升相关股票指数，而股票指数的上升又同时会带动某些与市场相关性高的（通常以 β 系数衡量）成分股价格上升，进一步加剧股指上升。在本次事件中，金融、地产和石油板块的错误操作，拉升了大盘指数，同时由于关联效应，进一步拉升了其余板块的上扬，印证了金融、地产和石油等板块具有较大的 β 系数。

在本次事件中，光大证券由于自身系统原因，错误将资金投入了金融、地产和石油等板块的个股，造成了这些股票瞬间涨停，释放了不存在的利好消息。光大证券持仓的股票全部都是上证 50 指数或者沪深 300 指数的成分股，因此相关股票指数也被迅速推高。当日 12 时左右，虽然光大证券向市场上否认"光大证券自营盘 70 亿元乌龙指"。13 时，光大证券宣布因重大事项临时停牌。为了弥补多头的损失，在 14 时 22 分公告"当天上午公司策略投资部门自营业务在使用其独立的套利系统时出现问题"消

① 资料来源：中国证券监督管理委员会，详见 http://www.csrc.gov.cn/tianjin/tjfzyd/tjaljs/201310/t20131016_236254.htm。

② 数据来源：新浪财经，详见 http://finance.sina.com.cn/stock/quanshang/qsyj/20131116/032817341867.shtml。

息前，利用和投资者的信息差，紧急“卖空股指期货合约、转换并卖出 ETF 对冲风险”，获利和避损合计 8721 万元。证监会对“光大证券异常交易事件的调查处理情况”显示，这次“乌龙指”事件涉及两个违法违规事实，即“光大证券在异常交易事件发生后、信息依法披露前转换并卖出 ETF 基金、卖空股指期货合约”，以及“光大证券内控缺失、管理混乱，自营业务套利系统存在的技术设计缺陷导致异常交易发生”。

3. 案例总结

光大证券的“乌龙指”事件是我国资本市场自改革开放以来首次因为计算机交易系统不完善引发的金融市场大幅波动，给我国金融市场的稳定带来了长期负面影响。虽然光大证券的此次失误是由软件的缺陷引起，但事后管理人员为降低自身经营损失，违规利用期货市场工具对冲风险，构成了内幕交易，违反了《证券法》《期货交易管理条例》。

光大证券作为整个事件的主体，负有不可推卸的责任。其自营的高频交易策略系统，在上线之前没有规范的风险评测，致使其调用过程中出现订单执行错误，额度失控等问题。据了解，其当日的操作限额应为 8000 万元，但其自营的套利策略却独立于公司的风控体系。反映了其内部风险控制的低效和失位，部门之间在风险出现时无法有效沟通。相关证券公司更应该引以为戒，完善公司的风险控制体系，从制度层面做好风控，将技术失误削减到最低。此外，其高层为了应对风险头寸，选择操纵证券市场，披露虚假消息，涉嫌内幕交易等违法违规行为，降低了从业人员的道德准则，影响了行业规范，重挫了投资者对机构的信心，严重影响了证券市场的专业化进程。各证券行业从业者也应吸取教训，增强相关法律知识的学习，恪守诚信的行业准则，对投资者负责，努力维护金融市场的公平和正义。

2. 4. 3　辉山乳业暴跌事件

1. 案例简介

中国辉山乳业控股有限公司（以下简称“辉山乳业”）是一家在香港交易所挂牌的上市公司。2016 年 12 月，知名做空机构浑水先后两次狙击辉山乳业，直指公司发布虚假财务报表，夸大产奶量，编造“苜蓿自给自足”谎言，而且还质疑该公司董事会主席杨凯涉嫌挪用公司资产，从辉山至少窃取了 1. 5 亿元人民币的资产①。

2017 年 3 月，辉山乳业实际控制人、公司董事长杨凯，在辽宁金融办组织的债权人临时会议上承认公司资金链存在问题。他表示要尽快引入战略投资者，融资 150 亿元来缓解当前危机，并承诺一个月内解决资金流动性问题。随后，多家债权银行接到

① 资料来源：东方财富网，详见 http：//hk. eastmoney. com/news/1532，20170417729657687. html。

辉山乳业无法还本付息的通知，涉及70多家债权人，包括23家银行，十多家融资租赁公司以及部分P2P、私募机构，数额预计至少在120亿元，中国银行、中国工商银行、平安银行、浙商银行、九台农商行等均泥足深陷。最后，公司执行董事葛坤突然“失联”，成为压垮辉山乳业、引爆债务危机的最后一根稻草①。

2017年3月24日11时30分，辉山乳业股价突然暴跌，25分钟后，公司股价跌至最低每股0.25港元，盘中最大跌幅超过90%。此后的5分钟，公司股价略有回升，至中午12时收盘，报收每股0.42港元，较前一日收盘价跌幅达到85%，创港交所史上最大跌幅，其市值短短1小时内蒸发322亿港元，仅剩56.6亿港元②。

2. 案例分析

根据前述上市公司股票定价理论可以知道，影响股价的因素有宏观因素、行业区域因素、公司因素以及市场因素等，此次辉山乳业股价暴跌主要是受到了公司运营情况不佳的影响。据推算，辉山乳业在事件发生时共负债400亿元左右，具体融资渠道及融资额如表2.2所示：

表2.2 辉山乳业融资渠道及金额

银行 120亿~130亿元	中国银行	33.40亿元
	九台农商银行	18.30亿元
	中国工商银行	21.10亿元
	平安银行	21.40亿元（股权质押）
	其他银行	25.35亿元
互联网金融4亿元	大连金融资产交易所有限公司	3亿元（产品募资上线）
	浙江互联网金融资产交易中心	0.50亿元（已解套）
	红岭创投	0.50亿元
融资租赁 10.5亿元	广东粤信融资租赁有限公司	10亿元（取消）
	盈华租赁	7.50亿元
	中建投租赁（天津）有限责任公司	3亿元
	徐州恒鑫金融租赁股份有限公司	2.50亿元（未放款）

资料来源：辉山乳业资产负债表（2016）。

辉山乳业除了通过债权市场募集到的400亿元，自2013年9月27日上市以来，还通过股权市场募资近75.46亿港元。募集到资金后，辉山乳业投资200多亿元在辽宁省9个县区建设全产业链项目，并且统计发现，辉山乳业对关联公司的投资金额近190亿

① 资料来源：财新周刊-财新网，详见 http：//weekly. caixin. com/2017-03-31/101073016. html。
② 数据来源．Wind港股数据库。

元。这包括：投资子公司为77.37亿元、乳制品销售为34.7亿元、奶牛养殖约23.63亿元、液态奶产品生产为19.79亿元、饲料生产为17.13亿元、苜蓿草及其他饲料作物种植为10.31亿元、奶粉生产为4.1亿元、光伏能源发电为8000万元、生物质能源为9890万元等众多行业。值得注意的是，辉山乳业号称拿出近70亿元投资子公司辉山乳业（中国）有限公司，后者又对外投资了杨凯控制的融资租赁、商业保理等公司。辉山乳业存在的资金缺口不言而喻，造成这一缺口的主要原因有：对杨凯本人控制的体外公司体外投资；多年来辉山乳业的财务造假以及公司信息披露不真实。

3. 案例总结

此次辉山乳业股价暴跌暴露出了多方面的问题：第一，对于上市公司来说，过高的杠杆会使其处于违约边缘，使得股权价值接近零。第二，对于上市公司的财务管理人员、董事长等相关人员来说，治理混乱、诚信缺失的“硬伤”问题必须得到重视。第三，对于商业银行来说，信贷风险管理不应该过于依赖担保，对过度融资缺乏重视，贷前调查走形式。第四，对于投资者来说，首先，在投资港股前应该意识到，与内地的涨跌幅机制不同，港股很容易出现“断崖式”下跌，面对一些上市公司股价暴跌的“陷阱”需要有足够的识别能力；其次，投资股票之前要知己知彼，不要盲目投资；最后，要树立良好的投资理念并形成风控策略。

2.4.4 美股熔断事件

1. 案例简介

1987年10月19日，道琼斯工业指数下跌508.32点，跌幅达22.6%，由此恐慌情绪蔓延，该事件也称为“黑色星期一”。1988年2月，美股熔断机制正式出台，简言之，标准普尔指数单日跌幅超过7%，则所有交易所暂停交易15分钟。1997年10月27日，道琼斯工业指数单日暴跌7.18%，创下了1915年以来最大跌幅，这也是熔断机制被引入后的第一次被触发。1998年4月15日，确定了10%、20%、30%三档熔断阈值。2010年5月6日，道琼斯工业指数日内最大跌幅达9%，一万亿美元瞬间蒸发，该事件被称为“闪电崩盘”。2012年5月31日，纽交所将标普500指数设置为熔断基准指数，并且将熔断阈值修改为7%、13%和20%三档①。

2020年的美股熔断又发生了一系列熔断事件②：

（1）2020年3月9日，美股历史第二次熔断。

受国际原油价格暴跌等因素的影响，纽约股市开盘后指数出现暴跌，最大跌幅达

① 资料来源：美国商品期货交易委员会与证券交易委员会。

② 资料来源：新华社-新华网，详见 http://www.xinhuanet.com/2020-03/19/c_1125735403.htm。

到7%上限，触发第一档熔断机制。交易重启后指数有所上升，但收盘时纽约股市三大股指（道琼斯工业指数，标准普尔500股票指数和纳斯达克综合指数）跌幅均超过7%。

（2）2020年3月12日，美股历史第三次熔断。

21时35分，美股触发历史上第三次熔断。标普500指数开盘后下跌幅度超过7%，再次触发熔断，美股暂停交易15分钟，收盘时道琼斯工业指数和标准普尔指数日内跌幅达9.99%和0.5%，创造了“黑色星期一”以来的最差表现。

（3）2020年3月16日，美股历史第四次熔断。

美国三大指数开盘后暴跌，标准普尔指数跌幅达7.47%，再次触发熔断，停盘15分钟。在此前一天，美联储宣布降息100个基点到0%至0.25%，实际上等于零利率，并同时启动7000亿美元量化宽松计划。

（4）2020年3月18日，美股历史第五次熔断。

三大股指早盘大幅低开，午间跌幅扩大并再度触发熔断机制。当日午后，标准普尔指数暴跌7.01%，触发当月第四次熔断，暂停交易15分钟，这也是美国股市10天内第四次触发熔断。

2020年3月这两周的美国股市创造了历史，10天四次熔断，如此高密度的持续性剧烈下跌，让广大从业者和投资者见识到了金融市场的不确定性和云波诡谲。

2. 案例分析

2020年美股连续发生四次熔断之后，很多人都在研究背后的原因。各种观点层出不穷，总结来说，这次美股熔断事件的发生主要有三个方面的原因：

（1）油价大跌带来股市暴跌。

原油价格的下跌是股市暴跌的直接原因。2020年3月9日，布伦特原油期货的价格跌幅超过30%，每桶不足32美元，创造了海湾战争以来的最大跌幅。原油期货价格暴跌的主要原因在于欧佩克组织没有和俄罗斯达成新一轮每日150万桶的减产协议。石油的主要出口国沙特联合欧佩克主要产油国增加原油产量的供给，供给的增加以及有效需求的减少，国际原油价格大幅下跌。美国作为主要的石油出口国，在石油价格战中，本国的页岩油气企业受到冲击，3月以来超过30家申请破产重组，主要企业损失超过380亿美元①。由于原油暴跌等因素，3月份，美国十年期国债收益率跌至0.48%，美债收益率的大幅度下降，彰显了投资者对安全资产配置的需求，同时给股市造成挤压影响。

（2）全球经济增速放缓。

以2008年全球金融危机为分水岭，全球的经济增速同比低于2008年以前的平均水

① 资料来源：挪威能源咨询公司雷斯塔德（Rystad Energy）。

平，2018 年的经济增长率为 3.8%，达到金融危机之后的峰值，2019 年之后，伴随着美国，欧盟，日韩经济的周期性下行调整，贸易增速也逐渐放缓。特朗普上台后单方面挑起了对中国的贸易战，对从中国进口的商品加征 10% 到 25% 不等的关税。这种逆全球化的举动增加了国际秩序和贸易环境的不确定性，企业家担忧中长期的经济形势，减少了中长期投资，尤其是固定资产投资。各国央行在疫情后的黄金十年之中，资产负债表不断扩大，为了应对衰退进行货币政策调整的空间有限，而随着地缘政治冲突加剧，民粹主义兴起，逆全球化论调此起彼伏，都给 2020 年的经济形势带来了巨大的不确定性。

（3）美国经济自身的问题积累。

美国自身的经济问题有几个方面。第一，美国在 2008 年金融危机之后向市场投放大量货币，经过这么多年的牛市发展，美国经济存在着泡沫。随着全球增速放缓，生产停滞，泡沫破灭，股市随即下跌。第二，美国对经济的估计过于乐观，加上美国大部分人的消费习惯，使得美国很多人没有存款，大量资金投入金融市场，企业融资容易，股价往往较高。当对预期的经济发展不再持有乐观态度时，消费降低，企业融资困难，股市自然下降。第三，美国国内生产制造业的生产力不足。作为第一大经济体，美国的生产力绝对是足够的，但是疫情期间急需的很多物资比如口罩，美国国内的生产无法满足需求，延长了应对疫情的时间，其他行业的恢复时间被拖后，经济恢复缓慢。

3. 案例总结

熔断机制作为资本市场上平抑异常波动，重塑市场信心，保护中小投资者利益的重要制度创新，在美国已经走过了三十余年。尽管其存在不少的缺陷，比如阻碍了套期保值和交易策略的执行，减少投资者的离场机会等。但纵观美股市场熔断之后的反弹，其积极意义是值得肯定的。2020 年 4 月，美国证券及衍生品市场熔断机制的推动者，设计者，尼古拉斯雷迪（Nicholas Brady）曾评价美股四次熔断事件，他认为熔断机制的意义并不是要阻止市场的下行趋势，而是给市场的参与者的一个冷静的思考时间，在熔断期结束后，新的价值投资者会入场，而一些卖方可能会撤回已有的卖单，从而阻止恐慌情绪的蔓延[①]。从事后的效果来看，熔断机制确实发挥了预期的影响，提升了投资者信心。疫情之初，对经济前景不确定性带来的恐慌情绪影响了投资者决策，但随着中国、日本和新西兰等国家抗新冠疫情效果显著，尤其是中国经验的总结和推广，重新唤起世界人民对抗击疫情的信心，人们对经济复苏有了正常的预期，投资趋

① 资料来源：las Brady and Robert Glauber, Circuit Breakers Are Doing Their Job, But Don' t Close the Markets, https://www.nyse.com/article/circuit-breakers-are-doing-their-job-but-dont-close-the-markets (last visited Apr. 12, 2020)。

于理性。

中国在股市熔断政策方面有着昂贵的试错，2015 年 12 月 4 日，上海证券交易所、深圳证券交易所以及中金所以沪深 300 为熔断基准指数，并设计了 5% 和 7% 两档熔断机制。熔断政策新年伊始，四个交易日四次熔断，两个交易日提前收市，市值蒸发万亿元以上，仅仅执行四天就被叫停。国内 A 股市场的熔断政策，任重而道远，应以提升金融系统稳定性为第一要务，结合中国的具体国情，在熔断阈值，熔断后交易时长，是否允许提前收市等问题上给出符合中国社会主义经济特色的制度设计。

第3章
债　券

引　例

19世纪英法战争期间，英国不断发行债券以补给前线。1793~1815年，英国的国债增加了3倍，达到7.45亿英镑，大于英国全年经济总量的两倍。大量的债券发行使得伦敦金融市场的债券价格不断下降。

后来，滑铁卢之战英国取得了胜利，内森·罗斯柴尔德先于英国官方知道了这一胜利的消息，于是他大量买进政府债券，赌的是英国取得了战争胜利后政府借款预期会减少，英国的债券市场价格会飞涨。果不其然，他的这一大胆的交易为他的家族带来了在今天看来价值6亿英镑的利润。

这就是欧洲乃至世界久负盛名的金融家族罗斯柴尔德家族通过债券发迹的历史。

（资料来源：N. 弗格森著，顾锦生译.《罗斯柴尔德家族》，中信出版社，2012年）

（1）什么是债券？它与股票有什么区别和联系？

（2）债券作为一种融资手段，其优越性有哪些？

（3）债券价格的影响因素是什么？

3.1　债券

3.1.1　定义及分类

债券（bond）起源于奴隶制时代产生的公债券，它是债务人为筹集资金，按照法定程序发行并向债券持有人承诺于指定日期还本付息的有价证券。它的本质是债的证明书，具有法律效力，证明债券持有人与发行者之间存在的债权债务关系。

债券作为金融市场中另一种重要的基础证券，它的内涵有：第一，债券是有价证券，它证明债券持有人对发行人净资产一定比例的所有权；第二，债券是要式证券，按照规定应该有如下内容：票面价值、偿还期、付息期、票面利率和发行人名称；第三，债券是证权证券，它证明了债券持有人的相关权利；第四，债券是资本证券，它是债务人实际运用的真实资本的证书。

一般而言，债券的主要的特点有：第一，债券具有期限性，有确定的还本付息日，当债券到期时，债务人就要偿还本金；第二，债券具有流动性，可以在证券市场上转让流通，它的流动性一般仅次于储蓄存款；第三，债券具有收益性，不仅指债券持有人定期从债券发行者那里获得的固定利息，还有债券买卖带来的收益；第四，债券具有安全性，是指债券持有人到期能无条件地收回本金，并且当发行公司破产或清算时，债券可以被优先偿还；第五，债券具有自主性，指的是企业通过发行债券而筹集的资金，可以根据其自身生产经营的需要自由运用，不受债券持有人左右，也不像银行借款那样受到监督。

债券与股票均是公司用来筹措资金的有价证券，他们的区别主要有：债券的发行人可以是国家、地方公共团体以及企业，而股票只能是股份制企业；债券只代表债券持有人的债权，而股票则代表了股东的所有权等综合权益；债券是发行人的负债，而股票是发行人的所有者权益；债券一般有规定的偿还期，而股票无期；债券与股票的收益和风险差别较大。

在具体发行过程中，债券是各种各样的，下面主要从五个方面对其进行分类：

1. 按照存续期限不同，债券可以分为短期债券、中期债券和长期债券

一般地，期限划分标准为，一年以内的是短期、一年到十年是中期、十年以上是长期。我国企业债券的划分标准为，一年以内是短期、一年到五年是中期、五年以上是长期。

2. 按照发行主体不同，债券可以分为政府债券、金融债券和公司（企业）债券

政府债券以政府为发行主体，主要包括国债、地方政府债券。其中，国债按照其到期期限不同，又可以分为国库券（一年以下的零息债券）、中期国债（大于一年且小于十年的付息债券）、长期国债（超过十年的付息债券）；金融债券以银行和非银行金融机构为发行主体，主要包括证券公司债券、证券公司短期融资债券、商业银行次级债券、保险公司次级债券、混合资本债券；公司债券以公司制企业为发行主体，在我国它也可以以中央政府部门所属机构、国有独资企业或国有控股企业为主体，称为企业债券。

3. 按照募集方式不同，债券划分可以分为公募债券和私募债券

公募债券向社会公开发行，任何投资者均可购买，可以在证券市场上转让；私募债券向与发行者有特定关系的少数投资者发行，其发行和转让均有一定的局限性。

4. 按照是否可转换，债券可以分为可转换债券和不可转换债券

可转换债券是指在特定时期内可以按某一固定的比例转换成普通股的债券，它具有债务与权益双重属性，属于一种混合性筹资方式；不可转换债券是指不能转换为普通股的债券，又称为普通债券，由于其没有赋予债券持有人将来成为公司股东的权利，所以其利率一般高于可转换债券。

5. 按照付息方式的不同，债券可以分为零息债券、定息债券和浮息债券

零息债券是指债券券面上不附有息票，发行时按规定的折扣率，以低于债券面值的价格发行，到期按面值支付本息的债券，也叫贴现债券；固定利率债券是指将息票率印在票面上并按期向债券持有人支付利息的债券，其息票率不随市场利率的变化而调整；浮动利率债券也是指将息票率印在票面上并按期向债券持有人支付利息的债券，但其息票率随市场利率变动而调整。

除了上述主要分类，债券还有许多不同的分类：按照是否有财产担保，债券可以分为抵押债券和信用债券；按照能否提前偿还，债券可以分为可赎回债券和不可赎回债券。按照计息方式的不同，债券可以分为单利债券、复利债券和累进利率债券。按照是否记名分，债券可以分为记名债券和无记名债券。

3.1.2 债券交易市场

债券交易市场是债券发行和流通的场所，与股票交易市场类似，也有一级市场和二级市场之分。一级市场被称为债券发行市场，二级市场被称为债券流通市场。进一步地，债券交易市场也可以分为场内交易市场和场外交易市场，在我国，在证券交易所申请上市的债券主要是公司债券，大多数债券的交易在场外市场进行。其中，场外市场包括银行间市场和银行柜台市场，前者的市场参与者限定为机构，属于场外债券批发市场。后者参与者限定为个人，属于场外债券零售市场。

债券交易市场起源

早在公元前4世纪，古希腊和古罗马就开始出现国家向商人、高利贷者和寺院借债的情况。债券思想正式萌芽则是在12世纪的热那亚共和国，议会为了借款，将用于返还本息的税收和其他税收分离开来，交给辛迪加银行团保管。而辛迪加银行团以该征税为担保，发行红利7%的出资证券来筹集资金，提供给热那亚共和国。

我国债券交易市场发展重要事件如表3.1所示。

表 3.1 中国债券市场发展大事记

年份	事件
1981	首批国库券发行
1988	财政部在全国 61 个城市进行国债流通转让的试点
1990	上交所、深交所成立并开始场内债券交易
1995	“327”事件导致国债期货市场关闭，场外债券市场停止
1997	银行间债券市场建立
1998	银行间市场首次发行金融债券
2005	银行间市场首次发行短期融资券
2008	银行间市场首次发行中期票据
2013	国债期货正式上市交易
2017	债券通之“北向通”启动
2019	国债和政策性银行债券被纳入彭博巴克莱全球综合指数和全球新兴市场政府债券指数

资料来源：笔者自行整理。

债券市场的参与者与股票市场类似，有发行人、投资者、中介机构和自律性组织及监管机构；债券二级市场的场内交易机制也与股票的类似，通过交易指令竞价成交，因此具体情况将不再赘述。本节主要阐述我国两个重要的债券场外交易市场——银行间市场和银行柜台市场的具体运作情况。

1. 银行间债券市场

银行间债券市场是指银行及非银行类金融机构进行债券买卖和回购的市场，它依托于中国外汇交易中心暨全国银行间同业拆借中心和中央国债登记结算公司、银行间市场清算所股份有限公司，经过近几年的迅速发展，目前已成为我国债券市场的主体部分。需要注意的是，银行间债券市场的参与者是经中央银行批准入市的机构投资者而非个人投资者，在该市场流通的债券是经过人民银行批准入市交易的记账式债券。

银行间债券市场流通的债券种类繁多，从发行主体角度看主要有：国债、政策性金融债和中信债。其中，国债属于政府债券，它由我国政府向社会发行，具有极高的信用度，被誉为“金边债券”。政策性金融债属于金融债券，它由我国政策性银行向特定金融机构发行，是我国债券市场中发行规模仅次于国债的券种；中信债属于企业债券，它由中国国际信托投资公司向社会发行。

银行间债券市场进行交易的系统由全国银行间同业拆借中心管理运作，该系统为相关债券的报价和交易提供中介信息服务，并接受中国人民银行的监管。交易系统的运营时间为工作日 9:00—11:00、14:00—16:30。交易行为主要有债券回购和现券买卖两种。现券买卖指的是债券买卖双方以商定的价格转让债券所有权的交易行为。债券回购指的是债券持有人（正向回购方）在卖出一笔债券、融入资金的同时，与买方

（逆向回购方）协议约定于某日期再以事先约定的价格将该笔债券购回的交易行为。

利用交易系统进行债券交易时采用询价交易方式，包括自主报价、格式化询价和确认成交三个交易步骤。第一，参与者进行自主报价，可选择进行公开报价或对话报价，公开报价要求参与者将自己的交易意向面向市场进行报价，有单边和双边两种形式，这种情况下交易并不能被直接确认，而是需要市场撮合的过程。对话报价则要求参与者将交易意图告知对手方，这时交易可以被对手方直接确认。第二，在进行报价之后，参与者需要按照规定在交易系统填报自己的报价，以在市场上匹配交易对手方，这一过程被称为格式化询价。第三，交易双方确认交易成立，打印成交通知单，进行债券结算和资金清算，可选择“T+0”或“T+1”两种方式。

2. 银行柜台债券市场

银行柜台债券市场是指投资者通过银行营业网点（或电子银行系统）进行债券买卖的市场，这个市场具体表现为：银行通过银行间债券交易市场“批发”到债券并根据行情在营业网点挂出债券的买入、卖出价格，然后对个人投资者和企业投资者进行“零售”。不同于银行间债券市场进行询价一对一交易，柜台市场通过挂牌价格进行一对多交易，投资者只需在银行办理记账式债券交易账户，按银行报价当即成交。

3.1.3 债券投资风险

债券在发行时都承诺到期偿还本息，因此它的价格波动性不大，比起股票其风险性较低。虽然如此，债券仍然面临着来自市场与非市场的风险，也可称为债券投资的系统性风险和非系统性风险。债券的系统性风险主要指市场利率的波动给债券的市场价格带来的波动，一般地，债券的价格与市场利率呈反方向变动。债券的非系统性风险指的是债券发行人的资信程度给债券到期还本付息带来的不确定性，一般地，政府的资信程度最高，其次为金融公司和企业。

1. 债券投资的系统性风险

第一，利率风险，指的是市场利率变动带来的债券价格的波动。利率是影响债券价格的重要因素之一，即便是没有违约风险的国债也会存在利率风险。第二，再投资风险，指的是债券投资者将买卖债券获得的现金流再投资时，市场利率变动给再投资收益率带来的波动。第三，购买力风险，指的是由于通货膨胀而使货币购买力下降的风险，债券投资者得到的实际利率应该是票面利率扣除通货膨胀率。第四，流动性风险，指的是债券能够按照接近于其价值的价格出售的便利程度，但是对于打算持有到期，并且有能力做到这一点的投资者而言，流动性风险并不重要。

2. 债券投资的非系统性风险

债券投资的非系统性风险主要指信用风险，指的是债券发行人没有履行按期还本付息义务的风险，具体表现为：第一，违约风险，投资者可以根据正规评级机构给出的信用级别来评价债券的违约风险。第二，信用利差风险，信用利差指的是由违约风险引起的风险溢价或价差，非政府债券的价格表现和投资业绩，取决于债券利差的变化——如果信用利差增加，债券价格下跌，这种由信用利差引起的债券价格波动被称为信用风险。第三，评级下调风险，一只债券一旦被评为某个信用级别，评级机构就会监测发行人的信用质量以备随时调整评级级别。出人意料的评级下调会增加信用利差，导致债券价格或发行人债务价值下降，这种情况被称为评级下调风险。

3.2 债券定价理论

债券价格主要是指债券发行时的价格，这一价格受到债券的面值、票面利率、到期期限和市场利率等因素的影响，债券价格在很多时候并不等于其面值。在实际的债券交易市场中，债券交易价格往往根据市场的不同计息规则而有更复杂的计算方法，但在本节我们仅考虑与债券未来现金流入相关的理论债券发行价格，需要注意的是，本节假设债券的票面利率固定不变，不考虑浮动利率债券。

算例 3-1

假设 A 公司为了后续生产经营需对外借款 1000 元，期限为 30 年，发行债券进行筹资。每年 A 公司固定付给投资者 100 元的利息，到期时偿还本金 1000 元。

A 公司发行的债券面值为 1000 元，每年的票面利息为 100 元，每年的票面利息除以债券面值可以得到票面利率为 10%，到期期限为 30 年。

3.2.1 债券价格影响因素

影响债券价格的主要因素有债券本身因素、市场因素和政治因素。

债券本身的因素包括债券的期限、票面利率及企业资信程度。较长的期限会为债券带来更多的未来现金流，同时也会为债券带来更大的风险，因此，债券的期限越长，它的价格往往更高。票面利率是债券的名义利息率，票面利率越高，债券的未来现金流就越高，从而价格就越高。发债者资信程度越高，其债券的风险越小，因而其价格越高。因此在债券市场上，相对于其他条件相同的债券，国债的价格一般要高于金融债券，而金融债券的价格一般又高于企业债券。

市场因素包括市场利率、供求关系和物价波动。市场利率对债券价格的影响主要有两个方面：一是通过影响投资者的期望收益率影响债券价格；二是通过影响债券未来现金流的贴现值影响债券价格。总之，市场利率上升会导致债券的价格下跌，市场利率下降会导致债券的价格上升。债券的市场价格还决定于资金和债券供给间的关系，当市场经济景气时，企业生产活动的增加会导致债券市场上债券供给增多，此时债券价格会下降，反之亦然。当通货膨胀率较高时，人们出于保值考虑，一般会将资金投资于房地产、黄金、外汇等可以保值的领域，引起资金供应的不足从而导致债券价格下跌。

政治因素也会影响到债券价格。政治是经济的集中反映，并反作用于经济的发展。当人们认为政治形式的变化将会影响到经济的发展时，比如在政府换届时，国家的经济政策和规划将会有大的变动，这会促使债券的持有人作出买卖决策。

算例 3-2

股利贴现模型以股票未来现金流的现值之和来计算股票理论价格，类似地，我们该如何计算算例 3-1 中的 A 公司发行的债券的价格？（假设贴现率为 8%）

参照股利贴现模型，该债券的未来现金流现值之和为它的价格，则：

$$V\frac{100}{(1+0.08)}+\frac{100}{(1+0.08)^{2}}+\cdots+\frac{100}{(1+0.08)^{30}}+\frac{1000}{(1+0.08)^{30}}=192.38\ (\text{元})$$

A 公司发行的债券定价为 192.38 元。

3.2.2 债券的收益率

债券的票面利率是债券每年的利息占面值的比率，除此之外，与债券相关的收益率还有当期收益率、到期收益率、提前赎回收益率等。

1. 当期收益率

债券的当期收益率（current yield）是年利息（如果债券一年计息多次，则相加得年利息收入）所产生的收益，又称直接收益率，计算公式为：

$$r_c = \frac{c}{P_c} \tag{3.1}$$

式（3.1）中，c 为债券当期的年利息，P_c 为债券当期的价格。

当期收益率的计算只考虑了息票利息，而未考虑影响投资者收益率的其他收益来源，如买卖债券的资本利得、货币的时间价值等。

2. 到期收益率

债券的到期收益率（yield to maturity）指的是将债券持有到偿还期所获得的收益，计算公式为：

$$y = \frac{G + C}{P \times T} \tag{3.2}$$

式（3.2）中，G 为投资者持有债券到期的资本利得，C 为投资者持有债券到期的总利息收入，P 为投资者买入债券的价格，T 为投资者持有的期间，上述公式平均计算了年到期收益率。

在进行债券价格计算时，债券的内部收益率也常常被提起，它指的是使投资获取的现金流现值等于投资价格（或成本）的利率，到期收益率就是投资购买债券的内部收益率。根据资金的时间价值理论，一笔投资的内部收益率 y 可根据下式计算得到：

$$V = \frac{C_1}{(1+y)} + \frac{C_2}{(1+y)^2} + ,\cdots, + \frac{C_T}{(1+y)^T} + \frac{M}{(1+y)^T} \tag{3.3}$$

式（3.3）中，C_i 为第 $i(i = 1,2,\cdots,n)$ 期的现金流入，对债券投资来说就是年利息，M 为最终期的现金流入，对债券投资来说就是本金，投资一共持续 T 期。式（3.3）可以简化为：

$$V = \sum_{i=1}^{T} \frac{C_i}{(1+y)^i} + \frac{M}{(1+y)^T}$$

很多债券并不是每年付息一次，而是每年支付两次或是更多次，若按照上述公式对到期收益率进行计算，还需将 y 转换为年利率。

到期收益率的计算，不仅考虑了当期利息收入，还考虑了投资者持有债券到期将实现的资本利得，并且考虑了现金流产生的时间。一般地，债券价格越接近债券面值，期限越长，则其当期收益率就越接近到期收益率。债券价格越偏离债券面值，期限越短，则当期收益率就越偏离到期收益率，但是不论当期收益率与到期收益率近似程度如何，当期收益率的变动总是预示着到期收益率的同向变动。

在进行债券价格计算时还经常涉及市场利率、贴现率这样的概念，在有效市场不存在套利机会的情况下，债券的内部收益率与市场利率、贴现率是同一个概念。

算例3-3

算例 3－1 中的 A 公司发行的债券还有 1 年到期，则它的当期收益率为多少？投资者此刻购入债券持有至到期的到期收益率为多少？（假设贴现率为 8%）

该债券还有 1 年到期，则此时的价格为：

$$V = \frac{100}{(1+0.08)} + \frac{1000}{(1+0.08)} = 1018.52 \text{（元）}$$

则当期收益率为：

$$r_c = \frac{100}{1018.52} = 9.82\%$$

此时的到期收益率为：$y = \dfrac{1000 - 1018.52 + 100}{1018.52 \times 1} = 8\%$

可以发现，算例3－3中到期收益率等于贴现率，这是由到期收益率（内部收益率）的定义决定的，在之后的债券定价中，贴现率就是债券的到期收益率（内部收益率）。

3. 赎回收益率

债券的赎回收益率（yield to call）指的是债券发行人在债券规定到期日之前赎回债券时投资人所取得的收益率。它可以看作是一种特殊的到期收益率，只不过期限被提前了，因此它的计算方式与上述到期收益率的基本一致，在此不再赘述。

3.2.3 债券定价

上述内容已经提供了一个债券定价的基本思想：它的价格等于其预期现金流的现值，因此，确定债券价格的第一个步骤是确定其现金流。一般地，债券的现金流由两部分组成：持有至到期的定期息票利息以及到期时支付的票面价值。确定未来现金流之后，债券的价格可以由下式得到：

$$V = \frac{C_1}{(1+y)} + \frac{C_2}{(1+y)^2} + \cdots + \frac{C_T}{(1+y)^T} + \frac{M}{(1+y)^T} \tag{3.4}$$

于是，已知每期利息、债券面值以及内部收益率（贴现率），债券的价格可以被计算。

若债券的发行价格等于其票面价值，该债券为平价发行；若债券的发行价格高于其票面价值，该债券为溢价发行；若债券的发行价格低于其票面价值，该债券为折价发行。表3.2给出了债券价格与票面利率、当期收益率和到期收益率的关系。

表3.2　　债券售价与收益率的关系

债券售价	关系
平价	票面利率＝当期收益率＝到期收益率
折价	票面利率＜当期收益率＜到期收益率
溢价	票面利率＞当期收益率＞到期收益率

上述对固定利率债券的定价只是一般理论，它基于按固定期间付息，到期还本的这类债券。根据特殊的债券，式（3.4）还有不同的变形，比如，一次还本付息债券和零息债券的定价。

1. 一次还本付息债券定价

到期一次还本付息债券指的是在债券到期后按规定的票面利率一次性向持有者支付利息并还本的债券，定价公式为：

$$V = \frac{C+M}{(1+y)^T} \tag{3.5}$$

式（3.5）中，C 指的是债券的一次性利息。

2. 零息债券定价

零息债券在前面的叙述中已经提及，在此不再赘述，它的定价公式与一次还本付息债券的类似：

$$V = \frac{P}{(1+y)^T} \tag{3.6}$$

式（3.6）中，P 指的是债券的面值。

算例 3-4

B 公司发行零息债券面额为 1000 元，到期期限 10 年，到期收益率为 8%，则该债券的发行价格是多少？

$$V = \frac{1000}{(1+0.08)^{10}} = 463.19\ （元）$$

3.3　债券利率风险度量

债券的利率风险指的是债券利率的不确定性给投资者带来的风险，它主要受债券的到期期限和票面利率影响。在有效市场下，债券的到期收益率等于债券的市场利率。本节阐述债券利率风险与到期期限的关系（利率期限结构）、如何度量债券价格的利率风险程度（久期）以及用久期度量的利率风险误差（凸度）。

3.3.1　利率期限结构

利率期限结构指某个时点不同期限的即期利率与到期期限的关系及变化规律，反映这一规律的二元坐标轴曲线被称为收益率曲线。收益率曲线是分析利率走势和进行市场定价的基本工具，也是进行投资的重要依据。一般地，收益率曲线有向上倾斜的、向下倾斜的和平坦的三类，如图 3.1 所示。

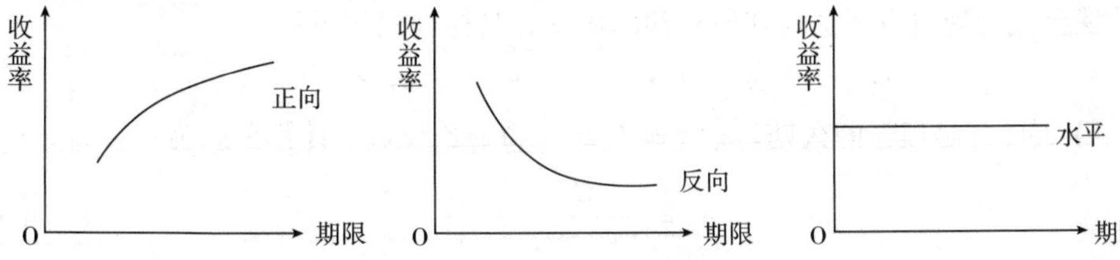

图 3.1　收益率曲线的三种形状

如果一类债券的收益率曲线是正向的，则说明它的到期收益率随着到期期限的增长而增大，债券的长期收益率高于短期收益率，这种债券最为常见；如果一类债券的收益率曲线是反向的，则说明它的到期收益率随着到期期限的增长而减小，债券的长期收益率低于短期收益率；如果一类债券的收益率曲线是平坦的，则说明它的到期收益率不随到期期限的增长而改变，债券的长期收益率等于短期收益率。在实际中，收益率曲线往往更复杂，比如，会由初始时正向演变为后期时反向。

影响收益率曲线形状的主要因素有三个：市场对未来利率变化的预期、债券风险溢价和凸性偏差。我们通常用预期理论、市场分割理论和流动性溢价理论来解释收益率曲线表现出的利率结构特征，在此不再赘述。图 3. 2 给出了我国国债的到期收益率曲线。

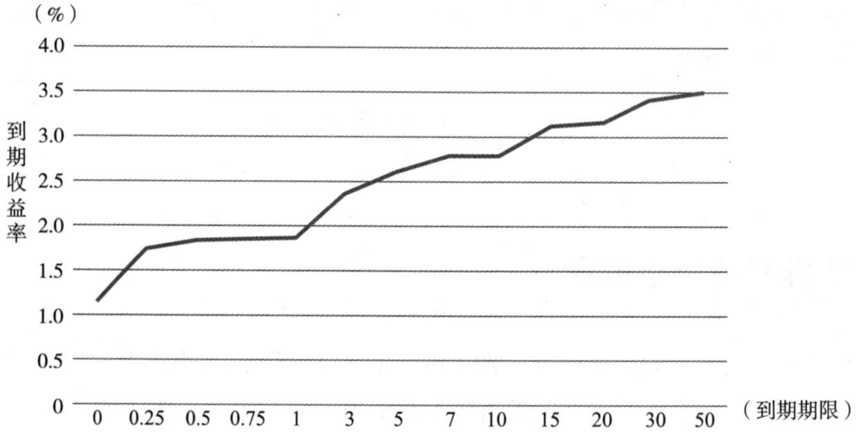

图 3. 2　中债国债收益率曲线

资料来源：Wind 金融终端。

3. 3. 2　久期

1. 久期

债券的久期（Duration）是投资者收到所有现金流需要的时间，最早由经济学家麦考利于 1938 年提出。这一时间等于每次支付现金所用时间的加权平均值，权重为每次支付的现金流的现值占现金流现值总和的比率，具体公式如下：

$$D = \omega_1 \times 1 + \omega_2 \times 2 + \cdots + \omega_T \times T \tag{3.7}$$

式（3.7）中，D 是债券的久期。$\omega_i(i = 1,2,\cdots,T)$ 是权重，计算公式为：

$$\omega_i = \frac{C_i}{(1+y)^i} \times \frac{1}{V} \tag{3.8}$$

在最后一期还本付息时，上述式（3.8）中的 C_i 还需加上本金 M，V 是债券的当期价格。

由债券定价公式（3.4）可以得到：

$$\frac{dV}{dy}=\frac{1}{1+y}\left[\frac{C_1\times(-1)}{(1+y)}+\frac{C_2\times(-2)}{(1+y)^2}+\cdots+\frac{C_T\times(-T)}{(1+y)^T}+\frac{M\times(-T)}{(1+y)^T}\right] \tag{3.9}$$

将式（3.7）和式（3.8）代入式（3.9），得到债券久期、债券价格以及其收益率的关系：

$$\frac{dV}{V}=-\frac{1}{1+y}\times D\times dy \tag{3.10}$$

由此可知，久期越短，债券对利率变动的敏感性越低，风险越低；反之，久期越长，债券对利率的敏感性越高，风险越高。上述久期的计算基于债券1年付息有限次数，连续复利时久期的计算方式在此不再阐述。

2. 修正久期

式（3.10）表明：对于给定利率的微小变动，债券价格的相对变动量与其久期成正比例。但是这种正比例关系的成立以利率很小为前提，为了更精确地描述债券价格随着利率变动而变动的关系，引入修正久期的概念：

$$D_m=\frac{1}{1+y}\times D \tag{3.11}$$

则：

$$\frac{dV}{V}=-D_m\times dy \tag{3.12}$$

算例3-5

A公司发行债券面值为1000元，年票面利率为10%，到期期限为5年，到期收益率为8%。该债券的久期为多少？修正久期为多少？当到期收益率下降1%（即变为7%）时，债券价格如何变动？

为了得到计算久期所需的每年的权重，首先计算该债券的发行价格：

$$V=\frac{100}{(1+0.08)}+\frac{100}{(1+0.08)^2}+\cdots+\frac{100}{(1+0.08)^5}+\frac{1000}{(1+0.08)^5}=1079.85(\text{元})$$

则该债券的久期为：

$$D=\frac{1}{1079.85}\left[\frac{100\times1}{(1+0.08)}+\frac{100\times2}{(1+0.08)^2}+\cdots+\frac{100\times5}{(1+0.08)^5}+\frac{1000\times5}{(1+0.08)^5}\right]=4.20$$

修正久期为：

$$D_m=\frac{1}{1+0.08}\times4.20=3.89$$

到期收益率下降1%，即 $dy = -1\%$，则债券价格变动情况为：
$-3.89 \times (-1\%) = 3.89\%$，即债券价格上升3.89%。

3. 久期的影响因素

久期度量了债券价格的利率风险，受到债券的票面利率、到期期限、到期收益率的影响，具体而言：第一，其他因素不变，票面利率越高，债券的久期越短，反之亦然。这是因为当票面利率越高，会使得早期的现金流现值越大，从而它们占债券价格的权重越高，时间的加权平均值越低，久期越短。第二，其他因素不变，到期收益率越高，债券的久期越短，反之亦然。这是因为到期收益率越高，会使得后期的现金流现值越小，在债券价格中所占的比重也越低，时间的加权平均值越低，久期越短。第三，其他因素不变，到期期限越短，久期越短，反之亦然。这是因为债券到期期限越短，价格利率敏感性越低，但是，久期并不一定总随着到期时间的增长而增长。

3.3.3 凸度

算例3-6

算例3-5使用久期计算了债券价格随着到期收益率变动的情况，若直接通过债券价格计算其变动比率，结果是怎样的呢？是否会与算例3-5中的结果相同？

已经计算过，在到期收益率为8%时，该债券的发行价格为1079.85元。在到期收益率为7%时，该债券的发行价格为：

$$V = \frac{100}{(1+0.07)} + \frac{100}{(1+0.07)^2} + \cdots + \frac{100}{(1+0.07)^5} + \frac{1000}{(1+0.07)^5} = 1123.01\ (元)$$

可以计算，随着到期收益率下降1%，债券价格上升了 $\frac{1123.01 - 1079.85}{1079.85} = 4\%$。

1. 凸度

由算例3-6可以清楚地看到，久期度量债券价格的利率风险存在着误差。一般地，这种误差会随着利率变动幅度的增大而增大，这是由久期这种指标本身的特性决定的。久期将债券价格与利率以线性关系联系起来，图3.3展现了这种近似关系。其中，曲线代表了实际的价格与收益率的关系，而经过目前到期收益率y的一条切线为久期估计的价格与收益率的关系。

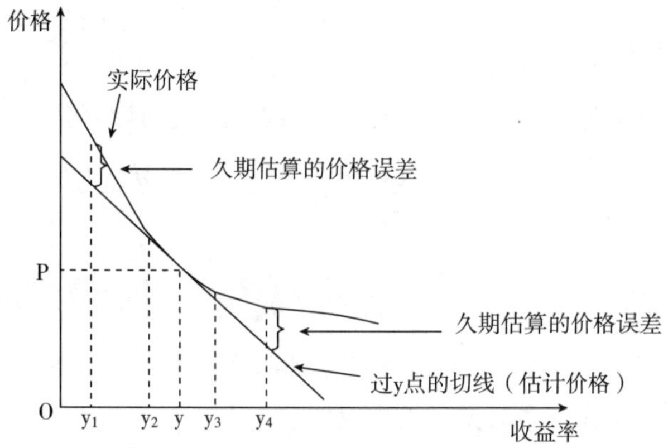

图 3.3 债券价格—到期收益率关系

在目前的价格与收益率的基础上，如果到期收益率的变动幅度越大，则利用久期估计出的债券价格变动幅度误差越大。并且，当到期收益率降低时，估计价格变动将小于实际价格变动，从而低估实际价格；另外，当到期收益率上升时，估计价格变动将大于实际价格变动，从而低估实际价格。

所有久期指标都只是收益率小幅变动时的近似值，因此当收益率的变动幅度较大时，这种指标无法体现债券凸性对债券价格表现的影响。因此，提出凸度指标改进这种误差：久期对债券价格变动的近似值的准确度取决于债券价格—收益率曲线的凸性，凸度是体现凸性的指标。债券价格随到期收益率变动而变动的幅度可以分为两部分：一部分与久期有关；另一部分与久期的估算误差有关，即凸度。本节利用债券价格变动比例减去其用久期解释的部分得到凸度。首先，先将债券定价公式用泰勒展开近似（令初始到期收益率为 y_0 、初始债券价格为 V_0 ，以 y_0 为展开点展开到二阶导）：

$$V=f(y)\approx\frac{f(y_0)}{0!}+\frac{f'(y_0)}{1!}\times(y-y_0)+\frac{f''(y_0)}{2!}\times(y-y_0)^2$$

当到期收益率从变动 y_0 到 y_1 时，债券的价格从 V_0 变动到了 V_1 ，变动的幅度为：

$$V_1-V_0\approx\frac{f'(y_0)}{1!}\times(y-y_0)+\frac{f''(y_0)}{2!}\times(y-y_0)^2$$

于是：

$$\frac{V_1-V_0}{V_0}\approx\frac{1}{V_0}\left[\frac{f'(y_0)}{1!}\times(y-y_0)+\frac{f''(y_0)}{2!}\times(y-y_0)^2\right]=-D_m\times(y-y_0)+C_o\times(y-y_0)^2 \tag{3.13}$$

式（3.13）中，C_o 是债券价格的凸度，可以推导出，在到期收益率为 y_0 这一点债券价格函数的一阶导数与二阶导数分别如下：

$$f'(y_0)=\frac{1}{1+y_0}\left[\sum_{i=1}^{T}\frac{C_i\times(-i)}{(1+y_0)^i}+\frac{M\times(-T)}{(1+y_0)^T}\right]$$

$$f''(y_0) = \frac{1}{(1+y_0)^2}\left[\sum_{i=1}^{T}\frac{C_i \times (i^2+i)}{(1+y_0)^i} + \frac{M \times (T^2+T)}{(1+y_0)^T}\right]$$

最终，到期收益率为 y_0 这一点债券价格函数的凸度的计算公式为：

$$C_o = \frac{1}{2V_0} \times \frac{1}{(1+y_0)^2}\left[\sum_{i=1}^{T}\frac{C_i \times (i^2+i)}{(1+y_0)^i} + \frac{M \times (T^2+T)}{(1+y_0)^T}\right] \tag{3.14}$$

算例 3-7

算例 3－5 使用久期计算了债券价格随着到期收益率变动的情况，若考虑凸度债券价格又该如何随着到期收益率的变动而变动呢？

利用久期，可以得到到期收益率下降 1% 会导致债券价格上升 3.89%，为了得到被久期忽略掉的那部分价格变动，先计算该债券此时的凸度：

$$C_o = \frac{1}{2 \times 1079.85} \times \frac{1}{(1+0.08)^2}\left[\sum_{i=1}^{5}\frac{100 \times (i^2+i)}{(1+0.08)^i} + \frac{1000 \times (5^2+5)}{(1+0.08)^T}\right] = 10.15$$

则由凸度解释的这部分债券价格随着到期收益率下降 1% 会上升 0.1015%（$10.15 \times (1\%)^2 = 0.1015\%$）。因此，债券价格随着到期收益率下降 1% 上升的总量为 3.99%。

2. 凸度的含义

到目前为止，我们只考虑了在给定收益率变动时，如何利用凸度提高债券价格变动近似值的准确性。但是，债券的凸度还有另一层重要的投资含义，如图 3.4 所示。图 3.4 中显示了两只债券 A 和 B。这两只债券的久期、收益率相同，但债券 B 的凸度大于债券 A 的凸度。

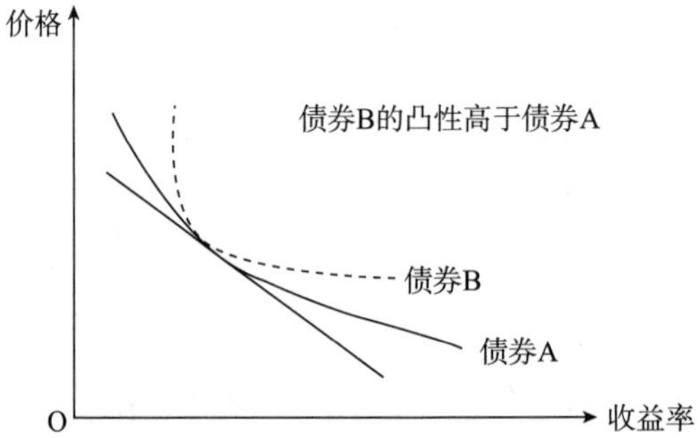

图 3.4　两只债券的凸度比较

债券 B 的凸度更大意味着，不论市场收益率升高还是降低，债券 B 的价格都更高。即，如果到期收益率升高，债券 B 的资本损失将小于债券 A 的资本损失。当到期收益率下降时，债券 B 的价格上升幅度将大于债券 A。显然，债券投资者将会更偏好于投资债券 B。

通常，市场在为这两只债券定价时，都要考虑债券B的凸度大于债券A这一特性，市场将为凸度定价。因此，尽管有时会出现图中描绘的情况，但市场通常会要求投资者对凸度更高的债券B“多付钱”（接受较低的到期收益率）。

3. 凸度的特征

债券价格的凸度特征有：第一，正凸性，债券的久期与市场收益率同向变动。即，若市场收益率上升，债券价格将下降；债券的凸度将减小，债券久期将下降，这会减缓债券价格的下降速度。相反，如果市场收益率下降，久期将增加，从而加速债券价格变动。这一特征也可以从图3.5中观察到，当到期收益率上升时，图中切线的斜率变得平缓。变平缓的切线意味着当到期收益率上升时，久期将减小，反之亦然。同样，从图3.5中还能看出，凸度实际上衡量的是到期收益率变动时的久期变化率。第二，当给定收益率和期限时，票面利率越低，债券的凸度越小。第三，当给定收益率和修正久期时，票面利率越低，债券的凸度越小，该特征的投资意义在于，当给定修正久期时，零息债券的凸性最小。

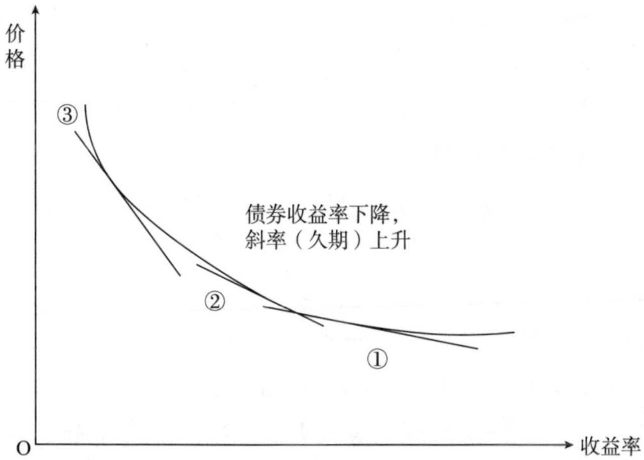

图3.5 债券价格的正凸性

3.4 案例分析

3.4.1 基德公司丑闻

1. 案例简介

1994年，基德皮博迪公司爆出丑闻，固定收益部下政府债券交易室的STRIPs

（Separate Trading of Registered Interest and Principal Securities，本息分离债券）交易员约瑟夫·杰特利用公司估值和计算盈亏的漏洞，制造虚假盈利高达3.5亿美元，该名交易员在1992—1994年凭借虚假盈利被公司评为杰出员工。1994年4月，丑闻被爆出后，他被解雇并且起诉，受到了退回820万美元奖金、20万美元民事罚款以及终生禁入证券行业的处罚。错误被发现后，公司追溯调整，最终产生7500万美元的亏损，大大打击了公司的声誉，导致成立超过130年的公司被通用电气卖掉后在历史上消失①。

2. 案例分析

杰特所在的政府债券部门主要业务是交易美国国债，他负责为客户交易STRIPs提供做市业务及套利机会。STRIPs是指用来剥离国债利息和本金现金流的一种金融工具。为了方便STRIPs的交易，美联储为各大债券做市商提供STRIPs和美国国债之间的转换。做市商向美联储提供国债现券，美联储将拆后的STRIPs现券返还，这个过程被称为Strip本息分离。做市商也可以把STRIPs现券给美联储，美联储将打包过后的成国债现券返还，这个过程被称为Recons零息债券重整。Strip和Recons交易不涉及现金，只需要较小比例的手续费。

值得注意的是，美联储的Strip和Recons只能用现货交易，但基德公司的STRIPs交易系统GT（Government Trader）却允许远期交易。交易员可以使用远期交易以便搜集足够的STRIPs。问题出在GT对于远期Recons和Stirp交易的估值上。如果存在一笔远期的Recons交易，GT通过远期买入国债，同时卖出STRIPs，为了避免套利出现，此时远期的债券和Stirp价格应该相等。但是GT在计算STRIPs理论价格时忽略了时间价值，这就造成了任何一笔远期Recons都产生了正的现金流，而收益的大小只与票面利率和到期时间有关。随着交割日期临近，账面上的收益也会逐渐变成零。

为了维持高收益，杰特用了一种"拆东墙补西墙的方法"，在当前远期合同交割之前建立金额更大、期限更长的远期Recons，从而覆盖之前的亏损，并产生更高的账面收益。像庞氏骗局一样，资金的雪球越滚越大，他持有的远期Recons和Strips在1991年到1994年间，实现了从20亿美元，380亿美元，到1120亿美元的三级跳。而这些都是虚假的繁荣，大多数交易都没有发生实际交割。

合规部门没有及时发现杰特虚假的盈利，对金额巨大的远期Recons并没有及时申请调查，从而使得基德皮博迪丧失了最后一根救命稻草。据传，杰特将自己的远期合同解释为帮助公司降低资产负债表，从而逃避审查。但这种逻辑显然是经不住推敲的，反映出130年历史的基德皮博迪内部监管的羸弱和低效率，破产的伏笔就此埋下。

① 案例资料来源：J. C. 赫尔著，王勇，索吾林译．期权期货和其他衍生品（第九版）［M］．北京：机械工业出版社，2014．详见P.84。

3. 案例总结

在感叹杰特因为人性的贪婪给这家130年的投资银行带来灭顶之灾的时候，更应该清晰地认识到真正让老牌投行破产的原因并不是某个人，而是从公司管理层到交易员对巨额利润的追逐，以及对内部风险控制的缺失。这种唯成果论的经营理念才是公司失败的根源。当然也不可能否认，基德皮博迪公司估值系统本身存在的问题才是此次事件的导火索。正如案例中分析的那样，其在计算 Strips 理论价值时忽视了时间成本，造成了浮余的账面价值，从而给杰特的诡道大开方便之门。这体现出公司对理论研究和合规程序的忽视，尤其是估值模型的验证和上线缺乏完善的监督、测试和报告机制。

我国金融机构和金融市场尚且处在发展阶段，近年来由于交易员个人问题引发的事故层出不穷，如光大证券的“乌龙指”事件。为了提高金融机构抵御此类风险的能力，增强金融系统的稳定性，机构应该加强内部的风险控制，对新交易类别的上线，严格事前的技术把关，事中的交易监测，以及事后的交易调查，用强力的制度约束将内部人违规操作和欺诈风险降到最低。对于监管部门，应该督促行业内尽快形成职业规范文件，定期组织交易员风险控制人员进行专项培训，提高从业者专业素养和道德水平。

3.4.2 次贷危机

1. 案例简介

由于互联网概念的泡沫被挤压，美国经济在2001年陷入衰退周期。为了提振经济，美联储采取了极具扩张性的货币政策，积极扩大资产负债表容量，联邦基金利率被下调至1%，创下了45年来的最低水平。超量的货币供应除了流入实体经济，大量流入了股市和房市等虚拟经济。超低的利率促使美国住房市场进入了繁荣的五年扩张期，其次级抵押贷款市场规模也获得了飞速增长。

住房抵押贷款是银行为保证贷款的安全，把借款人的房地产、有价证券及其他凭证，通过一定的契约合同，合法取得对借款人财产的留置权和质押权而向其提供的一种贷款。美国的住房抵押贷款市场提供的贷款则相应地按质量分为三大类：优质贷款占75%、中级贷款占11%和次级贷占14%。次级抵押贷款是一个高风险、高收益的行业，指一些贷款机构向信用程度较差和收入不高的借款人提供的贷款。

随着货币政策的收紧，美国经济增速放缓，居民收入增速下降，房贷的还款压力不断增大。次级贷款抵押贷款的违约风险在2006年已经开始集中暴露，随即而来的房价下跌，使得次级贷款成为次级抵押贷款机构破产、投资基金被迫关闭、股市剧烈震荡的导火索，逐渐蔓延为整个金融市场的危机，它致使全球主要金融市场出现流动性不足，进而于2007年8月开始席卷全美国、欧盟和日本等世界主要金融市场。这次金融风暴因为源于美国次级抵押贷款市场，故称为美国次贷危机①。

2. 案例分析

该案例涉及的金融术语如下②

（1）次贷证券化指的是从贷款发起者手中购买抵押贷款并将它们捆绑在一起形成资产池，使其可以像其他金融资产一样交易的过程。这些资产池实质代表对相应抵押贷款的索取权，后来被称为抵押支持证券（转递证券）。

（2）住房抵押贷款支持证券（Residential Mortgage-Backed Security，RMBS）是信贷资产证券化模式之一。金融机构（主要是商业银行）将持有的流动性较差但拥有未来现金流收入的住房抵押贷款汇聚重组为抵押贷款群组成，由证券化机构购入，经过担保或信用增级后以证券的形式出售给投资者的融资过程。

（3）特殊目的机构（Special Purpose Vehicle，SPV）是指接受发起人的资产组合，并发行以此为支持的证券的特殊实体。

（4）担保债务凭证（Collateralized Debt Obligation，CDO）是把所有可能的现金流打包在一起，并且进行重新包装，再以产品的形式投放到市场的凭证。这个现金流可能来自各种类型的债券、债务、甚至保费、CDS费用等。

（5）结构投资机构（Structured Investment Vehicle，SIV）是由大型投资银行、大型商业银行等金融机构建立的、同SPV有些类似的金融机构。其目的是持有RMBS和CDO。SIV虽然是次贷相关债券的持有者，但却不是这些债券的最终投资者，换言之，SIV不是用自己的钱，而是借他人的钱购买RMBS和CDO。

（6）信用违约互换（Credit Default Swap，CDS）是债券市场常见的信用衍生产品。指在一定期限内，买卖双方就指定的信用事件进行风险转换的一个合约。信用风险保护的买方在合约期限内或在信用事件发生前定期向信用风险保护的卖方就某个参照实体的信用事件支付费用，以换取信用事件发生后的赔付。

案例的过程涉及次贷证券化、次贷再证券化、继续多重证券化等，具体如下：

特殊目的机构SPV购买或根据协议获得次贷的所有权或处置权，将次贷捆绑在一起，然后以这些次贷为基础（SPV的资产），相应发放债券（SPV的负债）。对应同一资产池（由大量次贷构成），特殊目的机构发行的RMBS有不同等级。SPV借用金融创新降低了资产证券化的成本，解决了自身的经营资金，并通过设定资产池隔离债券违约风险。

---

① 资料来源：新浪财经网，详见 http://finance.sina.com.cn/jinqiling/jrht_cdwj.shtml。

② 资料来源：Z. 博迪、A. 凯恩、A. J. 马库斯著，汪昌云、张永冀译．投资学（第九版）[M]．北京：机械工业出版社．

对应中级和次级贷款的 RMBS 是高风险资产，其债务人还款能力较低。金融机构为了提高收益，增加扩张速度，将此种 RMBS 打包为新的 CDS，即开始第二轮资产证券化（次贷再证券化）。注意到 CDO 的资产池是高风险的 RBS 和其他债券，而不是次级贷款。类似 RMBS 设定偿还优先级，CDO 可以划分为优先段、中间段、股权段。债券的现金流优先满足优先段投资者，然后以此类推。中间段的 CDO 可以继续进行如上的证券化操作，于是出现了 CDO 平方、CDO 立方（继续多重证券化）等所谓的金融创新。

结构投资载体 SIV 通常发行短期融资券，并用于购买公司债券及其他债务，然后类似 SPV 将债务打包出售，再用出售所得偿还短期融资券。SIV 在购买 RMBS 和 CDO 的同时，必须发行资产支持商业票据（asset-backed commercial paper，ABCP）在货币市场融资。RMBS 和 CDO 债券的期限以中长期为主，而从货币市场所筹集到的资金以短期为主。这样，就存在一个投资期限错配的问题。信用违约掉期是对债券或贷款的违约风险的保险政策。CDS 的买方通过向卖方付保费换取债券违约时卖方的偿付。CDS 为次级贷款的信用增级。一只 BB 级的抵押债券通过 CDS 保险后等同于 AAA 级债券。参与者关系如图 3.6 所示。

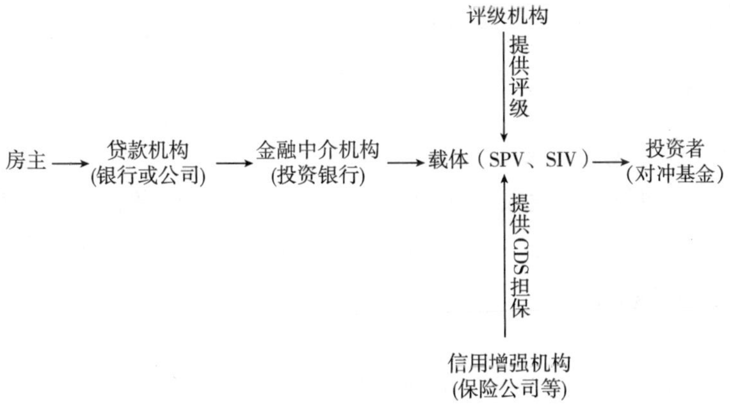

图 3.6　参与者关系

资料来源：Z. 博迪、A. 凯恩、A. J. 马库斯著，汪昌云、张永冀译.《投资学》（第九版）[M]. 北京：机械工业出版社.

以上模式的风险分散与转移路径为：贷款机构—SPV/SIV—MBS 和 CDO 的投资者—CDS的卖方。这个过程中各部门的盈利方式为：贷款机构和投资银行收取服务费和管理费，抵押贷款上的债券利息；CDS 卖方收取保费。

从 2004 年 6 月到 2006 年 6 月，美联储连续 17 次上调联邦基金利率。在房产景气时期，大量美国居民利用房屋价值的上升来获得更多贷款，以维持自己的超前消费。2007 年 8 月流动性危机开始显现：对于现金的需求超过供给，债券的持有者迫切要出售手中的债券，但没有人接手，MBS 和 CDO 价格暴跌。房价的下跌，以及联邦利率的上升，致使大量次级贷款借贷者无力偿还导致债券违约，从而使得危机不断累积，流动性进一步枯竭。具体而言包括如下五个破产阶段。

第一波破产：违约率上升使提供次贷而又未实现次贷证券化的住房金融机构倒闭或申请破产保护。2007 年 4 月，美国第二大次贷供应商新世纪金融公司申请破产保护。

第二波破产：购买了大量较低级别 MBS 和 CDO 的对冲基金的投资人赎回压力骤然增加，贝尔斯登公司旗下的两家对冲基金被迫关闭。

第三波冲击：较低级别的 MBS 和 CDO 的风险上升，导致评级机构对较高等级的 MBS 和 CDO 进行重新评估，这些产品的信用级别被调低，其市场价格也相应下跌。这就使购买信用评级较高的 MBS 和 CDO 的商业银行、保险公司、共同基金和养老基金等也随之受到冲击。

第四波破产：2008 年 3 月，美国第五大投资银行贝尔斯登因流动性短缺而不得不被 JP 摩根低价收购。面对货币市场利息率的急剧上升，欧洲中央银行、日本中央银行和美联储统一行动，在货币市场上注入大量流动性。

第五波破产：住房抵押贷款商 IndyMac Bank 破产。IndyMac 是美国历史上储蓄管理局监管下破产的最大存贷款银行及第二大被关闭的金融机构。值得注意的是，IndyMac 的业务不是发放贷款，而是提供所谓的“Alter-A”抵押贷款。

3. 案例总结

这次次贷危机造成的后果是惨重的（如表 3.3 所示），总结次贷危机爆发的原因有：第一，信用评级机构对次级抵押债券的信用评级整体虚高。主要原因为寡头垄断的评级市场、发行人付费模式带来的利益冲突以及评级和监管的顺周期性。第二，CDO 存在风险评估漏洞。第三，CDS 带来的投机心理。

表 3.3 次贷危机的后果

时间	事件
2007 年 4 月 4 日	美国第二次级债提供商，新世纪金融公司申请破产保护
2007 年 7 月 19 日	贝尔斯登旗下对冲基金濒临瓦解
2007 年 8 月 6 日	美国住宅抵押贷款投资公司申请破产
2007 年 8 月 9 日	全球大部分股指下跌，金属原油期货合现货、黄金价格大幅跳水
2007 年 8 月 11 日	世界各地央行 48 小时内注资超 3262 亿美元救市
2007 年 8 月 14 日	美国欧洲和日本三大央行再度注入超过 720 亿美元救市
2007 年 8 月 16 日	亚太股市遭遇“9·11”以来最严重下跌
2008 年 1 月 16 日	评级公司穆迪预测 SIV 债券持有者损失了 47% 的资产
2008 年 2 月 20 日	德国宣布州立银行陷入次贷危机
2008 年 3 月	美国第五大投资银行贝尔斯登因流动性短缺被 JP 摩根低价收购

续表

时间	事件
2008 年 9 月 15 日	美国第四大投行雷曼兄弟申请破产保护
2008 年 9 月 15 日	美国第三大投行美林证券被美国银行收购
2008 年 11 月 5 日	中国政府计划到 2010 年底投资 4 万亿元，实施扩大内需、促进经济平稳较快增长的十大措施

资料来源：笔者自行收集整理。

此次金融危机带给我们几点启示：一是要坚持宏观政策审慎平衡。采取审慎的宏观经济政策，使货币政策、财政政策等宏观政策保持平衡、协调、可持续，防止宏观经济政策失调。二是要坚持金融服务实体。必须始终把实体经济作为经济体系发展的根本基础，虚拟经济应该服务于实体经济发展需要。防止金融脱离实体经济“空转”，形成资产泡沫，引发实体产业空心化。三是提高金融监管有效性。无论成熟还是新兴金融市场，都需要强有力的监管。金融创新不能偏离审慎经营原则。监督金融机构去杠杆，防止过度投机是防范风险的有效手段。四是审慎推进金融业改革。混业经营的风险管控要有相应的监管体制和措施配套，否则会深刻影响实体经济发展，也容易引发系统性风险。金融机构的混业经营必须与自身的风险管控能力、监管部门的监管能力相协调。五是加强信贷风险管理。由于资本的逐利性，贷款机构免不了去追求更多的信贷，但这种追求必须建立在保证金融系统安全的底线之上。从这个角度，我国应该继续加强信贷风险管理，严格执行贷前调查，避免向无力偿付的借款人发放贷款，从源头减少危机发生的可能性。六是规范衍生品市场。衍生品本身是价值发现和风险对冲的重要工具，但衍生品本身具有高杠杆，对衍生品的滥用将放大经济体系的潜在风险，带来灾难性打击。为建立现代化的金融体系，我国不能不发展衍生品市场，但在发展过程中，应该充分借鉴发达国家的经验教训，应该建立公开、透明、规范的衍生品交易市场，并加强监管，以降低整个金融系统的风险。七是建立危机应对机制。美国处理次贷危机的经验告诉我们，在第一时间提供流动性、政府支援接管重要的经济个体，为降低市场恐慌、帮助经济快速企稳起到了关键作用。我们应该参照美国政府的相关做法，建立相应的危机预警机制和危机应对预案，一旦发现不利情况，迅速采取应对措施，切断负面事项传播，保持事态在可控范围之内。

3.4.3 国债期货 327 事件

1. 案例简介

1992 年 12 月 28 日，上海证券交易所进行了国债期货试点，但交易清淡。1993 年 7 月 10 日财政部颁布《关于调整国库券发行条件的公告》，在通货膨胀居高不下的背景下，政府决定将根据中央银行公布的保值贴补率对一些国债品种进行保值补贴。自此开始，国债收益率不确定性增强，也为国债期货市场的炒作埋下伏笔。

财政部在 1995 年 2 月 22 日宣布 3 年期国债年利率为 14%，市场预期当年兑付的 1992 年 327 国债贴息率将要上调。23 日开盘时市场情绪以做多为主，但是临近收盘的 8 分钟，上交所国债期货 327 合约的价格从 151.3 元瞬间跌至 147.9 元。当天，上证所国债期货成交了 1824 万张合约，成交额为 8500 亿元，其中仅 327 合约就成交了 1205 万张①。

这场暴跌幕后的推手正是时任万国证券总裁的万国生。根据交易所的数据统计，当日 86.6% 的空单来自万国证券。此前，万国生预期财政部不会上调 327 国债的贴息率，当时 148 元的市价存在明显的高估，因此提前布局做空。为了避免损失巨额亏损，才有了 23 日最后惊心动魄的八分钟。同日 22 时，上海证券交易所在向外公布，当日收盘前 8 分钟交易违规，遂取消该时段内所有交易，并调整当日收盘价为 151.3 元。作为空头主力的万国证券，此项决议意味着其对赌失利，面临巨额亏损。上海证券交易所 4 月份公开数据显示，万国证券在国债 327 合约上的损失为 8 亿元，而万国证券内部报告则显示，公司在该合约上的总亏损为 14.24 亿元②。

2. 案例分析

围绕 327 国债合约的多空头之争，是我国金融市场知名度最广泛的多方博弈。其博弈的主角国债 327 合约期货，无疑是 20 世纪关注度最高的金融期货。327 国债的票面利率是 9.5%，兑付的方式是票面利率加上财政部的保值贴息。影响 327 国债价格的因素有四个，分别是基础价格，保值补贴率，贴息率以及新债供给③。国债 327 的基础价格可以根据票面价值和利率计算得到，到期本息和为 128.5 元，这个价格是固定的。保值补贴率是为了补偿通货膨胀的上涨压力，影响国债的到期价值。贴息是财政部为了补偿国债持有者提高的利息，和国债的价格呈现正相关关系。新债和 327 互为替代品，新债的流通量大，且可以成为混合交收的基础品种，则空头方具有更多的操作空间。正是因为 327 国债的这些特质，327 具有更多的炒作空间，引发投机者的追逐。其中财政部是否会在到期日前上调贴息率成为多空头角力的核心。

中国经济开发信托投资公司是多头方。空头方万国证券管金生判断 1995 年通货膨胀率必然回落，新债的流通量增大，且财政部不会增加额外支出补贴国债，因此坚决做空 327 国债。市场的角力一直延续到 23 日收盘前的 8 分钟，陆一在《中国赌金者——327 事件始末》一书中描述道："在交易总部自营操作室，决策小组组长看着交易总部的成员下手操作。自 16 时 22 分 13 秒开始，通过万国证券在上海证交所内代号

① 资料来源：新浪财经，详见 http://finance.sina.com.cn/money/bond/2018-08-24/doc-hicsiaw4143182.shtml。

② 资料来源：陆一，《中国赌金者——327 事件始末》，上海远东出版社，2015.

③ 资料来源：陈菲琼，《投资学案例》，浙江大学出版社，2004.

为C55、P89的两个自营席位连续打入23笔（每笔90万口）空单，共2070万口。同时，用万国旗下黄埔营业部C73自营席位做多接盘，向下锁定价位。由于是闭市前几分钟的突然袭击，电脑自动配对成交速度高达每秒1800笔，交易所根本来不及采取任何制止措施。”

通过这次的事件可以看到，当时的金融市场存在着几方面的问题：第一，现券市场流动性不足，品种有限。据统计当时市场的流通国债数量不足930亿元，期限以短期为主，市场深度不足。第二，国债期货难以理性定价。现有的债券定价模型以现金流配合折现因子计算现值，而保值率和贴息率增加了定价模型的不确定性，对保值贴息的判断，使得市场上难以形成理性的预期，造成市场的投机性过强。第三，监管不足。当时全国有十四个国债证券交易所，彼此之间缺乏统领，在交易环节极易形成漏洞，此外缺少监管的法律条文和同业规则，也使得市场参与者违规成本较低，此次事件中万国证券卖出了远超自己持仓的327合约，监管部门并没有及时处置。第四，投资者自身风险意识不足。彼时期货交易刚刚兴起，投资者专业素养不足，轻视杠杆交易带来的风险，缺乏对冲的手段，诸多证券公司陆续上演爆仓。

3. 案例总结

此次事件对中国金融衍生品市场影响巨大，1995年5月17日17时，证监会通报国务院下发《关于暂停全国范围内国债期货交易试点的紧急通知》，并从5月18日起实行。6月初全国十四个国债期货市场完成清仓。至此，我国首个金融衍生品工具在上市两年半后宣告退市。由于当时金融市场不成熟，一些交易所并不具备期货管理的经验，国债期货的交易和监管缺乏统一的标准和风险控制体系，并且交易者以追逐收益的投机分子为主，国债的安全性、收益性和流动性的优势并没有发挥完全，天时地利人和共同作用下，这个中国最早的衍生品尝试并没有坚持下去。但这次冒险的尝试无疑让市场第一次认识到了衍生品的威力，为期货市场培养了最早的一批人才，客观上促进了金融市场制度保障，监管体系和产品设计理念的发展，也为期货等衍生品在中国的发展培育了沃土。

国债327事件18年后，2013年9月6日，国债期货宣布重启，五年期国债期货合约在中国金融期货交易所率先上市。2015年3月16日，《中国金融期货交易所10年期国债期货合约交易细则》开始实施。2018年8月6日，《中国金融期货交易所2年期国债期货合约交易细则》开始实施。截至2020年1月，国债规模达到16.1万亿元，商业银行持有近19万亿元，保险持有3600亿元左右，国债期货交易走过探索期，如今正重新走向繁荣。

第4章
远期合约

引　例

中世纪末，一位意大利农场主在威尼斯贸易市场卖大麦，恰好赶上大麦由于供过于求而价格暴跌，农场主的大麦完全卖不出去。这时他遇到了一位大麦采购商，这位采购商期望锁定明年的采购成本。然而，每年的大麦价格对于农场主和采购商来说都是未知的。于是采购商灵机一动，先购买了农场主所有的大麦，又提出与农场主签订一张交易券，约定明年这个时候，采购商可凭它按约定的价格一手交钱一手提货。农场主为了规避明年再遇到这种惨淡行情的风险，同意签订该交易券。

这张交易券其实就是远期合约，它在后来极大地促进了粮食贸易。

(1) 什么是远期合约?

(2) 远期合约面临的主要风险是什么?

(3) 远期合约如何定价?

(4) 如何运用远期合约进行套期保值、套利、投机?

4.1　远期合约

4.1.1　定义及分类

远期合约（forward contract）起源于早期商品市场，是一种为规避未来现货交易风险而产生的合约，这种合约规定交易双方在未来约定的时间以约定的价格买卖一定数量的资产（商品）。在远期合约中，买入资产的一方被称为多头，卖出资产的一方被称为空头。一份远期合约应该包括买卖的商品或金融工具种类、交割价格及交割结算的日期。

远期合约是一种相对简单的金融衍生品，它的特点主要有：第一，非标准化，远期合约的各项内容为买卖双方量身定制、通过场外交易达成，合约条款因双方的需要不同而不同，是非标准的。第二，信用风险大，由于远期合约非标准且在场外进行交易，因此受到的约束较少，买卖双方违约的可能性较大。第三，实物交割，一般地，远期合约规定买卖双方在合约到期时进行实物交割，并严格规范被交割的实物（尤其是商品）。第四，强制履约，远期合约到期必须执行。

在具体发行过程中，远期合约是多种多样的，主要可以被分类为如下 4 种：

（1）远期利率协议（forward rate agreement，FRA），买卖双方同意从未来某一商定的时刻开始的一定时期内按协议利率借贷一笔数额确定、以具体货币表示的名义本金，合同双方在名义本金的基础上进行协议利率与参照利率的差额支付。其中，协议利率为双方在合同中约定的固定利率，参照利率为合同结算日的市场利率。

（2）远期外汇协议（forward exchange agreement，FXA），买卖外汇双方同意在未来某一商定的交割日以规定的外汇数量及汇率办理货币收付的外汇交易。按照远期的开始时期划分，远期外汇协议又分为直接远期外汇协议和远期外汇综合协议。

（3）远期股票合约（equity forwards），买卖双方同意在未来某一商定的交割日按照规定价格交付一定数量单只股票或一揽子股票。

（4）远期商品合约（commodity forwards），买卖双方同意在未来某一商定的交割日按照规定价格以一定金额换取特定数量特定质量的商品。

其中，远期利率协议、远期外汇协议和远期股票合约都属于金融远期合约。

4.1.2　远期合约交易市场

远期合约交易市场是远期合约签订和流通的场所，它有两个显著的特点：一是分散的场外交易；二是非标准化合约交易。我国目前由上海清算所为远期市场提供结算服务。

远期合约交易市场起源

早在 12 世纪时，法兰德斯商人就在市场中利用一种被称为“de faire”的文件进行商品的远期交易，文件中规定未来某特定时日买卖双方的交货内容，所以“de faire”可以说是远期合约的前身。

之后在 1851 年，芝加哥交易所开始出现远期合约，这种远期合约的交货条件是在某一个时期某一个地点，于火车厢或船舱进行交货，这些条件由买方和卖方个别商定，没有统一的标准。

我国远期合约交易市场发展重要事件如表 4.1 所示。

表 4.1　中国远期市场发展大事记

时间	事件
20 世纪末	现代化的远期协议合约起步
1997 年	中国银行开始进行远期结售汇试点
2003 年	四大国有商业银行全面展开远期结售汇业务
2005 年	中国人民银行正式建立人民币远期市场
2007 年	人民币远期利率协议推出

资料来源：笔者自行收集整理。

远期合约不在交易所交易，而是在金融机构之间或金融机构与客户之间通过谈判后签署，也可以在场外市场交易流通。由于技术手段的发展，现代远期交易已经发展成为通过计算机网络相互连通的全球性场外市场，交易以私下进行为主，监管方面较为薄弱。

4.1.3　远期合约投资风险

对远期合约来说，分析其到期盈亏对投资来说至关重要。远期合约的投资收益取决于标的资产的价格变动，因此其面临的投资风险相较基础证券更为复杂。

1. 到期盈亏分析

一般地，远期合约到期时，无论标的资产市场价格是多少，双方都必须按照合约中约定的交割价格买卖标的资产。假设用 S_T 表示合约到期时标的物的市场价格，K 表示合约的交割价格，则在到期日一单位资产远期合约多头方的损益函数为 $S_T - K$，空头方的损益函数为 $K - S_T$。当 $S_T > K$ 时，多头方盈利，空头方亏损；当 $S_T < K$ 时，多头方亏损，空头方盈利。收益分析如图 4.1 所示。

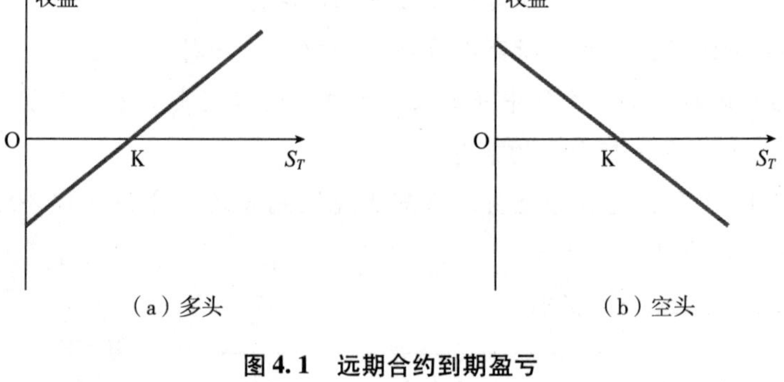

图 4.1　远期合约到期盈亏

2. 系统性与非系统性风险

远期合约的系统性风险受其标的资产影响，有利率风险、流动性风险等。非系统性风险在于其场外非标准化交易导致的违约风险。

4.2 远期合约定价理论

在引入远期合约的定价方法之前，本节将先介绍远期合约价格、价值与交割价格以及它们之间的关系。

4.2.1 远期合约的价格与价值

（1）即期价格，指的是合约标的物在现货交易中的成交价格，现货交易是一经成交立即交换的买卖行为，一般是多头方即时付款。

（2）远期价格，指的是合约标的资产未来到期时刻的理论价格，也是我们一般认为的远期合约的价格。

（3）远期合约交割价格，指的是远期合约中规定的在将来某一时刻买卖标的资产的价格，也称为执行价格或协议价格。

（4）远期合约价值，是指合约本身的价值，它与远期合约的交割价格和即期价格有关。在远期合约签订的初始时刻，为了避免套利，均衡市场上的远期合约价值为0。

在远期合约签订的初始时刻，并无现金支付，只是多头方和空头方签署了一份承诺合同，且合同必须对双方公平。因此，此时合约本身没有价值，合约签署的交割价格应该使合约价值为0。

因此，交割价格在确定时要保证与标的资产的未来理论价格相等。但在合约签订至到期日的这段时间里，市场信息每天都在发生变化，如标的资产价格上升或下降、市场情绪变化和关联资产价格变化等。这些市场信息将使合约不再对双方都公平，此时合约本身具有了价值，不再是零。

利用算例4－1说明远期价格如何确定。

算例4-1

假设一只无分红的股票价值为每手600元，市场无风险利率为5%，那么以这只股票为标的资产的远期合约价格应该是多少？

$$600 \times (1 + 5\%) = 630(\text{元})$$

分两种情况讨论：

（1）若远期合约价格高于630元，比如650元。投资者可以从货币市场以无风险利率借入 600 元购买一手该股票，同时做一份对应的远期合约的空头。等到合约到期日，投资者以 650 元每手交割该股票，同时偿还货币市场上的负债 630 元（资金的时间价值）。投资者在这个过程中获得了 20 元的无风险收益。

（2）若远期合约价格低于 630 元，比如 610 元。投资者可以先卖空一手股票，获得 600 元收益并将这笔收益以无风险利率投入货币市场，同时做一份对应的远期合约的多头。等到合约到期日，投资者在货币市场上的收益为 630 元，他以每手 610 元买入一手股票，并以此平掉之前的股票空头仓位。投资者在这个过程中同样获得了 20 元的无风险收益。

因此，在无套利均衡定价的思想下，该远期合约的价格为 630 元。事实上，算例 4－1还运用了持有成本理论：在这一思想下，由于不支付收益的证券既无存储成本，又无收益，所以其持有成本为无风险利率。

本节将分别对四类远期合约讨论定价问题，首先定义相关符号如下：

T：远期合约到期的刻（年）。

S_0：远期合约标的资产当前的价格。

S_T：远期合约标的资产在时刻 T 的价格。

K：远期合约中的交割价格。

f：远期合约多头的价值。

F_0：当前的远期价格。

r：以连续复利计算的无风险利率（零息利率）。

4.2.2 证券远期合约定价

1. 不支付红利证券的远期合约定价

到期日为 T 时刻的远期合约多头和在 T 时刻购买资产产生的效果一样：都是在 T 时刻拥有一份资产。因此，期初时刻的远期价格应该等于标的资产现货价格（本金）加上在 0 到 T 时期内该本金产生的利息。在连续复利条件下：

$$F_0 = S_0 e^{rT} \tag{4.1}$$

在无套利定价的思想下，考虑下列两个资产组合：

组合 A：一个远期合约多头加上一笔数额为 Ke^{-rT} 的现金；

组合 B：一单位标的证券。

在时刻 T，两种组合都可以获得一单位的证券。根据无套利定价原理，在期初时刻，两个组合的价值也必然相等：

$$f + Ke^{-rT} = S_0$$

移项得：

$$f = S_0 - Ke^{-rT} \tag{4.2}$$

在期初时刻远期合约的价值为0，且远期合约的价格等于远期合约的交割价格（期初时刻远期合约的价格就是在T时刻时购买合约标的价格，应该等于远期合约在T时刻的交割价格），即$f = 0$，$F_0 = K$，代入式（4.2）同样可以得到期初时刻的远期价格为：

$$F_0 = S_0 e^{rT}$$

将$S_0 = F_0 e^{-rT}$代入式（4.2）中，得远期合约多头价值：

$$f = (F_0 - K)e^{-rT} \tag{4.3}$$

算例4-2

考虑一个4个月期的远期合约，其标的为一个从今天算起期限为1年的零息票债券（远期合约到期之后债券有效期还剩8个月）。该债券的现价为930元，假定以连续复利计算的4个月期无风险利率为每年6%，求当前的远期价格。

因为零息票债券不支付收益，使用前面的公式，$T = 4/12$，$r = 0.06$，$S_0 = 930$，则远期价格F_0为：

$$F_0 = 930e^{0.06 \times 4/12} = 948.79\text{（元）}$$

算例4-3

考虑一个6个月期的远期合约空头，其标的为一个一年期贴现债券，远期合约交割价格为950元。假设6个月期的无风险利率（连续复利）为每年6%，债券的现价为930元。求远期合约空头此时的价值。

此时，$T = 0.5$，$r = 0.06$，$K = 950$，$S_0 = 930$，由公式可得远期合约多头的价值为：

$$f = 930 - 950e^{-0.5 \times 0.06} = 8.078$$

此时，该远期合约空头的价值为-8.078。

2. 支付已知现金收益证券的远期合约定价

支付已知现金收益的证券是指证券将为持有者提供可完全预测的现金收益，比如派发固定金额或固定比例红利的股票或息票债券。假设I为远期合约有效期内所得现金收益的现值，使用两种方法来确定远期合约的价格。

在持有成本理论下，不支付收益证券的持有成本为$S_0 e^{rT}$，若证券支付已知现金收益，则在期末该证券可以提供给持有者数额为Ie^{rT}的现金，这部分现金可以视为抵消了一部分的持有成本，所以期初证券的远期价格为：

$$F_0 = S_0 e^{rT} - Ie^{rT}$$

化简得：

$$F_0 = (S_0 - I)e^{rT} \tag{4.4}$$

在无套利定价的思想下同样考虑下列两个组合：

组合 A：一个远期合约多头加上一笔数额为 Ke^{-rT} 的现金。

组合 B：一单位标的证券加上以无风险的利率借 I 数额的资金。

在 T 时刻，组合 A 可以用现金 K 交割远期合约，得到一单位标的证券；组合 B 可以将标的证券支付的现金收益 Ie^{rT} 用于偿还借款，同样剩余一单位标的资产。因此根据无套利定价关系，在期初时刻两个组合应当具有相同的价值：

$$f + Ke^{-rT} = S_0 - I$$

在期初，合约价值 $f = 0$，$F_0 = K$，代入上述等式同样可以得到期初证券的远期价格为：

$$F_0 = (S_0 - I)e^{rT}$$

远期合约价值多头为：

$$f = S_0 - I - Ke^{-rT} \tag{4.5}$$

算例 4-4

考虑一个 10 个月期的远期合约多头，其标的为当期股价为 50 元的股票，该股票在 3 个月、6 个月以及 9 个月后都会有每股 0.75 元的红利收入。假设对所有的到期日，无风险利率（连续复利）都是每年 8%。求远期价格。

由题可知，红利的现值之和 I 为：

$$I = 0.75e^{-0.08\times0.25} + 0.75e^{-0.08\times0.5} + 0.75e^{-0.08\times0.75} = 2.162\text{（元）}$$

$T = \frac{10}{12} = 0.833$，远期价格 F_0 为：

$$F_0 = (50 - 2.162)e^{0.08\times0.8333} = 51.14\text{（元）}$$

算例 4-5

考虑一个一年期远期合约多头，其标的为一种当期价格为 900 元的五年期债券，该债券在 6 个月后和 12 个月后，预计将收到 60 元的利息。该远期合约的交割价格为 910 元，第二次付息日正好在远期合约交割日之前。6 个月期和 12 个月期的无风险复利利率分别为每年 9% 和 10%。求远期合约多头的价值。

由题可知，红利的现值之和 I 为：

$$I = 60e^{-0.09\times0.5} + 60e^{-0.10\times1.0} = 111.65\text{（元）}$$

远期合约多头的价值为：

$$f = 900 - 111.65 - 910e^{-0.10\times1.0} = -35.05\text{（元）}$$

3. 支付已知红利收益率证券的远期合约定价

支付已知红利收益率证券是指在持有期内，证券按照其价格的某个比率 q 连续地支付红利。假设投资者将红利不断地再投资于该证券，则持有的证券资产的价值将按照比率 q 连续增加。也就是说，如果0时刻股价为 S_0，投资者持有该股票，则在 T 时刻投资者持有的证券资产价值增长为 S_0e^{qT}。

在持有成本理论下，不支付红利证券的持有成本为以比率 r 连续复利的资产增值，现在若证券支付已知红利收益率，则在期末该证券可以提供给持有者以比率 q 连续复利的证券资产增值，这部分增值可以视为抵消了一部分的持有成本，所以这种情况下证券的远期价格为：

$$F_0 = S_0e^{(r-q)T} \tag{4.6}$$

这与支付现金收益的情形类似，但区别在于这里的红利收益率是基于股价 S_0 的增长率，不是可以直接减去的现金收益。

在无套利定价的思想下，考虑下列两个组合：

组合 A：一个远期合约多头加上一笔数额为 Ke^{-rT} 的现金。

组合 B：e^{-qT} 单位证券并且所有的收入都再投资于该证券。

在 T 时刻，组合 A 可以用现金 K 交割远期合约，得到一单位标的证券；组合 B 中的证券增值为 单位标的证券。因此根据无套利定价关系，在期初时刻两个组合应当具有相同的价值：

$$f + Ke^{-rT} = S_0e^{-qT}$$

在期初，$f = 0$，$F_0 = K$，代入等式同样可以得到期初证券的远期价格为：

$$F_0 = S_0e^{(r-q)T}$$

同时得到远期合约多头价值为：

$$f = S_0e^{-qT} - Ke^{-rT} \tag{4.7}$$

算例 4-6

考虑一个6个月期的远期合约多头，执行价格为27元。其标的为当前价格为25元的股票，该股票提供年率为4%的连续红利收益率。无风险利率（连续复利）为每年10%。求远期价格和远期合约多头的价值。

$T = 0.5$，$r = 0.1$，$K = 27$，$S_0 = 25$，$q = 0.04$，远期价格 F_0 为：

$$F_0 = 25e^{0.06\times0.5} = 25.76\,(元)$$

远期合约多头价值为：

$$f = 25e^{-0.04\times0.5} - 27e^{-0.1\times0.5} = -1.178\,(元)$$

4.2.3 商品远期合约定价

商品可以分为以投资为目的持有的商品和以消费为目的持有的商品，两类商品的远期合约定价不尽相同。

1. 以投资为目的持有商品的远期合约定价

以投资为目的持有的商品主要指黄金、白银之类贵金属。在不考虑储存成本时，黄金和白银类似于无收益证券。继续采用前文符号，则由式（4.1）可知，远期价格 F_0 为：

$$F_0 = S_0 e^{rT}$$

若考虑储存成本，当储存成本是确定的，可将存储成本视为负的收益，则适用于已知收益远期合约的定价模型。设 U 为期货合约有效期间所有存储成本的现值，则有：

$$F_0 = (S_0 + U)e^{rT} \tag{4.8}$$

讨论两种情况：

当 $F_0 \geqslant (S_0 + U)e^{rT}$ 时，可通过以下策略套利：以无风险利率借金额为 $S_0 + U$ 的资金，用来购买一单位的商品和支付存储成本；再卖出一单位商品的期货合约。重复套利行为会导致 S_0 上涨，而 F_0 会下跌，直到以上不等式不再成立。

当 $F_0 < (S_0 + U)e^{rT}$ 时，可通过以下策略套利：卖出商品，节约存储成本，以无风险利率将所得收入进行投资；再买入一单位商品的期货合约。重复套利行为会导致 F_0 上涨，而 S_0 将会下跌，直到以上不等式不再成立。

算例 4-7

考虑黄金的一年期货合约。假设黄金的存储成本是每年每盎司 2 美元，在年底支付，黄金现价为 450 美元。无风险利率始终为每年 7%。求远期合约价格。

$T = 1$，$r = 0.07$，$U = 2e^{-0.07} = 1.865$，$S_0 = 450$，则远期价格 F_0 为：

$$F_0 = (450 + 1.865)e^{0.07} = 484.63(\text{元})$$

如果实际中的期货价格大于 484.63 元，套利者可以买入资产再卖出一年期期货合约，从而锁定一定利润。

如果实际中的期货价格小于 484.63 元，一个持有该资产的套利者可以卖出资产再买入一年期期货合约，从而获利。

当存储成本与商品价格成一定比例时，设该比例为 u，则可看作负的红利收益率，此时远期价格为：

$$F_0 = S_0 e^{(r+u)T} \tag{4.9}$$

2. 以消费为目的持有商品的远期合约定价

以消费为目的持有的商品，其期货不能精确定价，只能确定一个合理的价格范围。

当储存成本是某一固定值时：

$$F_0 \leqslant (S_0 + U)e^{rT} \tag{4.10}$$

当存储成本与商品价格成一定比例：

$$F_0 \leqslant S_0 e^{(r+u)T} \tag{4.11}$$

若按照无套利定价关系，式（4.11）显然不合理，因为 F_0 必须与式子右端的表达式相等才能使套利机会消失，无论是大于还是小于右端表达式，投资者都可以通过一定的套利操作来获取无风险利润。为什么和以投资为目的持有商品的远期定价情况不同了呢？这是因为，当 $F_0 > (S_0 + U)e^{rT}$ ，投资者可以通过以无风险利率借 $S_0 + U$ 的资金同时卖出一单位商品的远期合约来进行套利，但当 $F_0 < (S_0 + U)e^{rT}$ 时，如果要进行套利操作，投资者必须做出与前述相反的操作，即卖出现货并买入远期合约，但此时个人或企业是以消费为目的持有商品，他们看重商品库存的消费价值而非投资价值，因此他们不会积极主动地出售商品购买远期合约，所以此式也是合理的。

4.2.4 货币远期合约定价

货币远期即汇率远期，以汇率为合约标的物，在未来某一时刻按照约定的汇率交割外汇。货币远期的定价涉及两种货币，假设 r_f 为外汇的无风险利率，r 为本币的无风险利率。在无套利定价的思想下，构建如下资产组合：

组合 A：一个货币远期多头加上 Ke^{-rT} 金额的本币

组合 B：e^{-r_fT} 金额的外汇

在 T 时刻两个组合都能获得一单位的外汇，因此在 0 时刻两个组合应具有相等的价值：

$$f + Ke^{-rT} = S_0 e^{-r_fT}$$

将 $f = 0$, $F_0 = K$ 代入等式，得：

$$F_0 = S_0 e^{(r-r_f)T} \tag{4.12}$$

同时得到货币远期的价值为：

$$f = S_0 e^{-r_fT} - Ke^{-rT} \tag{4.13}$$

4.3 远期利率协议与远期外汇协议

4.3.1 远期利率协议

1. 远期利率

远期利率指的是即期计算得到的将来一定期限的利率。例如，1 ×4 远期利率表示 1 个月之后开始的期限为 3 个月的远期利率，3 ×6 远期利率表示 3 个月之后开始的期限为 3 个月的远期利率。

算例 4-8

远期利率是由一系列即期利率决定的。例如，若一年期的即期利率为 8%，两年期的即期利率为 8.5%，那么其隐含的一年到两年的一年期远期利率约等于 9%，这是因为：

$$(1+8\%)(1+9\%) \approx (1+8.5\%)^2$$

可做如下总结，若现在时刻为 t，T 时刻到期的即期利率为 r，T^* 时刻（$T^* > T$）到期的即期利率为 r^*，则时刻（$T^* - T$）期间的远期利率 $\hat{r}$ 可以通过下式求得：

$$(1+r)^{T-t}(1+\hat{r})^{T^*-T} = (1+r^*)^{T^*-t} \tag{4.14}$$

式（4.14）只适用于一年只复利一次的情况。下面介绍连续复利情况下即期利率与远期利率的关系。

假设 R_0 是连续复利的利率，R_m 是与之对应的每年 m 次复利的利率，根据第一章叙述的连续复利公式可得二者的转换关系式为：

$$R_0 = m\ln\left(1+\frac{R_m}{m}\right)$$

$$R_m = m\left(e^{\frac{R_0}{m}} - 1\right) \tag{4.15}$$

于是，在连续复利的情况下，远期利率与即期利率的关系为：

$$e^{r(T-t)}e^{\hat{r}(T^*-T)} = e^{r^*(T^*-t)} \tag{4.16}$$

所以时刻（$T^* - T$）期间的远期利率 $\hat{r}$ 为，

$$\hat{r} = \frac{r(T^*-t) - r(T-t)}{T^* - T} \tag{4.17}$$

算例 4-9

当一年期和两年期的连续复利年利率分别为 8% 和 8.5% 时，一年到二年的连续复利远期年利率等于 9%，这是因为：

$$e^{0.08} \times e^{0.09} \approx e^{0.085\times 2}$$

2. 远期利率协议

远期利率协议（FRA）是买卖双方同意从未来某一商定的时刻开始在特定时期内按协议利率借贷一笔数额确定、以具体货币表示的名义本金的协议。远期利率协议的买方是名义借款人，其订立远期利率协议的目的主要是为了规避利率上升的风险。远期利率协议的卖方是名义贷款人，其订立远期利率协议的目的主要是为了规避利率下降的风险。之所以称为“名义”，是因为借贷双方不必交换本金，仅在结算日交割协议利率和参照利率（参照利率一般设定为 LIBOR 利率）差额与名义本金的乘积。

在远期利率协议下，如果参照利率超过合同协议利率，卖方支付给买方一笔结算金，以补偿买方在实际借款中因利率上升而造成的损失。反之，则由买方支付给卖方一笔结算金。一般来说，实际借款利息是在贷款到期时支付，结算金则是在结算日支付，因此，结算金通常并不等于因利率上升而给买方造成的额外利息支出，而是等于额外利息支出在结算日的贴现值，具体计算公式为：

$$结算金 = \frac{(r_r - r_k) \times A \times \frac{D}{E}}{1 + r_r \times \frac{D}{E}} \tag{4.18}$$

式（4.18）中，r_r 表示参照利率，r_k 表示合同的协议利率，A 表示合同金额、D 表示合同期天数，E 表示天数计算惯例（如美元为 360 天，英镑为 365 天）。

式（4.18）中，分子表示由于合同的协议利率与参照利率之间的差异所造成的额外利息支出，分母则是对分子进行贴现。

算例 4-10

假设 A 公司在六个月之后需要一笔金额为 1000 万元的资金，为期三个月。其财务经理预测届时利率将上涨，为锁定其资金成本，该公司与某银行签订了一份协议利率为 5.9%、名义本金额为 1000 万元的 6×9 远期利率协议。

假设六个月后，市场利率上涨，三个月期市场利率上涨为 6%，则远期利率协议结算日应交割的金额计算如下：

$$\frac{(6\% - 5.9\%) \times 10000000 \times \frac{90}{360}}{1 + 6\% \times \frac{90}{360}} = 2463.05（元）$$

假设此时 A 公司为配合其财务资金的需求，不得不按此时的市场利率 6% 借入一笔金额为 1000 万元期限为三个月的资金，则其借入资金的利息成本为：

$$10000000 \times 6\% = 150000（元）$$

但由于 A 公司承做了上述 FRA 避险，可获远期利率协议的利息差价收入 2463.05 元，因此，其实际的财务成本为：

$$\frac{150000 - 2463.05}{10000000} \times \frac{90}{360} = 5.9\%$$

这是原 FRA 设定的资金成本，也就是远期利率协议中的协议利率 5.9%。若六个月后的市场利率下跌，通过类似的分析，可得 A 公司的实际财务成本仍为 5.9%。可见，通过远期利率协议，A 公司可以将其筹资成本固定，从而避免了利率波动的风险。

3. 远期利率协议定价

远期利率协议定价的重要前提为计算远期合约的期末收益，进而贴现定价，下面做详述。

在合约签订初期，合约的协议利率 r_k 被设定为当下的市场利率 r_m ，此时，FRA 的价格为 0，合约的价值应为 0。随着时间的变化，市场利率也会变化，此时 FRA 的价值也就不再为 0。

考虑 t 时刻有两份远期利率协议，它们的名义本金均为 A ，约定的未来期限均为 $(T^* - T)$ 。一份约定的利率为市场远期利率（即 T^* 到 T 时刻的远期利率 r_m^* ）。一份合约的利率为 r_k ，在连续复利的情况下，两份合约的收益分别为：

$$Ae^{r_m^*(T^*-T)}$$

$$Ae^{r_k(T^*-T)}$$

在 t 时刻，两份合约的价值差异主要体现在期末的收益不同上，因此有（假设 $f_1 > f_2$, $f_1 < f_2$ 时反之）：

$$f_1 - f_2 = [Ae^{r_m^*(T^*-T)} - Ae^{r_k(T^*-T)}]e^{-r(T^*-T)}$$

由于第一个 FRA 中的协议利率为理论远期利率，其远期价值应为零。则第二个 FRA 的价值等于：

$$f_2 = [Ae^{r_k(T^*-T)} - Ae^{r_m^*(T^*-T)}]e^{-r(T^*-T)} \tag{4.19}$$

算例 4-11

投资者现期投资了一份未来 1.5～2 年的利率为 5.8%、本金为 100 万元的 FRA，假定未来 1.5～2 年的市场远期利率为 5%，两年期的无风险利率为 4%（均连续复利），则该 FRA 的价值为多少？

$$f = 1000000[e^{0.058\times0.5} - e^{0.05\times0.5}]e^{-0.04\times2} = 3793.523\text{（元）}$$

4.3.2 远期外汇协议

1. 远期汇率

远期汇率的标价方法有两种：一种是直接标出远期汇率的实际价格；另一种是报出远期汇率与即期汇率的差额，即远期差价，也称为远期汇水。升水（premium）是远期汇率高于即期汇率时的差额，贴水（discount）是远期汇率低于即期汇率时的差额，平价（Par）则表示远期汇率等于即期汇率。

根据套利定价的原理，远期汇率与即期汇率的关系是由两种货币间的利率差所决定的，其公式就是国际金融领域著名的利率平价（interest rate parity，IRP）关系，为：

$$F = Se^{(r-r_f)(T-t)} \tag{4.20}$$

式（4.20）中，F 表示 T 时刻交割的直接远期汇率，S 表示 t 时刻的即期汇率，r 表示本国的无风险连续复利利率，r_f 表示外国的无风险连续复利利率。

远期差价 W 差价定义如下：

$$W = F - S = S[e^{(r-r_f)(T-t)} - 1] \tag{4.21}$$

可由式（4.21）得知，当 $r > r_f$ 时远期升水，反之，远期贴水。

2. 远期外汇协议

远期外汇合约是指交易双方约定在将来某一时间（一般在成交日的 3 个营业日之后）按约定的远期汇率买卖一定金额某种外汇的合约。在签订合同时，除了要交保证金外，不发生任何资金转移。交割时，名义本金不交割，只交割合同中规定的远期汇率与当时的即期汇率之间的差额。

远期外汇交易的期限有 1 个月、3 个月、6 个月和 1 年等几种，其中 3 个月的最为普遍。超过 1 年的极少，通常也称为超远期外汇交易。下面通过两个方面对远期外汇合约进行分类：

（1）按照远期外汇的交易方式，远期外汇合约可以分为固定交割日的远期外汇交易（fixed maturity date forward transaction）和选择交割日的远期外汇交易（optional maturity date forward transaction）

固定交割日的远期外汇交易是指交易双方事先约定在未来某个确定的日期办理货币收付的远期外汇交易，但由于现实中外汇买卖者往往事先并不知道外汇收入和支出的准确时间，因此这种固定交割日的远期外汇合约在实际运用中缺乏足够的灵活性和机动性。

选择交割日的远期外汇交易是为了弥补固定交割日外汇合约的缺陷而产生的。采用择期交易方式，主动请求交易的一方可以在成交日的第三天起至约定期限内的任何一个营业日，要求交易的另一方，按照双方事先约定的远期汇率办理货币收付。确定择期交割日的方法有两种：一是事先把交割期限固定在某两个具体的日期之间，如某一出口商于 2020 年 9 月 25 日成交一笔出口交易，约定三个月后付款。则该出口商可以马上在外汇市场卖出一笔三个月的远期外汇，并约定择期日期为 2020 年 9 月 29 日至 2020 年 12 月 29 日。则该出口商便可在这段时间内的任何一天，随时将收到的外汇卖给银行；二是事先把交割期限固定在不同月份之间，如上例中，出口商可视其需要，将交割期限定为该笔交易成交后的第一个月、第二个月、第三个月，或三个月中的任意两个月等。由于择期交易在交割日上对顾客比较有利，因此，银行在择期交易中有权选择从择期开始到结束期间内对顾客最为不利的汇率作为择期远期交易的汇率。

（2）按照远期的开始时期划分，远期外汇合约又可分为直接远期外汇合约（outright forward foreign exchange contract）和远期外汇综合协议（synthetic agreement for forward exchange）

直接远期外汇合约的远期期限是直接从现在开始计算的，而远期外汇综合协议的远期期限则是从未来的某个时点开始算的，因此实际上是远期的远期外汇合约。如 1 × 4 远期外汇综合协议是指从起算日之后的一个月（结算日）开始计算的为期 3 个月的远期外汇综合协议。

3. 远期外汇合约的功能

远期外汇买卖是国际上最常用的一种避免外汇风险、固定外汇成本的方法。现实生活中，无论是在进行对外贸易结算、海外投资、外汇借贷或还贷时，都会涉及外汇保值的问题，通过远期外汇买卖业务，可事先固定某一项目的外汇成本，或锁定远期外汇收付的换汇成本。

下面的两个例子分别解释远期外汇合约的锁定进口付汇成本和锁定出口收汇成本的功能。

算例 4-12（锁定进口付汇成本）

设当前（20 × ×年 5 月 8 日）美元兑日元的汇率为 1 美元 = 133 日元。根据贸易合同，进口商甲公司将在 6 月 10 日支付 2 亿日元的进口货款。由于甲公司的外汇资金只有美元，因此需要通过外汇买卖，卖出美元，买入相应日元来支付货款。公司担心美元兑日元的汇率下跌将会增加换汇成本，于是同中国银行签订了一笔直接远期外汇合约，按远期汇率 1 美元 = 132.50 日元买入 2 亿日元，同时卖出美元，资金交割日为 6 月 10 日。这笔远期外汇买卖成交后，甲公司美元兑日元的汇率成本便可固定下来，无论国际外汇市场的汇率水平如何变化，甲公司都可按 1 美元 = 132.5 日元的汇率水平从中国银行换取日元。

在交割日，甲公司需向中国银行支付 1509433.96 美元（200000000/132.50），同时中国银行向甲公司支付 2 亿日元。

假如甲公司未进行上述远期外汇交易，而是等到实际支付货款时才进行即期外汇买卖，如果 6 月 10 日美元兑日元的即期市场汇率水平下跌（假设跌至 1 美元 = 124 日元），那么甲公司买入 2 亿日元，需要同时卖出 1612903.23 美元（200000000/124）。

与做远期外汇买卖相比，公司将多支出的美元为：

$$1612903.23 - 1509433.96 = 103469.27 \text{（美元）}$$

由此可见，通过远期外汇买卖就可以锁定进口商进口付汇的成本，从而有效地规避汇率波动的风险。

算例 4-13 (锁定出口回收成本)

设当前(20××年5月8日)美元兑日元的汇率水平为1美元=133日元。根据贸易合同,出口商乙公司将在6月10日收到2亿日元的货款。乙公司担心美元兑日元的汇率将上升,希望提前1个月固定美元兑日元的汇率,规避风险。于是同中国银行签订一笔直接远期外汇合约,约定按远期汇率1美元=132.80日元卖出2亿日元,同时买入美元,资金交割日为6月10日。这笔远期外汇买卖成交后,乙公司美元兑日元的汇率便可固定下来,无论国际外汇市场的汇率水平如何变化,乙公司都将按1美元=132.8日元的汇率水平向中国银行卖出日元。

在交割日,乙公司需向中国银行支付2亿日元,同时中国银行将向乙公司支付1506024.10美元(200000000/132.80)。

假如乙公司未进行上述远期外汇交易,而是等到实际收到货款时才进行即期外汇买卖,如果6月10日美元兑日元的即期市场汇率水平上升(假设升至1美元=144日元),那么乙公司卖出2亿日元,同时买入1388888.89美元(200000000/144)。

与做远期外汇买卖相比,公司将少收的美元为:

$$1506024.10 - 1388888.89 = 117135.21 \text{(美元)}$$

由此可见,通过远期外汇买卖就可以锁定出口收汇成本,从而有效地规避汇率波动的风险。

4.4 案例分析

4.4.1 中信泰富事件

1. 案例简介

中信泰富前身是成立于1986年的泰富发展有限公司,目前是中国国际信托投资公司在香港的六家上市公司之一,也是恒生指数的成分股之一。其主要业务在香港及内地,重点以基建为主,包括物业投资、能源、环保、航空以及电讯业务等。

2006年4月,中信泰富斥资4.15亿美元从Mineralogy公司收购SINO-IRON和BAIMORAL-IRON两个具有磁铁矿开采权的子公司。其在澳大利亚投资的SINO-IRON铁矿项目,成为西澳大利亚地区最大的磁铁矿项目。据统计,项目的总投资达到42亿美元,大部分支付需要用澳元,除了初始的16亿澳元外,在项目进行的25年内,每年至少投入10亿澳元。中信泰富为了降低项目面临的汇率风险,减少因为澳元升值带来的损失，在2008年7月和13家银行签订了24类杠杆式外汇买卖合约①，用来对冲人民币、澳元和欧元升值的影响。其中澳元累计目标可赎回远期合约（AUD target redemption forward contracts）品种占据主要份额。

合约的主要内容如表4.2所示：

表4.2　　外汇远期合约

合约名称	AUD Target Redemption Forward
合约标的	澳元/美元汇率
合约期限	2008年7月~2010年10月
中信泰富主要合约权利	当1澳元的市场价格高于0.87美元时，中信泰富有权以0.87美元的价格用美元换取澳元
中信泰富主要合约义务	当1澳元的市场价格低于0.87美元时，中信泰富需要以0.87美元的价格用美元换取澳元，最高金额是90.5亿澳元（合约杠杆）
敲出条款	中信泰富利润总额达到5150万美元
签订日汇率现价	0.9740美元/澳元

资料来源：金融界，http：//hk. jrj. com. cn/2008/12/1100503032226. shtml。

在澳元升值时，澳元累计目标可赎回远期合约对于中信泰富有利，在澳元贬值时，中信泰富将会面临亏损。

2008年10月20日，金融危机席卷全球澳大利亚政府减息引发澳元跌破锁定汇率，中信泰富只考虑了对冲澳元升值的影响，却没有考虑其下跌带来的风险，其签订的远期合约公允价值损失约147亿港币。11月14日，中信集团为中信泰富提供15亿美元的备用信贷，用于充足外汇衍生品合约的部分债务。随着澳元贬值加剧，中信泰富因远期合约亏损186亿港元。12月5日，中信泰富股票收盘价为5.80港元，市值蒸发超210亿港元。中信泰富2008年业绩显示，净利润亏损为126.62亿元，其中澳元累计期权合约亏损146.32亿元。2009年4月8日，荣智健正式辞去董事及主席职务②。

2. 案例分析

可以发现，这份合约名义上是澳元远期合约，实际上暗含不对称杠杆和盈利敲出条款（所谓敲出，就是触发了对其不利的条件后合约自动终止）。它是一种带有期权性质的金融产品，该产品套期保值的功能并不明显。因此，中信泰富从一开始就偏离了套期保值的目标，合约签订时便背负了巨大的投机风险。

（1）合约条款分析：累计目标可赎回远期合约的原理可近似看作中信泰富向对手方做多一个澳元兑美元的看涨期权，同时做空两个看跌期权，行权价格都是0.87美

① 资料来源：中国新闻网，详见 http：//www. china. com. cn/economic/txt/2009-04/09/content_17576532. htm。

② 资料来源：丁洪，中信泰富澳元期汇投资亏损案例分析与启示。

元。当澳元的汇率高于0.87美元时，中信泰富以低于市场价的0.87美元买入一单位澳元而获利，但当澳元汇率下降到0.87美元以下时，中信泰富必须每天以0.87美元买入两倍澳元。这意味着中信泰富完全把宝压在了澳元的汇率会上涨上面①。

显然这份远期合约的收益和风险是远远不对等的。这种不对等体现在投行受到一系列敲出条款的保护：合约有"止赚不止蚀"的特点，合约规定，每份合约都有最高利润上限，当达到这一利润水平时，合约自动终止。所以在澳元兑美元汇率高于0.87美元时，中信泰富可以获得收益，但当澳元兑美元汇率低于0.87美元时，中信泰富需要承接的最高金额可以达到90.5亿澳元。

（2）合约功能分析：当澳元的汇率大幅度上涨时，敲出条款被迅速激活，如图4.2所示。澳元汇率在第一个月达到1.2，在第一个月之后，合约将失效，这份为期24个月的远期合约在余下期限内无法发挥套期保值作用。因此，可以认为这份合约不属于套期保值工具。

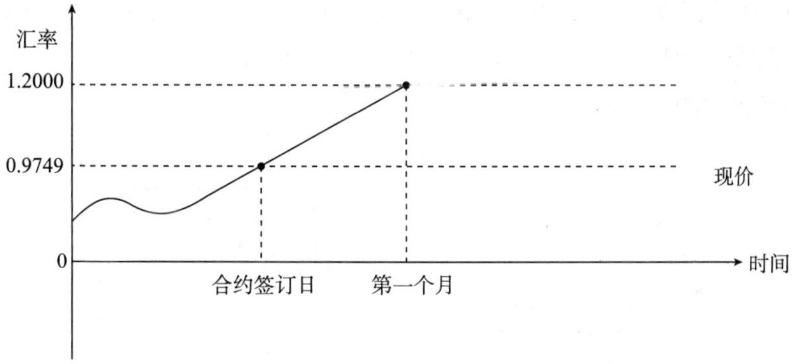

图4.2 澳元汇率波动下的合约盈利曲线

资料来源：笔者自行收集整理。

当澳元相对美元汇率下跌时，如图4.3所示，此时下降幅度较大，中信泰富面临巨额损失。如果美元/澳元价格跌到0.6（2008年10月28日），则中信泰富月亏损达到750万美元，此时的亏损是敲出条款最大盈利的30倍。

至此我们得出结论：该远期合约所带来的实际收益远不足补偿其在汇率下跌时的潜在风险损失。并且从功能上来分析，这份合约已经远远偏离了中信泰富套期保值的目标，带有非常强的投机性质。所以现在问题的关键是这份带有明显期权性质的远期合约合理的价格应该是多少。

（3）运用二叉树模型对合约价值进行估计：运用历史汇价估算的波动率为20%，假设汇价在2年后可能变为S_u或S_d，选取u和d使二叉树和波动率吻合。则$S_u = 0.87 \times 1.2718 =$

① 资料来源·中国证券报，详见http：//www.jjckb.cn/xwjc/2008－10/24/content_124507.htm。

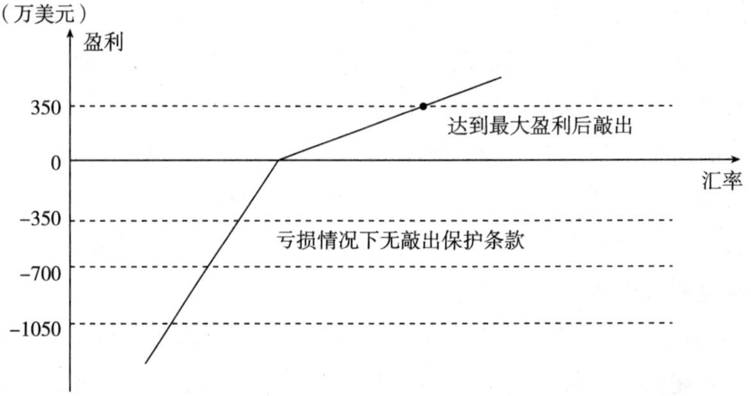

图 4.3　澳元汇率波动下的合约盈利曲线

资料来源：笔者自行收集整理。

1.1064，此时中信泰富只会获得0.535亿美元的盈利。$S_d = 0.87 \times 0.7863 = 0.6841$，在此条件下中信泰富亏损 90.5 ×（0.87 − 0.6841）＝16.824（亿美元）。

单步二叉树如图 4.4 所示：

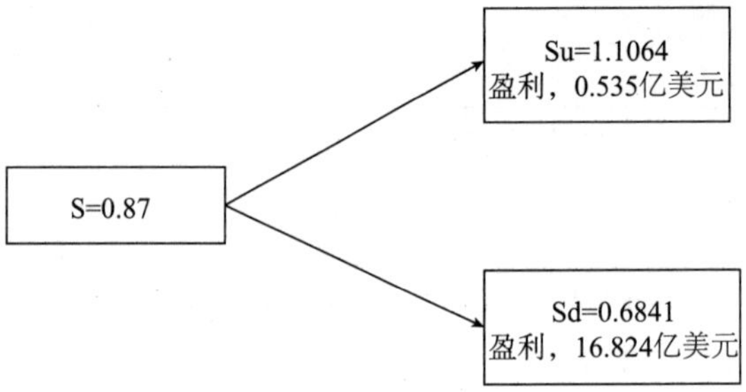

图 4.4 运用单步二叉树对合约的价格进行估计

两年期零息利率 r 为 10%，u＝1.2718，d＝0.7863，风险中性概率为：

$p = (e^{-rT} - d)/(u - d) = (e^{-0.1\times2} - 0.7863)/(1.2718 - 0.7863) = 0.8962$，

用两年期零息利率贴现，该远期合约组合的现值为：

$$f = e^{-0.1\times2} \times [0.8962 \times 0.535 - (1 - 0.8962) \times 16.842] = -1.0372$$

理论结果显示，中信泰富签订的期货合约期初价值约为－1.037 亿美元。根据金融工程中的无套利理论，远期合约的期初价格应该为零。换言之，中信泰富在合约签订之初，就已经承受了 1.037 亿美元的亏损。从商业层面上讲，由于中信泰富缺乏对合约的定价和风险评估能力，致使在签订合约时遭到了对手方的欺诈，使得公司一开始就蒙受了损失。

3. 案例总结

事后来看中信泰富的巨额亏损，来自公司内部决策层的判断失误，风险控制体系的薄弱，以及交易对手方的刻意引导，都是造成此次巨额亏损的推手。我们认为公司管理层的决策失误，是造成这次巨大损失的主要原因。以荣智健为核心的管理层，处于套期保值的目的采用衍生工具锁定汇率本无可厚非，但是观其衍生工具的使用，显然不是仅仅为了 SINO－IRON 项目的投资。其签订的 Accumulator 合约带有明显的对赌意味，只限制了最高的利润，却没有对风险兜底，和套期以及避险的目的背道而驰。中信泰富实际投资的金额为 90 亿元，该数字远超过 SINO－IRON 项目所需。其在金融市场上的操作也不是一蹴而就，而是分批买入操作。此时全球性金融危机已有所萌芽，但中信泰富的管理层片面相信直觉，认为澳元兑美元汇率已经见底，置金融危机即将到来的宏观大势于不顾，为了补偿之前过多的损失，执意追加投资，致使公司在衍生品对赌中越陷越深。最终随着金融危机席卷全球，澳洲政府降低兑美元汇率，中信泰富蒙受巨额损失，股价蒸发一半有余。

中信泰富的巨额亏损，并不是个案，纵观这些年来，央企参与炒作金融衍生品发生巨额亏损的事件时而有之。一方面反映出我国企业家在复杂的金融衍生品中尚不能游刃有余，缺乏和金融机构博弈的经验。在此次事件中，对手方 13 家银行利用自身的定价优势，在一开始就立于不败之地，中信泰富在签订合约的瞬间就已经有了账面的亏损，是典型的不平等交易。另一方面，企业管理层话语权过大，缺乏制衡机制，公司内部风险管理水平不足也是造成在金融市场上失利的重要原因。此次中信泰富的衍生品交易，公司内部并没有对其有任何合规程序的监督，其操作都是荣智健个人决策。对于中国企业家来说，对衍生品交易既不能畏惧如虎，也不能有投机心态，应正确根据企业的投资需求，选择合适的衍生品工具，雇用专业的团队对产品进行估值和研判，真正让远期合约等金融衍生品发挥出在逆周期生产时保驾护航的作用。

第5章 期　货

引　例

考虑这样一个情景，农民每年种植大豆，4 月播种，10 月收获，中间有半年多的生长期。大豆的生产成本相对稳定，但是其市场价格变化幅度却非常大。如果在生长期间大豆的价格上涨了，那么种植大豆的农民，就会获得较高的收益，但如果在此期间大豆的价格下跌了，那么种植大豆农民的收益就会减少甚至亏损。面临大豆价格下跌的风险，农民该如何保住自己的收益，避免亏损呢？

实际中，农民在播种大豆的同时，可以在市场中抛售与他预计大豆产量相等的一种标准合约，该合约价格与大豆价格走势基本相同。半年后如果大豆价格下跌了，大豆种植者由于在市场上卖空了这种合约，他就不会蒙受损失。这种合约即为期货合约。

问题：

（1）什么是期货合约？它和远期合约有什么关系？

（2）此例中，期货合约实现了什么功能？

（3）期货合约实现这个功能的原理是什么？

（4）期货合约还有什么其他的功能？如何进行买卖操作？

5.1　期货

5.1.1　定义及分类

期货（futures）的思想起源于早期农产品买卖，是指由期货交易所统一制定的、规定在某一特定的时间和地点，交割一定数量标的物的标准化合约。一份期货合约应该包括合约标的、合约到期日、交割地点和敲定价格等要素，期货买卖的标的物是期货合约所对应的现货，这种现货可以是某种商品，也可以是某种金融工具，还可以是某个金融指标等。

期货是标准化的远期合约，主要特点有：第一，标准化。期货合约除了价格，合约的品种、规格、质量、交货地点、结算方式等内容都有统一规定，这样降低了合约的信用风险，但同时也降低了其在市场上的适应性。第二，交易集中化。期货交易必须在期货交易所内进行，是一种场内交易，并且期货的市场价格通过集中公开竞价的方式形成。第三，杠杆交易。交易者在买卖期货合约时只需要按照合约价值的一定比率缴纳保证金，就可进行数倍于保证金的交易。第四，双向交易。与股票等基础证券必须先买入再卖出的约束不同，期货在交易时可以先买进也可先卖出。第五，对冲了结。期货合约大多并不进行实物交割，而是通过买入卖出开始或结束合约，这与远期合约必须在到期日进行实物交割的规定不同。

在具体发行过程中，期货是多种多样的，主要可以分为以下4种：

（1）股指期货（stock index futures），交易双方约定在未来的某个特定日期，按照约定的股价指数的大小进行标的指数的买卖，到期后通过现金结算差价来进行交割。

（2）利率期货（interest rate futures），交易双方约定的某个特定日期，按照约定利率进行一定数额的有价证券的交割。利率期货与远期利率不同，它的合约在交易所进行标准化交易，并且其交易对象是附有利率的有价证券。

（3）外汇期货（foreign exchange futures），交易双方在未来某个特定日期，按照约定的汇率交割标准数量外汇。

（4）商品期货（commodity futures），买卖双方在未来某个约定的日期，按照约定的价格买卖某一数量的实物商品。商品期货历史悠久，种类繁多，主要包括农副产品、金属产品、能源产品等几大类。

其中，股指期货、利率期货和外汇期货被称为金融期货合约。

5.1.2 期货交易市场

期货交易是在现货交易的基础上，为解决商品交换发展中的价格风险等问题而逐渐发展起来的一种特殊交易方式。期货交易市场是在市场经济发展过程中产生的，为期货交易者提供期货标准合约交易的场所。目前我国有四大交易所，分别是上海期货交易所、郑州商品交易所、大连商品交易所以及由前三者联合上交所、深交所设立的中国金融期货交易所（见表5.1）。

期货市场交易起源

在17世纪的日本，受农户稻谷收成不稳定以及商人收入不稳定等因素的影响，封建藩主把米运至大阪与江户等城市储存并发行“米券”供商人购买。持有“米券”的商人可以在其必要时要求交割。

1730年的德川幕府时代，“堂岛米相场会所”的稻米买卖通过一年三次稻米现货交割的差价结算交易，成为日本公认的稻米期货市场，也是全球最早出现的商品期货交易所。

表5.1　中国期货市场发展大事记

时间	事件
1990年10月	第一家引进期货机制的全国性粮食批发市场——中国郑州粮食批发市场成立
1991年6月	第一家以标准期货合约为主要交易对象的深圳有色金属交易所成立
1992年5月	上海金属交易所成立
1992年12月	相关期货经纪公司相继在广东、北京开业
1994年5月	国务院发出《关于坚决制止期货市场盲目发展的通知》，标志着中国期货市场进入规范调整阶段
1998年8月	全国14个期货交易所合并为上海、郑州、大连3家
2004年	老“国九条”对期货市场发展做出重要批示，同年，上期所上市了燃料油期货，郑商所上市了棉花期货，大商所上市了玉米期货等新品种
2007年3月	《期货交易管理条例》正式颁布
2010年4月	我国期货市场第一个金融期货品种沪深300股指期货上市
2013年	开始强调期货对农业企业的风险管理作用，开展“保险+期货”试点工作
2018年	提出要稳步扩大“保险+期货”试点，探索“订单农业+保险+期货（权）”试点

资料来源：笔者自行收集整理。

1. 期货市场

在市场上，期货交易通过标准化的合约设计和清算所、保证金等交易制度的设计，提高了交易的流动性，降低了交易的信用风险。其中，交易所为期货交易制定严密的规章制度，为期货交易所内达成的交易提供财务上和合约履行方面的担保，对期货市场的发展起着重要作用。表5.2列出了世界上主要的期货交易所及其主要交易合约类型。

表 5.2　　期货交易所

交易所	建立年份	商品期货	外汇期货	利率期货	股指期货
芝加哥期货交易所	1848	√	×	√	√
芝加哥商业交易所	1919	√	√	√	√
堪萨斯市交易所	1856	√	×	×	√
纽约商业交易所	1872	√	×	×	√
伦敦金属交易所	1877	√	×	×	×
悉尼期货交易所	1972	√	×	√	√
东京谷物交易所	1952	√	×	×	×
东京证券交易所	1949	×	×	√	√
香港期货交易所	1977	√	√	√	√
法国国际期货交易所	1988	√	×	√	√
新加坡国际货币期货交易所	1984	√	√	√	√
伦敦国际金融期货交易所	1982	√	×	√	√
上海期货交易所	1990	√	×	×	×
郑州商品交易所	1990	√	×	×	×
大连商品交易所	1993	√	×	×	×
中国金融期货交易所	2006	×	√	√	√

资料来源：笔者根据网络资料收集整理。

2. 期货合约

期货合约由交易所统一制定，表 5.3 给出了我国期货市场上第一个金融期货品种沪深 300 股指期货的合约。以此为例，具体阐述一份期货合约所涉及的主要要素。

表 5.3　　沪深 300 指数期货合约

合约标的	沪深 300 指数
合约乘数	每点 300 元
报价单位	指数点
最小变动价位	0.2 点
合约月份	当月、下月及随后两个季月

续表

交易时间	周一至周五上午 9：00—11：30，下午 13：30—15：00，以及交易所规定的其他交易时间
每日价格最大波动限制	上一个交易日结算价的 ±10%
最低交易保证金	合约价值的 12%
最后交易日	合约到期月份的第三个周五，遇国家法定假日顺延
最后交割日期	同最后交易日
交割方式	现金交割
交易代码	IF
上市交易所	中国金融期货交易所

资料来源：中国金融期货交易所。

（1）合约标的，即期货合约品种。标的物的选择范围十分广泛，如农产品、金属、能源产品等。成为标的物必须具有三个特征：规格和质量易于量化和评级、价格波动大且频繁、供应量大，不易形成垄断。沪深 300 股指期货以沪深 300 股票指数为合约标的物。

（2）合约乘数，即交易单位，指的是交易所对每一份期货合约所规定的统一的、标准化的交易数量和数量单位。适当规模的合约取决于可能存在的客户，规模过大影响小额投资者的进入，过小则会增加交易成本。本例中的合约乘数为每点 300 元，即一张合约的规模是沪深 300 指数（点数）乘以 300 元。

（3）报价单位，指的是在公开竞价过程中期货合约报价所使用的单位。报价单位一般要符合现货交易的习惯。本例中的合约以指数点为报价单位。

（4）最小变动价位，指的是在公开竞价过程中，对合约每单位价格报价的最小变动数值。在交易中，每次报价的最小变动数值等于最小变动价位乘以交易单位。本例中，合约的最小变动价位为 0.2 点，这意味着它每次报价的最小变动数值为 60 点。

（5）合约月份，指的是可供选择的挂牌交易的期货到期月份，沪深 300 股指期货的合约月份为当月、下月和随后两个季月。比如，在 2020 年 12 月 1 日，中金所可供交易的沪深 300 股指期货合约将有 IF2012、IF2101、IF2103 和 IF2106 四个月份的合约，“20”表示 2020 年，“12”表示 12 月份，“IF2012”表示 2020 年 12 月份到期交割结算的合约。在这四个合约中，IF2012 是当月合约，IF2101 是下月的，以此类推。IF2012 合约到期交割结算后，IF2101 就成为当月合约，同时 IF2102 作为下月合约挂牌。IF2101 合约到期交割结算后，IF2102、IF2103 成为最近两个月份合约，同时 IF2109 合约挂牌。

（6）每日价格最大波动限制，指的是一个商品当日的价格波动幅度，也叫涨跌停板幅度。每日价格的最大波动限制一般由上一交易日的结算价为基础，经过计算得到的价格上限被称为涨停板，下限被称为跌停板。设上一交易日结算价为 x ，则本例中的每日价格波动范围为 $[0.9x, 1.1x]$ 。

（7）股指期货的最后交易日，是指股指期货在合约到期月份中最后可以交易的一天；股指期货合约的最后结算日，是指股指期货在合约到期月份进行实际现金结算的一天。需要指出的是，最后交易日和最后结算日不一定在每月的月末。最后结算日一般在最后交易日之后的下一个工作日。

3. 期货交易

期货交易与现货交易、远期交易有联系也有区别，如表 5.4 所示。

表 5.4 期货交易与其他交易比较

交易内容	现货交易	远期合约交易	期货交易
合约内容形式	无规定	无规定	标准合约
合约类型	生产者、经营者、消费者		套期保值者、经纪人、投机者
交易主要目的	取得商品	锁定价格	套期保值或投机套利
交易商品范围	所有商品都可以		有一定范围
交易方式	私下签约、分散、议价		在交易所、集中、竞价
交易对象	实物		期货合约
交易费用	不要	一般不要	预付保证金
结算时间	即刻	到期（损益）	每日结算（损益）
交割形式	即刻出清	交割或现金结算	合约通常在到期平仓

期货交易一般在场内进行，期货交易所为参与者们提供场所，组织交易有秩序地进行，确保市场流动性，降低交易成本，提高交易效率。期货交易所的性质分为会员制与公司制，前者不以营利为目的，后者则是以营利为目的的机构。公司制的组织形式类似于普通股份有限公司，而会员制则由会员大会选举产生理事会，下属各委员会（负责对内管理）和业务管理系统（负责日常操作）。在我国，三大商品交易所都是会员制，中国金融期货交易所属于公司制。

随着期货市场的发展和标准化合同的出现，清算所被用来完善期货交易制度。签约成交每一份新的期货合约时，交易参与者要在清算所开设清算保证金账户存入初始保证金，并维持保证金。期货合约交割后，基于总头寸额或是基于净头寸额清算保证金。在我国，每个交易所内部都有结算中心。

期货交易制度对期货交易市场进行约束与规范，其基本交易制度有保证金制度、每日无负债结算制度、涨跌停机制和持仓限额制度等。

（1）保证金制度。清算所规定达成期货交易的双方，应交纳履约保证金，以防违约风险。保证金制度还可以起到调节交易活跃程度，以及降低交易成本的作用。保证金是分级交付的，个人投资者在经纪公司开设保证金账户，建仓时按比例存入初始保证金，这被称为客户保证金；经纪公司在清算所开户，缴存结算保证金，这被称为会员保证金。如果保证金账户余额低于维持金，投资者会收到追加保证金通知，要求将保证金账户余额补足到初始保证金的额度。如果投资者不能维持保证金，交易所或经纪人将对其合约强行平仓。

在我国，会员保证金比例一般是固定的5%，但交易所会根据市场热度、临近交割、持仓超过交易所限额等原因调整保证金比例。客户保证金比例由期货公司灵活调整，一般为5% ~8%，最低可申请1%。

（2）每日无负债结算制度，又称每日盯市制度，指的是每日交易结束后，清算所按照当日结算价结算所有合约的盈亏、交易保证金、手续费和税金等，对应收应付款项进行划转，同时相应调整保证金账户余额。其中，保证金账户余额又被称为结算准备金，是未被合约占用的保证金（已经被合约所占用的称为交易保证金），结算准备金的最低余额由交易所规定。若低于规定余额，则会被要求在下一交易日开始前30分钟重新补交，从而做到每日无负债交易。

算例5-1

某经纪公司初始保证金为2000000元，它于8月1日买入沪深300股指期货合约100手，买入时沪深300指数为4800点。同一天，它平仓卖出60手合约，成交时沪深300指数为4870点。当日沪深300指数结算价为4875点，交易保证金比率为8%。求该公司（忽略手续费、税金等费用）当日的盈亏情况、交易保证金和结算准备金余额。

该客户的持仓的盈亏为：$(4875 - 4800) \times (100 - 60) \times 300 = 900000$（元）

平仓盈亏为：$(4870 - 4800) \times 60 \times 300 = 1260000$（元）

当日总盈亏为：$900000 + 1260000 = 2160000$（元）

当日交易保证金为：$4875 \times (100 - 60) \times 300 \times 8\% = 4680000$（元）

当日结算准备金余额为：$2000000 - 4680000 + 2160000 = -520000$（元）

目前我国期货公司会员结算准备金最低余额为人民币200万元，该公司会被要求补交。

（3）涨跌停板制度，指期货合约一个交易日中的成交价格不能高于或低于以该合约上一交易日结算价为基准的某一涨跌幅度，超过该范围的报价将视为无效，不能成交。这一机制一方面可以有效减缓和抑制突发事件和过度投机对期货价格的冲击，另一方面可以促进保证金制度的有效实施。

（4）持仓限额制度，指期货交易所为了防止市场风险过度集中于少数交易者和防范投机者操纵市场或对市场施加不正当影响，对会员和客户的持仓数量进行限制的制度。交易所规定会员对某种合约的净持仓量不得超过交易所此种合约持仓总量的一定百分比，否则对超量部分强制平仓，该百分比的大小与距离交割月份远近有关。对客户持仓量的限制是指客户只拥有唯一编码，限制每一编码下的持仓量。

除上述制度外，我国的期货交易市场还有强行平仓制度、大户报告制度、实物交割制度、风险准备金制度、信息披露制度等。

5.1.3 期货合约投资风险

期货作为一种场内交易合约，受到各方较为严格的监管，因此其信用风险较小。尽管如此，期货合约仍存在其他方面的投资风险：

（1）流动性风险。由于市场流动性差，期货交易难以迅速、及时、方便地成交。这种风险在投资者建仓与平仓时表现得尤为突出。建仓时，交易者难以在理想的时机和价位入市建仓，难以按预期构想操作，套期保值者不能建立最佳套期保值组合；平仓时则难以用对冲方式进行平仓，尤其是在期货价格呈连续单边走势或临近交割，此时市场流动性低，交易者不能及时平仓，从而遭受惨重损失。

（2）交割风险。当金融合约交割时，交易一方无法按照合约履行义务而造成损失的风险被称为交割风险。在期货市场中，交易者可以在合约到期前对冲平仓，如果不能及时完成对冲操作，就要承担交割责任，即凑足足够的资金或者实物货源进行交割。

（3）杠杆风险。在期货的保证金制度下，投资者以相对较少的资本控制期货合约的整体价值，即用5% ~8% 的资金做100% 的交易。这种杠杆机制使原本行情十余倍放大，其资金放大功能使得收益放大的同时也面临着风险的放大。

（4）强平和爆仓风险。交易所和期货经纪公司要在每个交易日进行结算，当投资者保证金不足并低于规定的比例时，期货公司就会强行平仓。如果行情比较极端，甚至会出现爆仓亏光账户所有资金，甚至还需要期货公司垫付亏损超过账户保证金的部分。

（5）基差风险，是指现货与对应期货之间价格波动不同步带来的风险，其中，期货基差等于现货成交价格与交易所期货价格之间的差。

5.1.4 期货定价理论

期货合约与远期合约的本质是相同的，区别在于其交易方式，故期货与远期合约定价理论相似，这里不再赘述。与远期合约相比，期货定价还需注意以下几方面：

（1）期货价格与远期价格。当无风险利率恒定时，对所有交割日相同的远期合约和期货合约，价格相同。当利率变化无法预测时（正如现实世界中的一样），远期价格和期货价格从理论上来讲是不一致的。

假设标的资产价格 S 与利率高度正相关。对于期货而言，当 S 上升时，一个持有期货多头头寸的投资者会因每日结算而立即获利。事实上，S 的上涨几乎与利率的上涨同时出现，获得的利润将会以高于平均利率的利率进行投资。当 S 下跌时，投资者立即亏损。亏损将以低于平均利率水平的利率融资。

持有远期多头头寸的投资者将不会因利率的这种变动方式而受到与上面期货合约同样的影响。当 S 与利率正相关性很强时，期货价格要比远期价格高。当 S 与利率的负相关性很强时，类似上面的讨论可知远期价格要比期货价格高。

对于有效期比较短的期货合约与远期合约来说，二者的价格差异非常小，可以忽略不计。此外，在实践中，税收、交易成本、保证金、违约风险和流动性等因素也会导致期货价格与远期价格不一致。

（2）期货价格与预期未来即期价格。预期未来即期价格，指的是市场对于将来某时刻资产的即期价格的期望值。一般地，期货价格在到期时会收敛于即期价格。因此，如果预期未来即期价格小于同时刻的期货价格，则市场预期将来期货价格会下跌，此时持有期货空头会产生盈利，反之亦然。

接下来的两节我们将介绍股指期货与利率期货的定义和定价，商品期货和外汇期货的定价与远期合约一致，在此不再做阐述。

5.2 股指期货

5.2.1 股指期货定义

20 世纪 70 年代，西方各国受石油危机的影响，经济发展十分不稳定，利率波动剧烈，导致股票市场价格大幅波动，股票投资者迫切需要一种能够有效规避风险、实现资产保值的金融工具。于是，股指期货应运而生。

股指期货，全称是股票价格指数期货，也可称为股价指数期货，是以股价指数为标的物的标准化期货合约。交易双方约定在未来的某个特定日期，按照事先确定的股价指数的大小，进行标的指数的买卖，到期后通过现金结算差价来进行交割。表 5.3 展示的就是我国第一只股指期货产品合约。

股指期货交易的实质是投资者将其对整个股票市场价格指数的预期风险转移至期货市场的过程，其风险是通过对股市走势持不同判断投资者的买卖操作来相互抵消的。它与股票期货交易一样，都属于期货交易，只是股指期货交易的对象是股票指数，是以股票指数的变动为标准，以现金结算，交易双方都没有现实的股票，买卖的只是股票指数期货合约，而且在任何时候都可以买进卖出。

5.2.2 股指期货定价

一般地，股票指数可以被看作支付股息的投资资产，投资资产为构成股指的股票组合，股息等于构成资产所支付的股息，股息的形式既可以是支付已知现金收益，也可以是支付已知红利收益率。与远期合约定价理论一致，可得股指期货当前的理论价格如下：

股息的形式是支付已知现金收益时：

$$F_0 = (S_0 - I)e^{rT} \tag{5.1}$$

股息的形式是支付已知红利收益率时：

$$F_0 = S_0 e^{(r-q)T} \tag{5.2}$$

算例 5-2

考虑一份基于沪深300指数的3个月期股指期货合约。假设构成股指股票的年红利率为1%，股指的现价为1300元，按连续复利的无风险收益率为每年5%，求该股指期货的当前理论价格。

由题得，$S_0 = 1300$，$r = 0.05$，$T = 0.25$，$q = 0.01$。

于是，该股指期货当前的价格为：

$$F_0 = 1300e^{(0.05-0.01)\times 0.25} = 1313.07 \text{（元）}$$

5.3 利率期货

5.3.1 利率期货定义

在金融市场上，政府的财政政策、货币政策、通货膨胀、国民生产与所得、国民对汽车与房屋的需求等均会影响利率的走势。有价证券的价格深受市场利率波动的影响，若利率上升，其市价会下降；如利率下跌，其市价会上涨。利率波动使得金融市场上的借贷双方均面临利率风险，为了避免或减少利率风险，利率期货应运而生。

利率期货，是以价格仅依赖于利率水平变动的资产为标的物的标准化期货合约。一般地，利率期货可以分为由短期固定收益证券衍生的短期利率期货和由长期固定收益证券衍生的长期利率期货两类。短期利率期货的标的物是货币市场（一年内）的各类债务凭证，包括各种期限的商业票据期货、国库券期货及欧洲美元定期存款期货等。长期利率期货的标的物是资本市场（一年以上）的各类债务凭证，包括各种期限的中长期国库券期货和市政公债指数期货等。

5.3.2 短期国债期货定价

短期国债期货是短期期货产品中最为常见的一种，本节以 90 天的短期国债期货为例，对其进行定价。一般地，短期国债以折价的方式发行，其间无利息，到期时返还面值。期货合约到期日之前，标的资产是期限长于 90 天的短期国债，比如，一份期货合约在 120 天之后过期，则标的国债期限应为 210 天。

假设当前时间为 0 时刻，利率期货合约为 T 年，则标的国债期限为 T^*（$T^* - T = 90/365$）。令 0 时刻到 T 和 T^* 时刻的无风险复利利率分别为 r_T 和 r_{T^*}，国债面值为 A，则国债当前的价格为：

$$S_0 = Ae^{-r_{T^*} \times T^*} \tag{5.3}$$

则利率期货当前的价格为：

$$F_0 = Ae^{-r_{T^*} \times T^*} \times e^{r_T \times T} = Ae^{-r^* \times (T^* - T)} \tag{5.4}$$

其中，r^* 为 $(T^* - T)$ 期间的远期利率：

$$r^* = \frac{r_{T^*} \times T^* - r_T \times T}{T^* - T} \tag{5.5}$$

算例 5–3

考虑一份基于 210 天面值 100 元的国债的利率期货合约，120 天后到期。假设 120 天期即期利率 7%，210 天期即期利率 7.25%，连续复利。求该利率期货的当前理论价格。

首先计算 120 天至 210 天的远期利率：

$$r^* = \frac{0.0725 \times 210 - 0.07 \times 120}{90} = 0.0758$$

于是，该利率期货当前的价格为：

$$F_0 = 100e^{-0.0758 \times 0.2466} = 98.15(\text{元})$$

5.3.3 长期国债期货定价

长期国债期货合约的标的资产是标准化的长期附息证券，通常情况下长期国债半年付息一次，到期日还本付息。但由于市场上的各种债券利息率、期限等要素并不相同，因此交易所往往需要规定交割的标准债券，其他国债均可按一定比例折算成标准债券，这个比例称为转换因子。中国金融期货交易所为国债期货给出了三种长期国债标准债券：2 年期、5 年期和 10 年期。2 年期国债期货的可交割国债为发行期限不高于 5 年，合约到期月份首日剩余期限为 1.5～2.25 年的记账式附息国债；5 年起的可交割国债为发行期限不高于 7 年、合约到期月份首日剩余期限为 4～5.25 年的记账式附息国债；10 年期的可交割国债为发行期限不高于 10 年、合约到期月份首日剩余期限不低于 6.5 年的记账式附息国债。相应的转换因子计算公式公布于中国金融期货交易所官网，在此不再赘述。

在任何时候，市场上都会有多种债券可以被用来交割长期国债合约。考虑利息率和到期日，这些债券之间差别很大。空头方往往会选择最便宜的债券进行交割，这种债券往往能使其净收益最小。在确定最便宜的交割债券以后，便可将相关数值代入公式计算期货的当前价格 F_0 ，由于债券利息的形式是支付已知现金收益，所以这里 F_0 的计算公式为式（5.1）。

算例 5-4

考虑一份国债期货合约，已知交割最便宜的债券的利息率为 12%，转换因子为 1.400，270 天后到期。债券每半年付息一次，上一次付息是在 60 天前，下一次则在 122 天后，再下一次是在 305 天后。利率期限结构曲线是水平的，年复利利率为 10%。假设当期债券的价格为 120 元，求利率期货当前价格。

由题目可知，标的债券目前的价格为本身的面值加上未付的 60 天的利息：

$$S_0 = 120 + \frac{60}{182} \times \frac{1}{2} \times (120 \times 12\%) = 121.98 \text{（元）}$$

在期货到期之前，该债券还有一次付息，即 122 天后的 6 元，因此根据期货价格公式，可以得到：

$$F_0 = (121.98 - 6e^{-\frac{122}{265} \times 0.1})e^{\frac{270}{365} \times 0.1} = 125.09 \text{（元）}$$

5.4 案例分析

5.4.1 德国金属公司对冲失调

1. 案例简介

德国金属（MG）是德国一家老牌工业企业，以经营稳健著称，具有很强的实业背景。德国金属精炼及市场公司（MGRM）是 MG 下属的一家美国子公司，从事石油产品交易。

1993 年夏季，油价持续走低，这使得石油零售商和大型制造企业等希望长期锁定低价石油供应。因此，MGRM 为了发展长期客户并取得盈利，与这些客户签订了一份长期供货合约，该合约中 MGRM 承诺在 10 年内以固定价格向客户提供汽车油、取暖油和航空燃油，具体供应量分两部分，一部分为定期定量交货，另一部分的交货时间由用户随时指定。合约中的定价比低廉的现货市价高出约 3 ~ 5 美元。MGRM 授予用户的一个选择权，在合约的10年有效期内，如果世界油品市场价格有利于用户（即现货市价高于合约定价），用户有权决定是否要求MGRM将未交货部分油品以市场价格和合约定价之价差折算成现金收益付给用户，从而提前终止合约①。

同时，MGRM取得了美国一家石油开采公司（Castel Energy）49%的股份，并与其签订了一份10年的合约，Castel Energy自1993年开始以浮动价格为MGRM供应原油，以最近月份的原油价格加成若干美元作为购买价格。

除上述两个合同之外，MGRM为了达到其将油品价格变动风险转移到市场上的目的，采取了一系列套期保值的策略：与银行签订了以固定利率换浮动利率的合约，并且出于流动性和对未来价格波动的判断，采用滚动购买纽约商业交易所（NYMEX）的短期期货合同对冲其长期供货合同的风险敞口。各参与者的关系如图5.1所示。

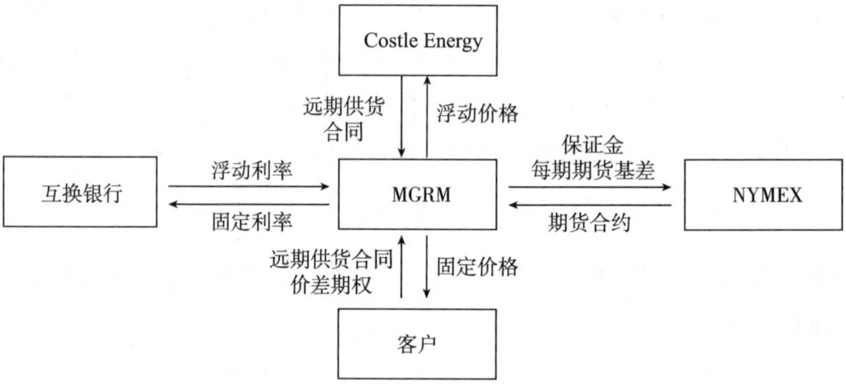

图5.1　德国金属公司对冲关系

1993年底石油产品价格猛烈下跌，能源市场不景气。MGRM的用以套期保值的多头短期油品期货合同及互换协议形成了巨额的浮动亏损，交易所要求追加的大量保证金和其他账面损失总计13亿美元。当时，德国金属公司自身也面临流动资金的短缺，无法帮助MGRM交付巨额的保证金和合约滚动展期的成本。债权人和大股东们对德国金属公司融通资金信心不足，德国金属公司出现了前所未有的融资危机，陷入破产的边缘。

2. 案例分析

首先分析促成MGRM签订这一系列合同（合约）的动机。第一，MGRM在油价低迷的情况下抓住各类客户想要固定低价的心理来发展客户，因此签订了长达10年的以

① 资料来源：林初学．套期保值的风险——德国金属公司石油期货交易亏损案介评［J］．经济导刊，1996（1）：25－30.

固定价格出售油品的合同。进一步地，为了更加吸引客户，它还给该合同赋予一个特殊条件，提高了合同的灵活性。第二，MGRM 拥有 Castel Energy 的大部分股份，有动机为其包销油品，并且在油价低迷的情况下，供货方显然希望能用浮动价格来签订合同，而不是将价格定在较低的水平。为了该油品供应公司的利益，MGRM 选择了以浮动价格购入油品的合同。第三，如果石油价格上涨，MGRM 签订的上述两个合同将会出现亏损。因此，为了将油品价格变动风险转移到市场上去，MGRM 买入石油期货合约，以期在石油价格上涨时能从期货的正基差中得到收益。第四，未来的 10 年，MGRM 将从与客户的合同中定期收到固定数额，并给予 Castel Energy 一笔浮动的款项。因此，MGRM 签订互换合约以满足自己的融资需求。

重点分析 MGRM 公司买入的石油期货。第一，MGRM 通过买进短期（临近交割月份一个月到几个月）的石油产品期货合同并不断展期来与供货合约对应。这是因为：市场上没有直接对应的衍生工具可以利用，商品交易所里时间最长的能源期货合约也远低于 10 年，长期合约流动性也很差；MGRM 在供货合约中赋予用户终止合约权，交货时间表也不是完全确定的。短期的期货合约显然更适合 MGRM。第二，MGRM 打算利用能源市场通常呈现现货升水（现货价格高于期货价格）的规律来赚取基差，维持短期期货合约的流动展期。即在低价时买入期货合约，临近交割月份将合约平仓同时买入新的多头合约，这样既可以达到展期的目的，也可以控制保证金的规模。

分析 MGRM 的对冲失调原因。第一，MGRM 的套期保值策略均是以油价上升为前提的，事实却是 1993 年下半年油价继续大幅下跌。在期货交易逐日盯市的结算规则下，MGRM 需要不断追加足量的保证金，还需要弥补现货升水到现货贴水带来的基差变化。并且为了降低出现信用危机的风险，纽约商品交易所要求双倍保证金，这进一步加剧了 MGRM 的资金亏损。第二，套期保值比例系数不合理。当时石油市场上供应关系的变化决定此时套期保值比应小于 1，而采用了 1:1 的过度保值后，远期供货合同的价格增加要小于衍生品头寸的亏损。此外，MGRM 公司对套期保值比例的计算中，未考虑货币的时间价值。此时的套期保值策略更适于 10 年内无融资风险的情况。第三，会计规则存在问题。美国的会计准则对于套期保值头寸的规定不要求披露套期保值头寸的账面盈利或亏损。而在德国的会计惯例中，传统上采取保守稳健的会计和信息披露制度。当“德国金属”套期保值的多头期货持仓由于石油产品价格低迷而出现亏损时，其与用户签订的空头供货合约也出现潜在的盈利。后者的盈利应该在很大的程度上部分地抵消掉前者的亏损。却没有被记入财务报表这一谨慎的会计处理方法，进一步造成市场信心不足，在一定程度上堵塞了公司的融资渠道，加剧了公司的危机。最后，MG 公司决定平仓场内和场外合同，并了结供货合同，等于放弃了供货合同带来的利益，造成了进一步的损失。

3. 案例总结

通过德国金属公司的案例，我们可以总结出以下两点：

（1）保值前应确保精密设计方案和对市场趋势的研究。在这个案例中，设计套期保值的模型未经过严格测试，在期限匹配、保值比率、基差风险防范上也未经过严格的考虑。缺乏对能源和石油产品市场趋势的判断，对石油产品现货与期货之间的价格关系研究不够。

（2）应加强对流动性的认识。商品价格下跌时，短期期货损失要求支付保证金，但其期望的长期收益无法马上实现。被对冲产品产生的收益和对冲产品带来的损失的时间不匹配，给公司带来了无法克服的流动性困难。在制定对冲计划时，需要考虑流动性会产生的潜在问题。

5.4.2 江西铜业期货交易

1. 案例简介①

江西资源丰富，是亚洲超大型铜工业基地之一，有着“中国铜都”的美誉。江西铜业集团（以下简称“江铜”）成立于1979年7月，是中国最大的铜生产基地，拥有目前国内规模最大的德兴铜矿及多座在产铜矿，是中国有色金属行业的翘楚。它是铜采集、挑选、冶炼、加工的特大型联合企业，也是国家重点扶持的国有特大型企业之一。

20世纪90年代初期，由于江铜关联企业间存在大量的“三角债”，使得其经营压力与风险日益增大，到1992年底，江西铜业未回收的贷款总额已高达1个多亿。

从1992年开始，江铜开始进入期货市场，试图通过期货交易的方式改变企业的命运。1996年在伦敦金属交易所（LME）成功注册“贵冶牌”电解铜，成为国内第一家取得国际通行证的铜生产企业，并于1998年设立期货部。江铜除自身拥有的铜矿外，还进口大量的铜精矿、废铜等原材料进行加工生产。一旦国际铜价下跌，若无期货套期保值，高价原材料将给江西铜业带来巨大亏损。

为了规避风险，江铜推出了“期货与现货并举”的销售策略。企业对进口原料及铜加工均做保值，但对产品不超量保值，这样可以利用期货和现货进行互动调节，有效规避了期货市场过量套保的风险，确保企业利润；同时期货运作以“套期保值”为主，建立完善的管理制度，成立期货信息分析小组、期货运作决策和期货运行操盘小组，每天都根据财报进行多方分析集体决策；操盘小组在操作时可以根据决策确定的

① 资料来源：中国经济时报，详见 http：//www. p5w. net/futures/qsyw/200508/t207482. htm。

利润目标，视市场的活跃程度在一定权限范围内进行临机操作①。

2005 年上半年，全球铜供应过剩、库存回升，铜价有很高的下降可能。为了锁定产品价格，保持企业正常经营，江西铜业在期货市场上进行套期保值，卖出部分铜期货合约。在 2005 年 6 月前，江铜有关决策者认为，由于铜现货市场较期货市场有相当部分的升水（现货价格高于期货交割价格），因此江西铜业选择在期货市场平仓，而在现货市场卖出来完成整个套期保值。由于平仓成本过高，整个套期保值过程产生了 2.5 亿元的亏损。

2. 案例分析

上海期货交易所阴极铜期货标准合约如表 5.5 所示。

表 5.5　　上海期货交易所阴极铜期货标准合约

期权合约	
合约标的	阴极铜
合约乘数	5 吨/手
报价单位	元（人民币）/吨
最小变动价位	10 元/吨
合约月份	1～12 月
交易时间	周一至周五 9：00—11：30、13：30—15：00，以及交易所规定的其他交易时间
交割品级	标准品：标准阴极铜，符合国标 GB/T467－1997 标准阴极铜规定，其主成分铜加银含量不小于 99.95%。替代品：（1）高级阴极铜，符合国标 GB/T467－1997 高级阴极铜规定；（2）LME 注册阴极铜，符合 BSEN1978：1998 标准（阴极铜等级牌号 Cu－CATH－1）
每日价格最大波动限制	上一个交易日结算价的 ±4%
交割地点	交易所指定的交割仓库
最低交易保证金	合约价值的 5%
最后交易日	合约交割月份的 15 日（遇国家法定假日顺延）
最后交割日期	合约交割月份的 16～20 日（遇国家法定假日顺延）
交割方式	实物交割
交易代码	CU

资料来源：上海期货交易所。

① 资料来源：https：//business.sohu.com/20050712/n226275035.shtml。

根据这一合约，我们模拟分析为何在2005年的市场下江铜会产生亏损。首先假设公司在2005年3月4日决定对3万吨阴极铜进行保值操作至6月份，其方法是在上海期货交易市场卖出6000手期货CU0603（每手为5吨），当日现货价格为59440元/吨，期货CU0506的报价为54420元/吨，基差为59440－54420＝5020（元）。

从2005年3月4日完成交易之后，至2005年6月交割日到期之间，公司有三种选择方式：

（1）持有头寸至到期日，然后进行实物交割；

（2）在交割日到期之前，通过买入期货对冲头寸，并在合适的时候再次建仓；

（3）在交割日到期之前，通过买入期货对冲头寸，并在现货市场卖出。

企业选择策略（1）~（3）的损益情况分别如表5.6至表5.8所示。

表5.6　策略（1）损益情况

	现货市场	期货市场
2005年3月4日	现货价格59440元/吨	卖出6000手CU0704，54420元/吨
2005年6月16日	现货价格71375元/吨	实物平仓，卖出3万吨铜，交割价为54420元/吨
收益	（54420－71375）×3万＝－5.0865（亿元）	

表5.7　策略（2）损益情况

	现货市场	期货市场
2005年3月4日	现货价格59440元/吨	卖出6000手CU0704，54420元/吨
2005年4月14日	现货价格57750元/吨	买入6000手CU0704，60720元/吨
2005年5月23日	现货价格61265元/吨	卖出6000手CU0704，61530元/每吨
2005年6月16日	现货价格71375元/吨	实物平仓，卖出3万吨铜，交割价为61530元/吨
收益	（54420－60720＋61530－71375）×3万＝－4.8435（亿元）	

表5.8　策略（3）损益情况

	现货市场	期货市场
2005年3月4日	现货价格59440元/吨	卖出6000手CU0704，54420元/吨
2005年5月23日	卖出现货3万吨，价格61265元/吨	买入6000手CU0704，61530元/吨
收益	（54420－59940＋61265－61530）×3万＝－1.734（亿元）	

通过上述分析可以看到，在2005年价格可能下滑的市场形势下，江铜选择卖出部分铜期货进行套期保值。这一策略的成功是建立在铜价格持续下降的基础上的，然而，之后铜价格却开始上升，造成了一部分亏损。为了止损，江铜选择了上述策略中的(3)，通过上述分析可以看出，如果选择对了时机（比如模拟分析中的4月14日，现货价格有所下降），便可将损失降低。

3. 案例总结

江西铜业亏损主要是由于市场变化对套期保值资产组合基差不利所致。但其在现货市场的盈利抵消了部分亏损，所以整体上给企业损失降到了较小的程度。江西铜业的套期保值策略符合企业进行套期保值的基本要求，达到了规避风险的功效。

5.4.3 "原油宝"穿仓事件

1. 案例简介[①]

中国银行于2018年1月发行石油期货合约衍生产品"原油宝"，意在开展境内个人客户原油期货交易服务。其中，美国原油品种和英国原油品种分别和芝加哥商品交易所（CME）的德州轻质原油（WTI）期货以及布伦特原油期货合约挂钩。

该产品有几个特点：第一，"原油宝"是中国银行面向个人投资者的理财产品，是银行代客在交易所买卖原油期货，而个人投资者名下并没有任何仓位。第二，个人客户办理"原油宝"需缴纳100%的保证金，即不允许杠杆交易，因此在市场价格不为负值时，多头头寸不会触发强制平仓。第三，"原油宝"挂钩境外原油期货，类似期货交易，需要在到期处理日（合约到期倒数第二日）前，根据客户事先指定的方式，进行移仓或到期轧差处理。第四，合约结算价由中行公布，参考期货交易所公布的相应期货合约当日结算价。期货交易所按照北京时间凌晨2时28分至2时30分的均价计算当日结算价。第五，交易时间一般在周一至周五早上8：00至次日凌晨04：00（含周六凌晨00：00至04：00）。若为合约最后交易日，则交易时间为当日8：00至22：00[②]。

从2020年1月开始，美国原油期货的价格从60美元，下跌到了3月份的20美元。4月22日早上，中国银行发布公告称，WTI原油5月期货合约CME官方结算价-37.63美元/桶（人民币价格为-266.12元/桶）为有效价格。这是CME上市WTI原油期货合约以来第一次出现负结算价，也创造了原油期货买卖的历史——卖方向买方支付费用。同时，中国银行自4月22日起就暂停了客户"原油宝"新开仓交易。随后

① 资料来源：南方都市报，详见 http：//epaper.oeeee.com/epaper/A/html/2020-04/25/content_12157.htm。

② 资料来源：中国银行官网，中国银行关于"原油宝"业务情况的说明。

又发出通知，要求投资者按照 CME 结算价补交平仓费用。换言之，持有多头合约的客户不仅赔光了本金，还要倒赔钱给银行。

4 月 29 日，中国银行发布关于“原油宝”产品情况的说明①，表示“全面梳理审视产品设计、风险管控环节和流程，在法律框架下承担应有责任”，并且“全力以赴维护客户利益”。5 月 11 日，中国银行 APP 推出“原油宝”线上和解协议。解方案中提出，“中行将承担全部负价亏损，并将根据客户具体情况对强制平仓保证金 20% 以下的亏损给予差异化补偿”。

在此次穿仓事件发生后，银保监会展开了立案调查，国务院金融委召开第二十八次会议指出，要高度重视当前国际商品市场价格波动所带来的部分金融产品风险问题。7 月 21 日以来，已有 27 个省（市、自治区）高院陆续发布公告，对分散在各地的“原油宝”事件民事诉讼案件实行集中管辖。2020 年 12 月 5 日中国银保监会对中国银行所涉四项违法违规行为作出行政处罚决定，包括产品管理不规范，风险管理不审慎，内控管理不健全以及销售管理不合规，并对中国银行及其分支机构合计罚款 5050 万元。

2. 案例分析

分析这次“原油宝”穿仓事件，我们发现：

（1）产品设计存在缺陷，主要体现在移仓问题上。“原油宝”直到交割日前一天才移仓，对不参与交割的投资者而言，这样的设定显然是不平等的。中国银行作为代客进行买卖的大规模投资者，从产品设计的角度上讲，应当选择更早的移仓以防止临近交割日时流动性枯竭。中国银行显然没有考虑到这个问题，因此出现了客户在 11 美元/桶时被停止交易（北京时间 20 日晚上 10 点），但最终却面临 -37.63 美元/桶结算的情况。

值得一提的是，相比中国工商银行和中国建设银行推出的类似原油合约，“原油宝”晚移仓的特点曾被当作其优势，被认为是可以减少降低移仓成本损失，因为期货合约越临近交割日，其报价越接近现货价格，然而事实证明，这种产品设计未考虑到“负油价”的情况，也没有对市场的流动性风险保持高度警惕。

（2）中国银行交易操作和管理存在问题。首先在保证金制度上，“原油宝”交易界面明确表示保证金充足率低于 20% 时，系统将按照单笔亏损比率从大到小顺序的原则对未平仓合约产品进行逐笔强制平仓。但是在本次穿仓事件中，中国银行并没有及时强行平仓，此做法不符合合同的规定，让投资者承担这种损失，显然有“店大欺客”的嫌疑。

其次是在结算操作上，最终结算价是按照 21 日凌晨 5 时的 WTI 期货结算价进行计

① 资料来源：中国银行官网，中国银行关于“原油宝”产品情况的说明。

算，但是在前一日晚22时（期货价格在11美元/桶）就将客户账户冻结，同时还没有做到及时平仓来止损，导致订单都以最终结算价平仓。

（3）中国银行缺乏风控意识和风险应对措施。“原油宝”的设计没有考虑极端事件的影响，其在正常市场环境下足以生存，甚至还有移仓成本优势，但在极端情形下会遭遇流动性风险。考虑到年初至今，国际油价如过山车一样的跌势，以及大幅下降的需求，产品积累的风险没有及时得到重视。实际上，美国由于疫情影响，对原油需求量下降，加之库存满载，在4月中旬就已经有大量投资者提前平仓，该合约流动性不足的苗头已经显露。但是中国银行技术团队并没有及时根据市场行情调整产品策略。

3. 案例总结

此次穿仓事件为投资者提供了几点经验教训：

（1）临近交割月的期货合约蕴含风险。随着交割月份临近，期货价格会回归现货价格，这是期货定价的理论基础。临近交割月份的期货合约通常蕴含着较大的风险，对于没有交割打算投资者而言，应该在交割日期到来前的一段时间准备平仓或者移仓换月以避免倒逼仓的风险。此次事件中，多头和空头之间的博弈严重损害了中小投资者的利益。

（2）投资者应当提高风险防范意识。在此次“原油宝”巨亏案例中，参与的投资者多为缺乏专业知识的投资者，其中还有一定数量的在校生，而期货交易的风险显然超出了他们的风险承受范围，这反映了他们首先对于期货这种衍生品交易的风险缺乏基本认识；同时他们认为产品规模小，最多亏完本金，但没有进一步仔细了解产品条款本身存在的缺陷及其潜在风险；最后，这些投资者也报有对银行理财产品的惯性思维，认为风险小，可以刚性兑付。因此，作为普通投资者应当提高风险防范意识，对任何金融产品都应谨慎投资，了解清楚其标的资产特征及可能风险后再做投资决策。

（3）国内金融机构应提高专业性。金融委明确要求在我国金融市场与国际金融市场融合时要强化风险管控，把握适度性，提高专业性。而专业性的缺乏就是本次事件发生的重要原因。中国银行将“原油宝”标榜为适合投资小白的金融产品，对参与“原油宝”期货的投资者没有设定适当投资者条款，开户便利，不带杠杆，无论风险承担能力高低都可加入“原油宝”投资行列，但同时中国银行对于挂钩的原生资产研究不够，在期货交易中处于被动地位，这导致中国银行在风控层面缺乏及时的风控措施。因此应当通过各种激励机制及内部革新等措施加强金融机构的专业性，同时监管机构也应加强对类似银行类挂钩产品的监管力度。

第6章
互　　换

引　例

1981年，美元对瑞士法郎、德国马克急剧升值，货币之间出现了一定的汇兑差额。世界银行希望筹集固定利率的德国马克和低利率的瑞士法郎，虽然无法通过直接发行债券来筹集，但它能凭借自己AAA级的信誉从市场上筹措到最优惠的美元借款利率。与此同时，IBM公司需要筹集一笔美元资金，由于数额较大，集中于任何一个资本市场都不妥，但他们有筹集德国马克和瑞士法郎的优势。于是，所罗门兄弟公司利用外汇市场中的汇差以及世界银行与IBM公司的不同需求，促使它们达成了一项互换协议：世界银行将它的2.9亿美元金额的固定利率债务与IBM公司已有的瑞士法郎和德国马克的债务进行了互换，在交易开始时无本金交换。

这是一份货币互换合约，也是人类历史上第一份互换合约。

（资料来源：S. 梅森著，胡维熊译. 金融工程学案例［M］. 东北：东北财经大学出版社.）

问题：

（1）什么是互换？互换合约的类别有哪些？

（2）签订互换合约的目的是什么？

（3）互换合约的价格是如何决定的？

6.1　互换

6.1.1　定义及分类

互换（swaps）的思想起源于20世纪70年代英国与美国企业之间的英镑与美元的

平行贷款，它是一种交易双方根据事先约定的协议，在未来的一段时间内互相交换一系列现金流（如本金、利息、价差等）的合约，也称为掉期。互换是一种特殊的远期合约，它可以被看作一系列远期合约的组合。一份互换合约应该包括合同金额、有效期限、互换价格以及合约各方的权利义务。

互换是一种常用的融资和风险管理的金融衍生产品，它的特点主要有：第一，非标准化。与远期合约相同，互换的各项内容一般也是为买卖双方量身定制、通过场外交易达成的，合约条款因双方的需要不同而不同，是非标准的。第二，信用风险大。合约非标准和场外交易使得买卖双方违约的可能性较大。第三，交易成本低。互换合约只需签订一次，就可以在有效期限内进行一系列的交易，大大降低了相同情况下远期合约需要签订数次的成本。第四，流动性强。由于银行以及相关金融中介机构的活跃，互换标准合同相较于远期合约出售或中途废止困难更低。第五，交易期限灵活。互换的有效期限长短随意，最长可达几十年，这是期货、期权等交易不可能实现的。

在具体发行过程中，互换是多种多样的，主要有如下5种：

（1）货币互换（currency swaps）。交易双方在合约有效期限内，于期初、期末相互交换不同币种的本金，于期间内周期性地相互交换同性质或不同性质的利率（浮动利率或固定利率）。

（2）利率互换（interest rate swaps）。交易双方在合约有效期限内，在名义本金的基础上，周期性地相互交换利率（浮动利率或固定利率）。利率互换不需要交换本金，只需定期交换利息差额，而货币互换则二者都要交换。

（3）商品互换（commodity swaps）。交易双方在合约有效期限内，在某一商品的价格的基础上，周期性地相互交换有关现金流。

（4）股票互换（equity swaps）。在合约有效期限内，交易一方以股票指数产生的红利和资本利得，与交易另一方的固定利息或浮动利息交换。通过股票互换可以把债券投资转换成股票投资，也可以进行跨国资产间的转换，它为金融机构等参与者提供了一种转化资产的途径。

（5）信用违约互换（credit default swaps）。在合约有效期限内，交易一方（违约互换购买者）周期性地向另一方（违约互换出售者）支付一定费用（信用违约互换点差），当出现信用事件时（主要指购买者拥有的债券无法被偿付），购买者将有权利将债券以面值从出售者处卖出。这一互换用于规避信用风险。

为了更简洁地说明上述互换合约，将其简化为图6.1：

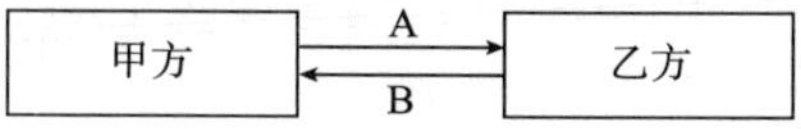

图6.1 互换合约

甲乙双方为合约的交易双方，假设前者为互换合约的买方，后者为合约的卖方。A、B 为互换的现金流，不同类型互换主要是现金流的性质不同：货币互换的 A、B 分别为不同币种本金及双方利息；利率互换的 A、B 分别为不同性质利率下的利息；商品互换的 A、B 分别为不同性质单价下的商品总价；股票互换的 A、B 分别为名义本金产生的股票收益与名义本金 × 某性质利率；信用互换的 A、B 分别为固定费用与信用风险事件发生时支付的现金流，该现金流信用风险事件不发生时不支付。

互换也可根据有无中介机构，分为有中介机构的互换与无中介机构的互换，图 6.1 表示的是无中介机构时的互换。有中介机构时，交易双方并不会直接进行合约签订，而是与中介机构取得联系，由中介机构分别与双方签署两个相互抵消的互换合约，并在交易中收取本金的一定比例作为中介费。图 6.2 表示有中介机构时的互换，其中 A 与 A^*、B 与 B^* 之间的差额总和为中介机构得到的收益。

图 6.2 有中介机构的互换合约

此外，如果将以上基本互换合约中的条件（如期限、本金、支付方式等）改动，或与其他金融产品（期权、期货等）结合使用，将会产生许多新的互换合约，如增长型互换、边际互换、差额互换等。

6.1.2 互换交易市场

互换合约交易市场是金融创新工具市场中发展最快的市场之一，一般属于场外市场。

互换交易起源

20 世纪 70 年代，英国为防止资本外流，实行外汇管制并且对企业的对外投资进行高税收。为了逃避这一管制，英美企业之间签订了英镑与美元的平行贷款合约（如图 6.3 所示）。两个国家的母公司，各自在国内向对方在境内的子公司提供本币等值的贷款，贷款由银行作为中介、母公司提供担保完成。后来，为了降低违约风险，还产生了两家母公司直接相互提供贷款的背对背贷款。这就是互换交易的起源。

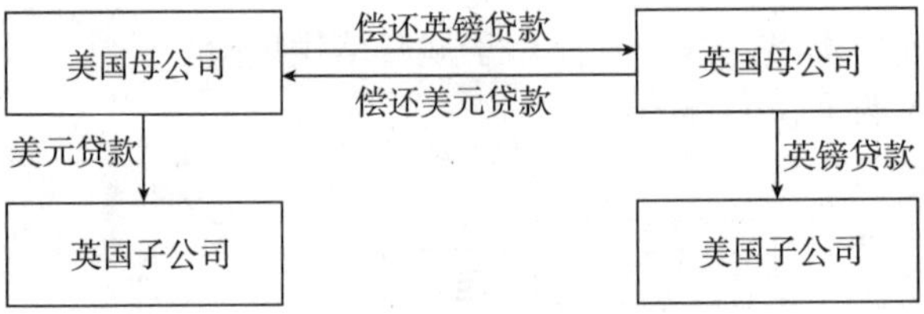

图 6.3 互换交易市场起源：平行贷款

我国互换交易市场发展重要事件如表6.1所示。

表6.1　　中国互换交易市场发展大事记

时间	事件
1984年	中国银行开始为客户代理境外互换业务
1994年1月	我国实行汇率并轨和以市场供求为基础的单一的有管理的浮动汇率，市场开始应用互换产品来防范金融风险
2000年5月	东盟十国及中日韩达成货币互换协议
2001年6月	《商业银行中间业务暂行规定》批准银行在监管下货币或利率互换
2002年3月	中国人民银行和日本银行在东京签署了在对外资金周转情况恶化时互相通融外汇的货币互换协议
2002年10月	中国人民银行与马来西亚国家银行签署货币互换协议
2006年2月	利率互换试点工作拉开帷幕，国家开发银行和光大银行签订首笔利率互换交易
2008年	人民币利率互换交易正式启动
2009年3月	《中国银行间市场金融衍生产品交易主协议（2009年版）》发表，标准化人民币利率互换市场
2014年1月	上海清算所正式推出“人民币利率互换集中清算”业务
2014年1月	中国人民银行要求人民币利率互换实行强制集中清算
2017年5月	增加FDR利率互换产品，增加5年以上利率互换品种
2018年11月	《大连商品交易所商品互换业务管理办法（试行）》发布

资料来源：笔者自行收集整理。

1. 互换交易市场的主要参与者

互换交易市场上的主要参与者有三类，分别是：

（1）互换合约交易方，是互换的最终使用者。他们一般出于三个目的进行互换交易，一是从资产负债管理的角度出发，期望改变资产负债的利率或货币形式。二是从降低筹资成本出发，期望获得最大的收益。三是从投机的目的出发，期望得到利差收益。在中国的互换交易市场上，积极从事互换交易的主要有政府、出口信贷机构、银行和大型企业。政府常常利用互换市场开展利率风险管理业务，调整自身负债的固定与浮动利率的比率，或是通过货币互换合约获得国际货币储备增强本国抵御金融市场的实力。出口信贷机构在提供价格有竞争力的融资以便扩大出口的同时，利用互换降低借款成本，使其资金来源多样化、客户群扩大化。银行、大型企业利用互换对其资产与负债进行保值，规避利率风险。

（2）互换中介机构，为互换的交易双方提供“桥梁”服务。中介机构分别与相符的交易双方签订合约，因此，实际上他们也是合约交易方。在中国，中介机构多为商业银行与投资银行，他们不仅是中介机构又是做市商。

（3）监管机构，为保护参与者们的相关权益、维护互换交易中的过程规范化而设立。《银行业金融机构衍生产品交易业务管理办法》规定银保监会为衍生品交易和参与者的监管机构。在现实中，中国人民银行、国家外汇管理局、中国证监会等政府机构也会参与互换业务的监管，财政部、发改委、商务部等相关部门也会介入。

此外，互换市场还有其他参与者，比如，相关交易协会、经纪人、系统卖方等。

2. 互换交易制度

鉴于目前中国市场上利率互换较为成熟，因此我们以利率互换为例阐述进行互换交易的过程：

（1）入市交易。拟参与机构（金融机构和非法人产品）根据中国银行间市场交易商协会、全国银行间同业拆借中心（中国外汇交易中心）和上海清算所的相关要求进行业务备案后，在中国外汇交易中心相关交易系统进行利率互换交易。

（2）浮动利率选择。在国际利率互换交易中，最常参考的利率是伦敦银行间同业拆借利率（LIBOR）。目前，人民币利率互换浮动端参考利率包括：中国人民银行定期存贷款利率（1 年期）、上海银行间同业拆借利率（SHIBOR）、银行间 7 天回购定盘利率（FR007）三大类。其中，SHIBOR 的品种有隔夜、1 周、2 周、1 个月、3 个月、6 个月、9 个月及 1 年。

（3）天数计算。为了方便比较，互换交易需统一固定利率和浮动利率的天数计算惯例。在我国，固定利率通常以 1 年 365 天为计算基础，SHIBOR、LPR 和中国人民银行定期存贷款利率（1 年期）以 1 年 360 天，FR007 以 365 天为基础。使二者统一的调整方法为：将 360 天计算基础的利率转换为 365 天的时，将利率乘以 365/360；将 365 天计算基础的利率转换为 360 天的时，将利率乘以 365/360。

（4）支付结算。在有效期限内，交易双方需要周期性地支付利息，并且货币互换需要在期末支付本金。一般地，利率互换每半年或是每 3 个月支付一次，货币互换每年支付一次。在实际结算中，利率互换会尽可能地交割双方利息净额，这一数值在每个计息期期初根据定期观察到的浮动利率与相应固定利率的净差额计算得到，并于计息期期末支付。

（5）人民币利率互换集中清算。根据中国人民银行 2014 年第 29 号文规定，“自 2014 年 7 月 1 日起，金融机构之间新达成的，以 FR007、SHIBORON（隔夜）和 SHIBOR3M（3 个月）为参考利率的，期限在 5 年以下（含 5 年）的人民币利率互换交易，凡参与主体、合约要素符合上海清算所有关规定的，均应提交上海清算所进行集中清算。不能进行集中清算的，应向中国人民银行说明”。非上海清算所利率互换清算会员的市场参与者可通过利率互换综合清算会员代理，参加人民币利率互换集中清算的业务处理过程。

6.1.3 互换合约风险

互换合约用于规避市场上的外汇风险、利率风险等，同时它自身也存在风险，主要有市场风险、信用风险两类。

1. 市场风险

在互换交易过程中，由于利率或汇率的变化使互换价格向不利于交易方的方向变化而产生的风险被称为市场风险。互换的交易双方和中介机构都有可能面对这种风险，对于交易双方来讲，它往往发生在互换交易应该成交而来不及成交或者成交之后互换价格发生了急剧变化的情况下。控制这种风险的最有效方法是在互换交易前后对汇率和利率进行较为准确的预测，及时进行互换和再互换交易。对于中介机构来说，这种风险往往是在同某一交易方达成一个互换协议没有进行及时冲销的情况下产生。控制风险的最佳方法是及时缔结另一个对冲互换了结风险。

2. 信用风险

前面已经讲过，互换合约虽然经过市场标准化，但其大部分交易仍然属于场外交易，因此信用风险是难以消除的。当互换对交易的一方而言价值为正时，它就是该方的一项资产，同时它也是另一方的负债，资产方就面临合约另一方不执行合同的信用风险。市场风险可以用对冲交易来规避，信用风险则比较难规避。

6.2 利率互换

6.2.1 互换原理

利率互换的概念在上文已经进行过阐述，它有三种主要类型，分别是息票互换、基础互换和交叉货币利率互换。息票互换是同种货币的固定利率和浮动利率之间的互换，交易的一方向另一方支付一系列固定利率的利息款项，换取对方一系列浮动利率的利息款项，这是利率互换中最常见的交易方式。基础互换是同种货币基于不同参考利率的浮动利率和浮动利率之间的互换，交易的一方向另一方支付一系列浮动利率的利息款项，换取对方另一种参考下的浮动利率利息款项。交叉货币利率互换是不同货币的不同利率之间的互换，交易的一方向另一方支付一系列一种货币的固定利率利息以换取对方一系列另一种货币的浮动利率利息。

本节阐述最基本的利率互换形式——固定对浮动利率互换的原理，以我国首笔基于 SHIBOR 的标准利率互换为例。

中国首笔基于 SHIBOR 的标准利率互换

2007 年 1 月 18 日，花旗银行与兴业银行完成了中国银行间第一笔基于 SHIBOR 的标准利率互换，相关条款如表 6.2 所示。

表 6.2　　花旗银行—兴业银行利率互换合约

条款项	内容
期限	1 年
名义本金	未透露
固定利率支付方	兴业银行
固定利率	2.98%
浮动利率支付方	花旗银行
浮动利率	SHIBOR 3M

此次利率互换的基本设计为：从 2007 年 1 月 18 日起的一年内，花旗银行与兴业银行在 3 个月计息期开始时按照最新 3 个月期的 SHIBOR 确定当期的浮动利率，计息期末双方根据名义本金交换利息净额，基本流程如图 6.4 所示。

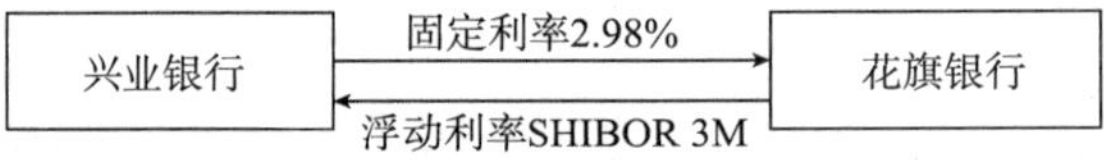

图 6.4　花旗银行—兴业银行利率互换合约流程

算例 6-1

A 公司是 AAA 级的大型绩优公司，其长期固定利率融资成本为年利率 7%，短期浮动利率融资成本为 SHIBOR +0.4%；B 公司是 BBB 级的中小型公司，其固定利率融资成本为 8.5%，短期浮动利率融资成本为 SHIBOR +0.7%。现假设 A 公司具有 1000 万元浮动利率的收益，希望以浮动利率支付其债务利息，而 B 公司则具有 1000 万元固定利率的收益，希望以固定利率支付其债务利息。A、B 两公司应如何做才能既满足其融资需求又能尽可能地降低融资成本？

A公司期望得到浮动利率融资，B公司期望得到固定利率融资，两个公司的融资成本如表6.3所示。

表6.3 A、B公司融资成本

	A公司	B公司	优势
固定利率融资成本	7%	8.5%	A公司成本少1.5%
浮动利率融资成本	SHIBOR +0.4%	SHIBOR +0.7%	A公司成本少0.3%

可以发现，虽然A公司在固定利率和浮动利率融资方面都具有绝对优势，但是相较而言，在固定利率融资方面优势更大，B公司在浮动利率融资方面有比较优势。基于此，我们可以提出两个供两个公司融资的方案。

方案一：A公司借入1000万元浮息债务（SHIBOR +0.4%），B公司借入1000万元固息债务（8.5%）。

方案二：A公司借入1000万元固息债务（7%），B公司借入1000万元浮息债务（SHIBOR +0.7%），同时两个公司签订一份利率互换合约，合约内容为：名义本金1000万元，每个支付期B公司支付给A公司7%的固定利率，A公司支付给B公司SHIBOR −0.2%的浮动利率。

分析这两个方案。方案一中A公司融资成本为SHIBOR +0.4%，B公司融资成本为8.5%。方案二如图6.5所示，A公司融资成本为SHIBOR −0.2%，B公司融资成本为7.9%（7% +0.9%）。

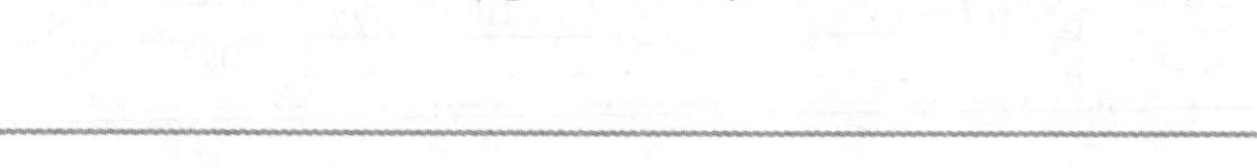

图6.5 互换合约图示

显然，方案二是A、B两个公司融资更优的方案，互换合约给A公司带来0.6%［SHIBOR +0.4% −（SHIBOR −0.2%）］的收益，同时也为B公司带了0.6%（8.5% −7.9%）的收益。

算例6－1通过一个最基本的利率互换向我们展示了利率互换的一个重要功能：降低融资成本，除此之外，利率互换还有规避利率风险、弥补不同金融工具间的缺口、管理资产负债的功能。

6.2.2 利率互换收益分配

算例 6－1 的合约规定使得 A 公司和 B 公司平分了互换带来的总收益，每家公司降低融资成本 0.6%。在现实中，除了平分也存在着其他分配方式，具体由互换市场情况决定。简单地从供求对比角度看，若卖方公司占多数，则分配就会向买方倾斜。同时，如果交易由金融中介机构促成，则总收益会分出一部分给予中介机构。

算例 6-2

算例 6－1 中如果存在中介机构，中介机构与 A 公司签订了这样互换合约：名义本金 1000 万元，每个支付期 A 公司支付给中介机构 SHIBOR－0.2% 的浮动利率，中介机构支付给 A 公司 7.1% 的固定利率。与 B 公司签订了这样互换合约：名义本金 1000 万元，每个支付期 B 公司支付给中介机构 6.9% 的固定利率，中介机构支付给 B 公司 SHIBOR－0.2% 的浮动利率（见图 6.6）。

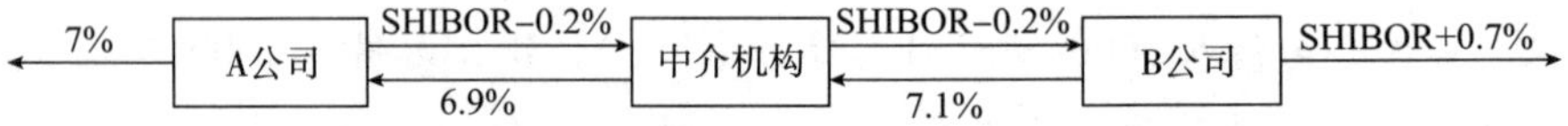

图 6.6　有中介时互换合约图示

分析有中介情况下的各方得益。A 公司融资成本为 SHIBOR－0.1%（SHIBOR－0.2%＋0.1%），则它的收益为 0.5%［SHIBOR＋0.4%－（SHIBOR－0.1%）］。B 公司融资成本为 8%（7.1%＋0.9%），则它的收益也为 0.5%（8.5%－8%）。中介机构得到了 0.2% 的收益（7.1%－6.9%）。

下面对利率互换的收益分配进行量化分析。继续考虑算例 6－2 中的互换交易场景，但合约内容被抽象为：A 公司用 SHIBOR＋x% 的浮动利率利息换取（7＋y－z）% 的固定利率利息，B 公司用（7＋y）% 的固定利率利息换取 SHIBOR＋x% 的浮动利率利息，中介机构得到 z% 的收益（见图 6.7）。

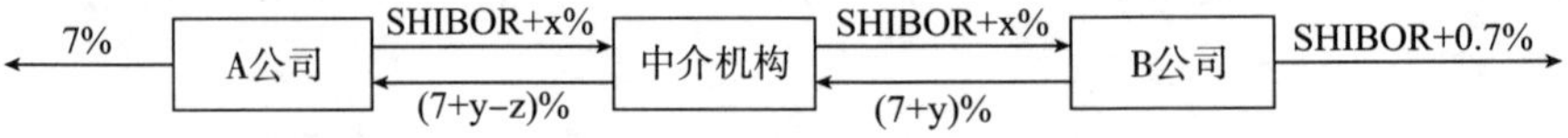

图 6.7　利率互换收益分配量化分析

由利率互换实践可知，$x \in (-0.7, 0.7)$，$y \in (0, 1)$。A 公司的实际融资成本为 SHIBOR＋x%＋（z－y）%，收益为（0.4＋y－x－z）%。B 公司的实际融资成本为（7.7＋y－x）%，收益为（0.8＋x－y）%。互换合约总收益为 1.2%。

考虑A、B两公司的收益分配。假设A公司的收益是B公司收益的k倍，则有：

$$k=\frac{0.4+y-x-z}{0.8+x-y}$$

对应不同的合约内容（x，y，z），收益将有不同的分配方式，算例6－2中的参数分别为$x=-0.2$，$y=0.1$，$z=0.2$，此时$k=1$。

6.2.3 利率互换定价

一般地，利率互换定价包含两部分：期初定价与有效期内定价。期初定价就是确定合理的互换固定利率以求合约在期初时价值为零，不存在套利机会。当合约签订以后，随着时间变化，合约价值会改变，有效期内定价则是计算利率互换有效期限内合约的价值。大体上讲，互换的价值确定有两种方法：一是套利定价法，主要利用绪论中提到的无套利均衡分析，是套利的逆过程；二是零息票定价法，本节和接下来的货币互换定价都将重点阐述这种方法。

1. 零息票互换定价

零息票互换定价方法有两个实现路径：第一，把互换的现金流看作买入一个债券，同时卖出另一个债券；第二，把互换的现金流看作一系列远期合约组合，本书选择第一个实现路径进行具体阐述。互换当期价值等于未来每期互换现金流用零息票债券利率贴现的数值总和，这里我们假设衍生工具现金流的风险和银行同业拆借市场的风险相同，用SHIBOR零息票利率贴现。

算例6-3

考虑一个利率互换合约，交易双方为A公司与B公司，合约有效期为两年，合约内容为：名义本金为1000万元，每半年支付一次利息，A公司以R固定利率支付利息给B公司，B公司以SHIBOR的浮动利率支付利息给A公司。假设6个月、12个月、18个月、24个月的SHIBOR零息票利率（连续复利率）分别为8.8%、9.5%、9.9%和10.2%。

A公司的现金流可以总结为表6.4。

表6.4　　A公司现金流

时间点	支付（万元）	收入（万元）
第6个月末	$500\times R$	$500\times SHBOR_0$
第12个月末	$500\times R$	$500\times SHBOR_1$
第18个月末	$500\times R$	$500\times SHBOR_2$
第24个月末	$500\times R$	$500\times SHBOR_3$

则A公司的支付现金流可以看作发行一个固息债券的支付，收入现金流可以看作投资一个浮息债券的收入，因此利率互换等价于如下两个债券头寸的组合：

（1）出售一份面值为1000万元、固定利率为 R 的债券；

（2）投资一份面值为1000万元、浮动利率为SHIBOR的债券。

对于A公司，互换合约的价值为浮息债券的价值减去定息债券的价值，对于B公司，则相反。

因此，收入固定利率付出浮动利率的互换合约的价值为：

$$V_{swap} = B_{fix} - B_{fl} \tag{6.1}$$

收入浮动利率付出固定利率的互换合约的价值为：

$$V_{swap} = B_{fl} - B_{fix} \tag{6.2}$$

式（6.1）和式（6.2）中，B_{fix} 为互换合约中分解出来的固定利率债券的价值；B_{fl} 为互换合约中分解出来的浮动利率债券的价值。

假设在某一时间 t_i（$1 \leqslant i \leqslant n$，$n$ 为付息日的次序数），交易双方交换利息，下面介绍如何计算固息债券和浮息债券的价值。

（1）固息债券的价值：

$$B_{fix} = \sum_{i=1}^{n} Ce^{-r_i t_i} + Me^{-r_n t_n} \tag{6.3}$$

其中，M 为利率互换中名义本金额，也是债券的面值。C 为利息支付日支付的固定利息额（一般地，利息半年支付一次，因此有 $C = M \times R/2$，R 为固定年利率），$r_i(i = 1,\cdots,n)$ 为 t_i 时刻的SHIBOR零息票率（连续复利）。在计算债券价值时，将其期末流入的面值也一起贴现，这与利率互换不在期末交换名义本金的定义相悖，但并不影响利率互换的价值。

（2）浮息债券的价值：

令 K_i 为第 i 个利息支付日支付的浮动利息额，它由上一期的浮动利率计算而来，即利息 K_n 是由浮动利率 r_{n-1} 确定的。由于浮息债券可以等同于一支剩余期限为下一个现金流期限的固定利率债券，因此可以计算 t_i 时刻的浮息债券价值为：

$$B_{fl} = K_i e^{-r_i t_i} + Me^{-r_i t_i} \tag{6.4}$$

接下来分别考虑互换合约的期初和有效期内的定价。

2. 期初定价

利率互换的期初定价就是给定浮动利率确定一个固定利率使合约初始的价值为0，让互换双方处于公平的交易地位，无套利机会。

继续使用算例6-3说明利率互换的期初定价。对A、B两个公司而言，期初的互换价值应该都等于0，则有：

$$B_{fix} = B_{fl} \Rightarrow \sum_{i=1}^{n} Ce^{-r_i t_i} + Me^{-r_n t_n} = K_1 e^{-r_1 t_1} + Me^{-r_1 t_1} \tag{6.5}$$

则可以得到固定利息 C 为：

$$C = \frac{M(e^{-r_1 t_1} - e^{-r_n t_n}) + K_1 e^{-r_1 t_1}}{\sum_{i=1}^{n} e^{-r_i t_i}} \tag{6.6}$$

假设每半年支付一次利息，则期初时固定利率 R 为：

$$R = \frac{2C}{M} = 2\left(\frac{(e^{-r_1 t_1} - e^{-r_n t_n})}{\sum_{i=1}^{n} e^{-r_i t_i}} + \frac{K_1}{M}\frac{e^{-r_1 t_1}}{\sum_{i=1}^{n} e^{-r_i t_i}}\right) \tag{6.7}$$

算例 6-4

期初的浮动利率为 10%，则算例 6－3 中的互换合约期初固定利率应该定为多少？

由题可得固定利率为：

$$R = 2\left[\frac{(e^{-0.088\times0.5} - e^{-0.102\times0.5}) + \frac{50}{1000}\times e^{-0.088\times0.5}}{e^{-0.088\times0.5} + e^{-0.095\times0.5} + e^{-0.099\times0.5} + e^{-0.102\times0.5}}\right]$$

$$= 12.88\%$$

3. 有效期内定价

互换合约在签订时价值为零，并确定其固定利率，在之后的有效期内，固定利率不变。但随着时间变化，合约的价值并不总会为0，可能为正，也可能为负。

在合约有效期内，收入固定利率付出浮动利率的互换合约在时刻 t_i 的价值为（相反方价值加负号即可）：

$$V_{swap} = B_{fix} - B_{fl}$$

$$= \sum_{i=1}^{n} Ce^{-r_i t_i} + Me^{-r_n t_n} - (K_i e^{-r_i t_i} + Me^{-r_i t_i}) \tag{6.8}$$

算例 6-5

假设算例 6－3 中 A、B 两公司的互换合约剩余期限为 1.25 年，其余题设不变，固定利率为算例 6－4 计算得到的 12.88%。求当前互换合约的价值？

为了方便计算，可以得到关于题设的图示如图 6.8 所示。

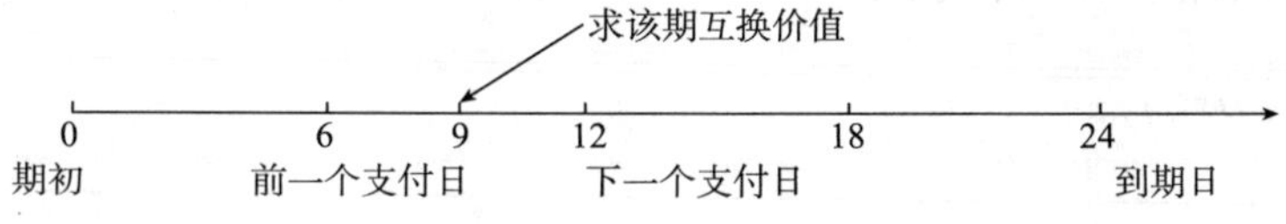

图 6.8　有效期内互换定价

由题可得，$C=\dfrac{1000\times 12.88\%}{2}=64.4$（万元），当前时点的下一个支付日需要支付的利息为 $K_2=\dfrac{1000\times 0.088}{2}=44$（万元），则当前收入固定利率付出浮动利率的互换合约价值为：

$$
\begin{aligned}
V_{swap} &= B_{fix}-B_{fl}\\
&= 64.4(e^{-0.095\times 0.25}+e^{-0.099\times 0.75}+e^{-0.102\times 1.25})+1000e^{-0.102\times 1.25}-(44e^{-0.095\times 0.25}+1000e^{-0.095\times 0.25})\\
&= 40.20(\text{万元})
\end{aligned}
$$

收入浮动利率付出固定利率的互换合约价值则可以推断出，为 -40.20 万元。

实际上，互换合约的现金流还可以用一系列的远期利率协议表示，买入远期利率协议相当于在利率互换中支付固定利率收入浮动利率，卖出远期利率协议则相反。那么在这种思想下如何对互换合约进行定价呢？

算例 6-6

利用远期利率组合的方法求解算例 6－5。

该互换合约可以分解为如图 6.9 所示的远期利率协议。由题可知，协定利率均为互换合约中的固定利率 $R=12.88\%$，各个协议的远期利率应该是前一支付日的 SHIBOR 利率，记为 R_1、R_2、R_3，其中 R_1 等于上一个支付日的 SHIBOR 利率，即 8.8%。

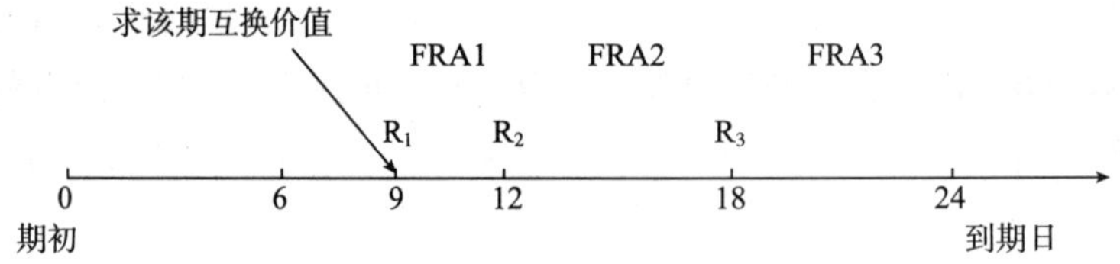

图 6.9　远期组合求解有效期内互换定价

$R_2=\dfrac{0.099\times 0.75-0.095\times 0.25}{0.5}=0.101$，$R_3=\dfrac{0.012\times 1.25-0.099\times 0.75}{0.5}=0.1065$。

为方便计算利息差额，将连续复利利率转换为半年复利利率，则：

$\hat{R}_2=2\ (e^{0.5\times R_2}-1)\ =0.1036$，$\hat{R}_3=0.1094$。计算各个远期合约的价值，将其贴现值加总，即为互换合约的价值：

$$
\begin{aligned}
V_{swap} &= (64.4-44)e^{-0.25\times 0.095}+(64.4-\frac{1000\times 0.1036}{2})e^{-0.75\times 0.099}+(64.4-\frac{1000\times 0.1094}{2})e^{-1.25}\\
&= 40.20(\text{万元})
\end{aligned}
$$

6.3 货币互换

6.3.1 互换原理

货币互换是不同币种之间的互换，它有多种形式：固定利率对固定利率、固定利率对浮动利率、浮动利率对浮动利率、浮动利率对固定利率等。本节主要讨论最基本的形式：固定利率对固定利率的互换原理，这种互换在期末期初均有货币本金交换（与利率互换不同），本金交换的比例取决于当时的市场即期汇率，同时本金在互换中也是计息的基础。固定利率在协议签订时就已确定，且互换期内保持不变。

货币互换原理案例

A公司位于中国，计划到欧洲拓展业务，需借入1000万欧元，欧元的即期汇率为8元/欧元，该公司借入欧元的成本为10%，借入人民币的成本为7%。与此同时，B公司位于欧洲，需借入8000万人民币，该公司借入欧元的成本为9.6%，借入人民币的成本为11%。两家公司如何优化其借款方案？

A公司在人民币借款方面具有优势，B公司在欧元借款方面具有优势，为了降低融资成本，两家公司可以签订货币互换协议：有效期三年，每半年付一次息，欧元利率为9%，人民币利率为6.5%。在期初A公司以8000万人民币换取1000万欧元，B公司相反，期末双方换回本金。

分析这一案例，货币互换的基本流程如图6.10所示。

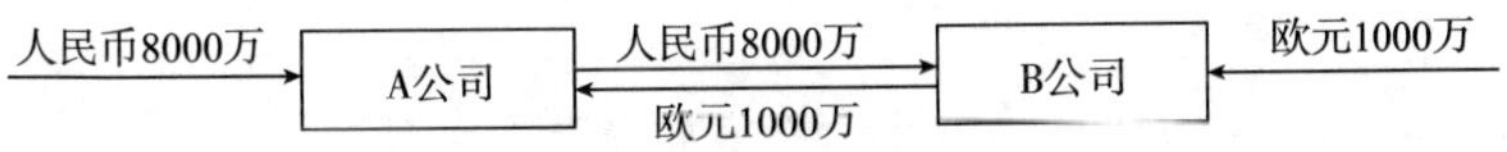

(a)货币互换合约流程1：期初交换本金

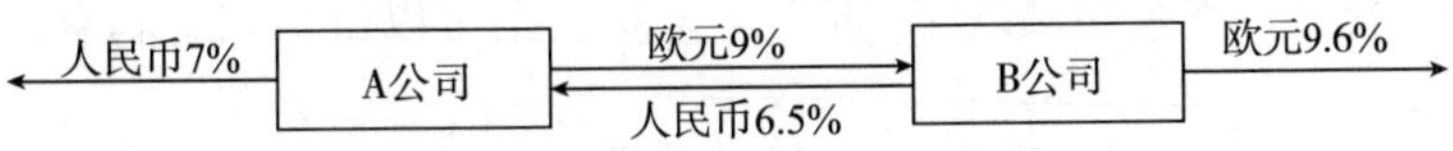

(b)货币互换合约流程2：有效期内交换利息

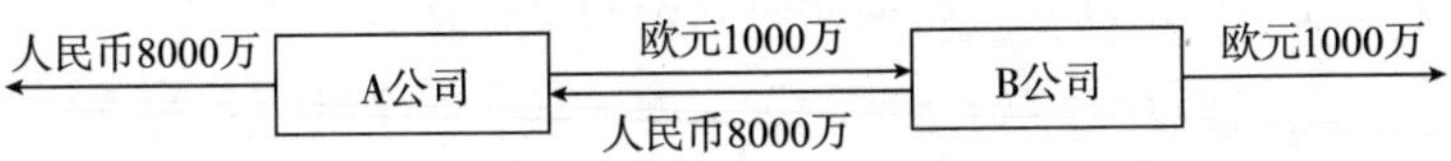

(c)货币互换合约流程3：期末交换本金

图6.10 货币互换合约流程

经过货币互换交易，A 公司的实际融资成本为 7% +9% -6.7% =9.3%，低于直接借入欧元需要支付的利率 10%；B 公司的实际融资成本为 9.6% -9% +6.7% = 7.3%，也低于直接借入人民币需要支付的利率 11%。

6.3.2 货币互换定价

与利率互换定价类似，货币互换定价也分为两个部分：期初定价与有效期内的定价。期初定价是要确定合理的互换利率来使合约无套利机会，有效期内的定价则是计算合约的价值。其基本定义同利率互换中一致，不再赘述。

1. 零息票互换定价

以货币互换原理案例为例，A 公司的固定利率对固定利率的互换也可以等价为两个债券的头寸组合（B 公司反之）：

（1）卖出一份单位为欧元面值为 S_0M 的债券，该债券固定利率 9%，平价卖出；

（2）买入一份单位为人民币面值为 M 的债券，该债券固定利率 6.7%，平价买入。

令单位为人民币的债券价值为 B_{m1}，单位为欧元的债券价值为 B_{m2}，S_0 为即期汇率（表达形式为 1 单位欧元所对应的人民币的数量）。因此 A 公司的固定利率对固定利率的互换合约价值为（B 公司则相反）：

$$V_{swap} = B_{m1} - S_0B_{m2} \tag{6.9}$$

2. 期初定价

在均衡市场上，无套利机会，投资现金流的期初净现值应为零，因此对组合中的两只债券来说：

$$B_{m1} = \sum_{i=1}^{n} Ce^{-r_it_i} + Me^{-r_nt_n} = M$$

$$B_{m2} = \sum_{i=1}^{n} C^*e^{-r_i^*t_i} + M^*e^{-r_n^*t_n} = M^* \tag{6.10}$$

式（6.10）中，C、M、r_i 分别为人民币债券的利息、本金和贴现率，C^*、M^*、r_i^* 分别为欧元债券的利息、本金和贴现率，$M^* = S_0M$。则可以得到固定利息分别为：

$$C = \frac{M(1 - e^{-r_nt_n})}{\sum_{i=1}^{n} e^{-r_it_i}}, C^* = \frac{M^*(1 - e^{-r_n^*t_n})}{\sum_{i=1}^{n} e^{-r_i^*t_i}} \tag{6.11}$$

假设每半年支付一次利息，则期初时固定利率分别为：

$$R = \frac{2C}{M} = \frac{2(1 - e^{-r_nt_n})}{\sum_{i=1}^{n} e^{-r_it_i}}, R^* = \frac{2C^*}{M} = \frac{2(1 - e^{-r_n^*t_n})}{\sum_{i=1}^{n} e^{-r_i^*t_i}} \tag{6.12}$$

算例6-7

A、B两个公司，签订了一份3年期的货币互换合约，A公司每年向B公司支付日元固定利息，B公司每年向A公司支付的美元固定利息，本金为1000万美元和120000万日元，即期汇率1美元=120日元。期初A公司向B公司支付1000万美元，收取B公司的120000万日元，期末再反向交换。为了计算简便，我们设美国、日本LIBOR利率的期限结构是平的，在日本是4%，在美国是9%。所以，为了使合约在签订时没有套利机会，日元利率与美元利率应该是多少。

A公司的现金流可以分成两个债券头寸的组合：

（1）出售一份面值为120000万日元、利率为R1的日元债券，平价卖出；

（2）购买一份面值为1000万美元、利率为R2的美元债券，平价买入。

期初在均衡市场上，可以计算得到：

$$R = \frac{(1 - e^{-0.04\times3})}{e^{-0.04\times1} + e^{-0.04\times2} + e^{-0.04\times3}} = 4.08\%, R^* = \frac{(1 - e^{-0.09\times3})}{e^{-0.09\times1} + e^{-0.09\times2} + e^{-0.09\times3}} = 9.43\%$$

3. 有效期内定价

在合约签订时，约定的互换固定利率使得合约价值为零，但之后合约价值可能发生变化，可能为正，也可能为负。继续以货币互换原理案例为例进行阐述。

式（6.9）给出了对A公司而言货币互换的价值（B公司价值为其相反数）。假定合约剩余期限为2年，已经交换过利息现金流，即期汇率为1欧元=7.9人民币，人民币贴现利率为是6%，欧元是7%

则第一年年末两种债券的价值分别为：

$$B_{m1} = \sum_{i=1}^{n} Ce^{-r_i t_i} + Me^{-r_n t_n}$$

$$B_{m2} = \sum_{i=1}^{n} C^* e^{-r_i^* t_i} + M^* e^{-r_n^* t_n} \qquad (6.13)$$

对A公司而言，第一年年末互换后互换合约的价值可由式（6.9）得到。

6.4 案例分析

6.4.1 国开行与光大银行的利率互换

1. 案例简介

2006年2月9日，中国人民银行下发《关于开展人民币利率互换交易试点有关事宜的通知》，光大银行与国家开发银行（简称国开行）当日完成了首笔人民币利率互换交易，协议的名义本金为50亿元人民币，期限为10年，光大银行支付2.95%的固定利率，国开行支付浮动利率，以一年期定期存款利率为参考。这次利率互换标志着人民币利率衍生工具在中国金融市场正式登场，利率市场化和金融市场建设进入了一个新阶段①。

2. 案例分析

首先分析促成这一利率互换合约背后的动机。一方面，对国开行来说，它的负债中，84%为债券发行，并且其中以固定利率长期债券居多；它的资产的90%由贷款构成，且主要为中长期浮动利率贷款，资产投资于基础产业、基础设施等的建设改造。可以看出国开行的资产与负债的利率性质不匹配，有潜在的流动性风险。因此，国开行的需求是：将部分浮动利率计息的资产转换为以固定利率计息的资产，降低自己发债的成本，调整资产负债结构。

另一方面，对光大银行来说，它的资产负债与国开行的情况相反，负债主要由短期存款构成，资产则以长期固定利率贷款为主，也存在着资产与负债期限结构不匹配的问题。与此同时，光大银行为客户提供固定利率房贷、固定利率与浮动利率转换的业务，当时利率已经到了历史低位，预期未来利率将逐步上升，市场对固定利率房贷需求越来越强烈。因此，光大银行的需求是：将部分以固定利率计息的资产转换成以浮动利率计息的资产，在市场偏好固定利率贷款产品的背景下，可以推出长期固定利率贷款。

因此二者签订了上述利率互换合约，合约基本流程如图6.11所示：

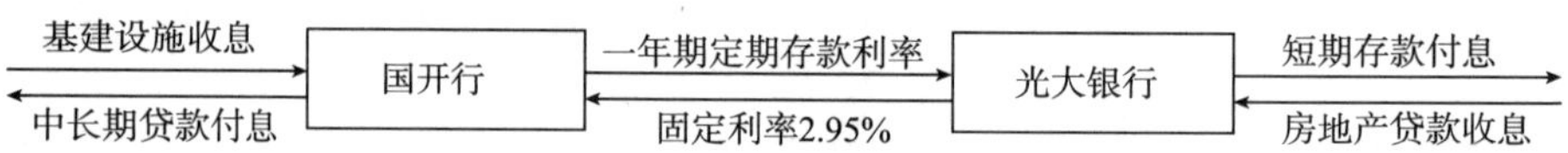

图6.11 国开行—光大银行利率互换流程

这一利率互换的结果为：

（1）对于国开行，当时发行10年期的固定利率金融债券，发行利率为3.01%，通过此次互换交易，它的现金流变成了每年支付3.01%的固定利率和一年期存款利率，收到2.95%的固定利率，综合成本为“一年期存款利率+6个基点”。这相当于国开行以6个基点的利差发行浮动利率债券，明显降低了发债成本，同时也将自己的负债调整成浮动利率，与浮动利率的资产相适应，降低了风险。

① 资料来源：中国经济网，详见 http://finance.ce.cn/bank/yhhy/gkh/zxdt/200606/19/t20060619_7422071.shtml。

（2）对于光大银行，每年支付固定利率2.95%和短期存款利率，收到一年期定期存款利率，综合成本约为固定利率2.95%，将负债调整为长期固息，使得资产负债利率期限结构相匹配。此外光大银行在当时推出了5年以上至10年固定利率房贷，年利率为6.18%，通过互换，光大银行锁定了3.23%的利差收益。

3. 案例总结

在实践中，资产与负债期限结构不一致是导致交易双方进行利率互换的主要原因。在本案例中，光大银行通过互换合约，将从房地产贷款者得到的固定利率转换为浮动利率，通过利率上涨的环境，得到收益并成功将利率风险转移给了国开行。至于国开行，它心甘情愿地接受了光大银行的风险，是因为互换也为它带来了收益：调整资产负债结构，降低了流动性风险。

6.4.2 宝洁—信孚银行互换交易

1. 案例简介①

信孚银行在1985年到1993年间负责宝洁公司的债券发行，并且提供相关的金融咨询服务。1993年，宝洁公司成为全美排名第十二的工业企业，并积极探索使用金融衍生工具减少利率暴露风险，与信孚银行达成了多项互换协议。1993年10月，宝洁公司提出替换当前的固定对浮动利率的互换协议，以期获得更低的市场利率支付（降低30天票据融资成本）。信孚银行管理层为宝洁公司准备了三种备选方案，其中之一是大众型互换，另外两个是加杠杆的互换。宝洁公司预期美元利率持续下跌，因此选择了具有更高风险的杠杆互换。

该互换协议时间期限5年，名义金额为2亿美金，结算频率为半年。在权利义务方面，信孚银行向宝洁支付固定利率5.3%，而宝洁公司支付浮动利率，该浮动利率为30天商业票据融资利率减去75个基点后，加上一个利差。利差的计算如式（6.14），可以发现随着5年期国债利率的升高，该利差越大。该互换本质上是宝洁公司选择的空头看涨期权，一旦美元利率升高，理论损失没有上界。

$$\text{利差} = \max\left\{0, \left[98.5 \times \frac{5\text{年期}\,CMT\,\text{利率}}{5.78\%} - 30\text{年期国债价格}\right]/100\right\} \tag{6.14}$$

双方的合约内容如表6.5所示。

① 资料来源：P. 韦罗内西著，潘席龙，但家豪，何玲译．固定收益证券［M］．北京：机械工业出版社，2019. 详见p455。

表 6.5　　宝洁—信孚利率互换协议

起始日期	1993 年 11 月 2 日
期限	5 年
支付方式	半年一付
本金	2 亿美元
利差计算	首个结算日不用支付利差，之后四年半支付的利差数额固定，其数额按第一个结算日（1994 年 5 月 4 日）的数据由利差公式计算确定
修订条款	在双方均同意的情况下，可对合约进行修订
双方互换可以分为两个部分	一个普通利率互换和一个投机性附加赌注（相当于空头看涨期权）

1994 年，美国采取紧缩的货币政策，造成了 5 年期国债利率急剧上升。据统计，到 1994 年 5 月 4 日，5 年期 CMT 利率从 1993 年 11 月 2 日的 5.02% 上升至 6.71%，此时 30 年国债价格为 86.843 美元，收益率为 7.35%。如果按照利差公式计算，宝洁要多支付 5500 万美元。

2. 案例分析

首先分析促成这一利率互换合约背后的动机。对于宝洁来说，它通过观察美国市场发现，利率持续下跌，并认为利率还会继续下跌，因此可以通过这样的互换最小化利率风险，降低财务成本，即使在利率小幅上扬的过程中，利差也会保持为零。

另外，对于信孚来说，作为一个在当时有 31% 的利润来源于衍生品交易的银行，其产品设计能力和风险控制能力堪称业内顶尖，善于通过寻找交易对手方，将利率风险进行对冲，并且根据其对宏观经济的判断，对合约的盈利能力信心较强。

这次互换的基本流程如图 6.12 所示。

图 6.12　宝洁—信孚利率互换流程

这一合约的特点有：第一，浮动利率与 30 天商业票据利率相关联，而非与LIBOR挂钩；第二，合约中涉及的浮动利率不是固定利率，而是一段时间的平均值；第三，合约签订后，宝洁公司每个结算日都可以获得固定收益，即 1000 万 ×0.75% =75（万美元），同时在 1995 年 5 月后，每个结算日都需要支付给交易对手费用，即 1 亿美元 × 锁定的利差。

结合利差公式，当利差小于零时，宝洁公司并不需要支付给信孚银行利差，并且在每个结算日收到75万美元净利；当利差为正时，保洁公司在每个结算日除了收取固定的75万美元，还需要支付给对手方一定的金额。注意到，随着5年期国债利率的上扬，该金额会远超过75万美元。

实际上，此处的利差等价于一个嵌入式期权，相当于空头5年期美债的看涨期权以及多头30年期美债的看涨期权，两者的执行价格都是一个浮动值，由利差公式（6.14）确定。

合约签订日的利差为－0.1703，此时获益方为宝洁公司。但随着美元利率走强，首个结算日利差已经来到了0.2750，折算起来每期支付利率为30天票据利率加上26.75%，金额为5500万美元。1994年1月，宝洁公司同信孚银行商议，延长利差的锁定日期，此举更加剧了合约的不确定性。为了降低风险，宝洁公司分三次提前锁定利差金额，分别于3月10日，14日，29日锁定了5000万美元，5000万美元，以及1亿美元利差。据统计，宝洁公司在该合约上的损失为1.06亿美元，锁定30天商业票据平均利率的目标基本失败。1994年5月22日，美国联邦基金利率宣布上调0.25%，使得锁定利差金额持续增加。

3. 案例总结

互换是场外交易合约，在交易过程中不受证券交易委员会或者商品期货交易委员会等机构的监管，因此在安全性和操作层面具有较大的风险。在此次事件中，互换交易商信孚银行没有对客户的信托责任，因此信孚银行有选择的披露衍生品信息，并且让宝洁公司主动管理其自身的衍生品头寸，并通过与其他对手方签订合约来对冲与宝洁公司的利率互换。

针对中国市场，有关部门更应该加强金融衍生品市场监管法律法规体系建设，建立健全信息披露制度，保证市场公平。企业应该更稳健的利用互换工具，避免高杠杆带来的高风险。最重要的是减少实体企业过度参与金融衍生品投机交易，降低其可能面临的风险暴露。

第7章
场内期权

引　例

某中国公司90天后需向一个英国供应商支付100万英镑，该公司将面临汇率波动的风险。设当天的汇率是12.5元/英镑，若汇率上升，则公司将增加成本，从而影响预期利润。该公司决定使用套期保值策略：

方案1：签订一份远期合约，保证在90天后，以12625000元购买1000000英镑，从而锁定支付英镑的人民币成本；方案2：购买一份看涨期权，保证在90天后，以12500000元购入1000000英镑，为此付出期权费（以2%计算）250000元（见表7.1）。

表7.1　　不同汇率变化下各个策略带来的人民币成本

即期汇率	90天后汇率	不采取策略	远期合约	看涨期权
12.5元/英镑	13.0元/英镑	1300万元	1262.5万元	1275万元
12.5元/英镑	12.0元/英镑	1200万元	1262.5万元	1225万元

问题：

（1）什么是期权？期权与期货的区别是什么？

（2）除了该例中提及的期权种类，期权还有哪些种类？

（3）期权与期货的套保策略各有什么特点？

7.1 场内期权

7.1.1 定义及分类

期权（option）的思想起源于17世纪30年代末的荷兰，它是一种赋予持有人在未来特定时间以特定价格买入或卖出一定数量特定商品权利的金融衍生产品。期权给予持有人买入或卖出标的资产的权利，期权的持有人既可以行使期权合约赋予的权利，也可以放弃行权权利。

期权是一种广受欢迎的衍生金融工具，它的特点主要有：第一，非资本证券，与股票、债券等证券不同，它代表的是一种买卖商品或合约的权利，而不是商品或合约本身。第二，时间性，期权的时间限制性非常强，期权持有人必须在合约规定的到期日前或某特定的履约日行使权利，否则会失去这一权利。第三，买卖双方的权利与义务不对等，期权买方在规定的时间内根据市场行情变化来决定是否要行使权利，而卖方则要根据买方是否行使权利来决定其义务的执行情况。第四，买卖双方风险和收益不对等，期权买方收益根据市场行情无上限，而风险只有损失期权费，与此同时，卖方风险无上限，收益最多只有期权费，因此期权合约是一种零和博弈。第五，保证金制度对交易双方要求不同，期权卖方存在违约风险，需交纳一定保证金。

按照不同的划分标准，期权可以分为不同的种类，下面为几种常见的期权分类：

按交易场所划分，可以将期权分为场内期权和场外期权。场内期权（floor traded options）是指在交易所内按照规定的模式进行交易的期权，场外期权（over the counter options）是指在交易所之外的场所进行交易的期权。场内期权需要按照交易所规则进行交易，而场外期权的相关条款就较为灵活。

按期权的基本类型划分，可将期权分为看涨期权（call option）和看跌期权（put option）。看涨期权给予期权持有人在将来某个日期以一定价格买入标的资产的权利，看跌期权给期权持有人在将来某个日期以一定价格卖出标的资产的权利。

按期权执行时间划分，可将期权分为欧式期权（european option）和美式期权（american option）。欧式期权持有人只能在到期日行使期权，美式期权持有人可以在到期日之前任何时刻行使期权。

按期权执行价格与标的物市价的划分，可将期权分为实值期权、平值期权和虚值期权。实值期权是执行价格与标的物的现行市场价格相比较为有利的期权，平值期权是执行价格与标的物的现行市场价格一致的期权，虚值期权是执行价格与标的物的现行市场价格相比较为不利的期权。

按期权合约上的标的资产划分，可以将期权分为股票期权、股指期权、利率期权、商品期权以及外汇期权等。

除上述常见的分类外，市场上还存在一些其他非标准场内期权：

灵活期权（flexible option）：是一种可以定制期权合约的四个方面——标的资产、执行价格、到期日和结算方式的期权，这些被定制的非标准条款是被交易所大厅内交易员所认可的。

两值期权（binary option）：是一种当标的资产价值达到执行价格时回报一个固定数额的期权。

信用事件两值期权（credit event binary option，CEBO）：指当某家公司（称作参考实体）在到期日之前出现信用事件（credit event）时，支付收益的期权。信用事件的定义包括破产、不能支付债券本金或利息以及债券重组。

末日期权（doom option）：是一种深度虚值看跌期权，因为其执行价格很低，价格非常便宜，当资产价格大跌时，该类期权才会有回报，末日期权回报类似于信用违约互换。

单周期权（weeklys）：是一种每个星期四发行，在下星期五到期的期权。

7.1.2 场内期权市场

期权交易是在未来特定时间以特定价格买卖特定商品权利的活动，场内期权市场为这种交易提供了标准化的平台，是现代金融市场的重要组成部分。

期权交易市场起源

古希腊哲学家亚里士多德在他的著作《政治学》中载有一例："某年的冬天，当时以智慧闻名的泰利斯利用星象学预测第二年夏天的油橄榄树将大获丰收，于是他将其所有资金用于支付启沃岛和米利都城的各油坊的定金，租赁了各油坊全部榨油设备。由于市场竞争性很小，约定的租金也很低。到收获季节来临之时，大丰收使各油坊挤满了需要榨油的人，人们不得不照他所定的高价支付榨油设备的租金。泰利斯因此赚得大量金钱"。

我国期权市场的发展如表 7.2 所示。

表 7.2　中国期权市场发展大事记

年份	事件
1995	郑州商品交易所被接纳为国内唯一的"国际期权市场协会"会员
2002	2002 中国（北京）期权国际期权研讨会召开
2003	郑州商品交易所上线"网上期权模拟交易"平台
2004	上海期货交易所引进芝加哥交易所引进保证金计算等一系列现金系统，助力铜期货期权发展

续表

年份	事件
2015	首个标准化期权——上证50ETF 期权在上交所挂牌交易
2017	首个商品期权——豆粕期权在大商所交易
2017	白糖期权在郑商所交易

资料来源：笔者自行收集整理。

1. 场内期权市场

场内期权市场也被称为期权交易所，世界各国、各地区大都有其各自的期权交易所，有的历史悠久，有的规模庞大，有的甚至影响全球。

成立于1973年的芝加哥期权交易所（Chicago Board Options Exchange，CBOE）是全世界成立最早的专门从事期权交易的交易所，它的成立具有里程碑式的意义，并开启了期权交易统一化和标准化的时代，且为期权交易如何发展树立了标杆。CBOE发明了诸如指数期权、变通期权（FLEX）、长期期权（LEAPS）和以星期为周期的期权（WeeklySM）。此外，它还创造出了用于衡量投资者对市场情绪反应的波动率指数（VIX），以及被机构投资者广泛使用的标普买卖指数（BXM）等。除了CBOE之外，美国股票交易所（AMEX）、费城股票交易所（PHLX）、太平洋股票交易所（PSE）以及芝加哥商业交易所（CME）也提供与各自金融商品有关的期权产品。除美国之外，欧洲的欧洲期权与期货交易所、伦敦国际金融期货交易所、亚洲的韩国证券交易所、印度国家股票交易所以及我国的上海期货交易所等交易所也都开展场内期权交易业务。

2. 期权合约

不同的期权交易所都有自己特色的期权交易合约，以郑州商品交易所的白糖期权合约为例，表7.3详细阐述了期权合约的内涵。

表7.3　白糖期权合约

白糖期权合约简介	
合约标的	白糖期货合约
合约类型	看涨期权、看跌期权
合约单位	10吨
报价单位	人民币元/吨
最小变动价位	0.5

续表

白糖期权合约简介	
合约月份	1 月、3 月、5 月、7 月、9 月、11 月
交易时间	周一至周五 9：00—11：30、13：30—15：00，以及交易所规定的其他交易时间
行权价格	以白糖期货前一交易日结算价为基准，按行权价格间距挂出 5 个实值期权、1 个平值期权和 5 个虚值期权
	行权价格≤3000 元/吨，行权价格间距为 50 元/吨；3000 元/吨 < 行权价格≤10000 元/吨，行权价格间距为 100 元/吨；行权价格 > 10000 元/吨，行权价格间距为 200 元/吨
涨跌停板幅度	不超过上一个交易日结算价 ±4%
到期日	期货交割月份前二个月的倒数第 5 个交易日
行权日	
交易代码	看涨期权：SR－合约月份－C－行权价格 看跌期权：SR－合约月份－P－行权价格
上市交易所	郑州商品交易所

资料来源：Wind 金融终端。

期权合约标的是期权给予持有人买卖权利的指向对象，主要有股票、股指、期货、利率、信用以及货币、互换合约等。

期权合约单位，即合约规模，是一份期权合约包含标的资产的数量，它随期权合约标的资产的不同而不同。一般地，股票期权的合约单位为标的股票 100 股，股指期权的合约单位为标的股指执行价格的 100 倍，商品期权的合约单位为一份标的商品期货合约所包含的商品数量，而利率期权与外汇期权的合约单位则依据合约具体情况而种类繁多，在此不再赘述。如表 7.3 所示，这份白糖期权的合约单位为一份标的物——白糖期货合约，即 10 吨，报价单位为人民币元/吨，最小变动价位为 0.5 元/吨。

期权合约相关时间概念主要有四个，分别是到期月、循环期、到期日以及行权日。仍旧以白糖期权合约作说明。到期月指的是期权合约到期的月份，这份白糖期权的到期月分别是 1 月、3 月、5 月、7 月、9 月、11 月。循环期指的是一年中期权合约到期月形成的循环，这份白糖期权的循环期为一年中的 1 月、3 月、5 月、7 月、9 月、11 月。到期日指的是期权合约持有人最后享有期权给予其权利的日子，如表 7.3 所示，这份白糖期权的到期日是期货交割月份前两个月的倒数第五个交易日。行权日指的是期权合约持有人实际行使权利的日子，一般与期权到期日相同。综上所述，若这份白糖期权合约的标的期货合约交割月份为 2018 年 9 月，则这份期权合约的到期月为 2018

年7月，到期日为2018年7月25日，行权日也为2018年7月25日。

期权合约行权价格，是期权合约持有人按合约规定可以买入或卖出标的资产的价格，一般是由交易所提前选定的。交易所在进行期权合约行权价的规定时，首先根据该合约标的资产最近的收盘价确定一个基准，然后以该基准为中心形成上下各若干级行权价。如表7.3所示，这份白糖期权的行权价格具体为：以白糖期货前一交易日结算价为基准，并将该基准作为实值期权的行权价，然后参考级距制定标准上下分别形成5个实值期权和5个虚值期权。

行权方式，即期权合约交易双方在行权日以行权价格为基础进行的盈亏清算，它因不同的期权类型而异。一般地，现货期权在行权时，交易双方直接以行权价格对标的资产进行实际交收，指数期权是以行权价格与行权日当天交易结束时的市价的差以现金进行清算，期货期权则是交接标的资产相应期货头寸以及行权价格与期货现价的差值。

关于期权合约还有许多其他多元的细节，如股票期权的除息除权、涨跌幅限制等。

3. 期权交易制度

期权交易制度是期权交易市场对期权交易的约束与规范，其基本交易制度有限额、涨跌停机制、熔断机制和竞价等。

（1）头寸限额和行使限额。期权的头寸指的是投资者买入或卖出期权的数量。一般地，买入期权头寸的投资者被称为多头，而卖出期权头寸的投资者被称为空头。

头寸限额是交易所为每种期权规定的每一方（多方和空方）投资者所能持有的该期权合约的最大数量，为了更好地实施这一制度，交易所一般将看涨期权的多头和看跌期权的空头合称为期权的多方，而将看涨期权的空头和看跌期权的多头称为期权的空方。行使限额类似头寸限额，它规定了任何投资个人（或投资群体）在5个连续交易日中可以行使期权合约的最大额度。虽然头寸限额与行使限额的设定是为了防止某些个人或群体操纵市场，但投资者对于这些额度的设定的必要性仍有争议。

（2）涨跌停与熔断机制。涨跌停机制是指当进行期权交易时，若投资者申报价格高于交易所指定的涨跌停价格时这一报价无效的制度。交易所应于每个交易日开盘之前公布期权合约当日的涨跌停价格。本书以上交所为例，给出期权合约的涨跌停价格计算方法如下（其中，期权的最大涨跌幅由期权标的资产上一个交易日的收盘价以及期权行权价计算得到，具体计算方法不再叙述）。

期权合约每日涨停价 = 该合约的前结算价（或上市首日参考价） + 最大涨跌幅。

期权合约每日跌停价 = 该合约的前结算价（或上市首日参考价） − 最大涨跌幅。

期权合约每日涨跌停价格可以根据市场行情由交易所设置，在最后交易日，合约价格不设跌幅限制。

熔断机制，也叫自动停盘机制，即在期权合约在达到涨跌停板之前设置一个熔断价格，使合约买卖报价在一段时间内只能在这一价格范围内交易的机制。上交所规定，连续竞价交易期间，合约盘中交易价格较最近参考价格上涨、下跌达到或者超过50%，且价格涨跌绝对值达到或者超过该合约的最小报价单位5倍的，该合约进入3分钟的集合竞价，集合竞价结束后，合约继续进行连续竞价交易。熔断标准也可以由交易所根据市场行情进行设置。

（3）做市商制度。大多数交易所都采用做市商制度来促进交易进行，一个期权的做市商是拥有一定财力和信誉，持续向投资者提供买卖价格的人。买入价是做市商准备买入期权的价格，卖出价是做市商准备卖出期权的价格。在报出买入价与卖出价时，做市商并不知道问询价格一方是要买入还是要卖出期权。卖出价一定会高出买入价，高出买入价的差额就是买卖差价（Bid－Offer Spread）。

做市商的存在可以确保买卖指令在没有延迟的情况下，在某一价格上立即执行交易。因此，做市商的存在增加了市场的流动性，他们本身可以从买入卖出差价中盈利。

（4）保证金制度。期权合约交易时的保证金制度从操作方式上来说，与前面提到过的期货相关操作大体一致，但是在谈及期权合约交易的保证金制度时需注意以下两点：一是对于期权合约的多头来说，在期权交易之后的第二个营业日交清期权费之后便只需考虑如何行使权利即可，无须受到保证金制度制约。二是对于期权合约的空头来说，为了约束其遵守合约规定，需要严格受到保证金制度的制约。

最低保证金的计算与期权交易的头寸有关，其具体计算准则由交易所给出。在每个交易日结束后都需要对期权空头方的最低保证金进行计算，当计算表明，所需最低保证金比投资者保证金账户中的数量高时，需要追加保证金；当计算表明，所需最低保证金比投资者保证金账户中的数量低时，可从保证金账户提取保证金。

算例 7-1

下表给出了中国上证50ETF期权合约中对初始保证金的要求。假设投资者卖出了4份认购期权，期权合约初始结算价格为5元，期权的执行价格为40元，上证50ETF的收盘价为38元，则该期权在初始时的虚值为2元。求其初始保证金。

开仓保证金最低标准	认购期权义务仓开仓保证金 = [合约前结算价 + Max{12% × 合约标的前收盘价 − 认购期权虚值,7% × 合约标的前收盘价}] × 合约单位 认沽期权义务仓开仓保证金 = Min{合约前结算价 + Max{12% × 合约标的前收盘价 − 认沽 期权虚值,7% × 行权价格},行权价格} × 合约单位

可以计算初始保证金如下：

$$[5 + \max(12\% \times 38 - 2, 7\% \times 38\%)] \times 40000 = 306400(\text{元})$$

4. 佣金及税收

期权交易中，投资者需要向经纪人发出期权交易指令从而达成自己所需的交易形式，这就需要向经纪人支付一定的佣金。对于单个投资者来说，不同经纪人需要支付的佣金不同。如果一个期权通过冲销（反向对冲，off setting trade）交易来平仓的话，必然再次花费佣金；如果一个期权直接执行，则佣金金额与他发出购买或卖出标的股票指令时所付的佣金金额相同。

一般地，期权交易产生的资本利得需要按一定的规则进行征税，在此不做详述。

5. 结算及监管

期权结算公司（option clearing corporation）的运作和功能类似于期货市场中的期货清算所，它保证了期权发行者将履行其在期权合约条款中的义务，并记录所有的多头和空头头寸状况。

期权市场被多个方面监管，交易所和期权结算公司都规范并管理着交易者的行为。在美国，美国证券交易委员会（SEC）在联邦政府的层面上负责监管以股票、股票指数、货币以及债券为标的资产的期权市场，商品期货交易委员会（CFTC）负责监管期货期权市场。在中国，期权市场才刚起步，完善的监管机制也在进一步深化，目前主要由中国证券监督管理委员会进行监管。

7.1.3　场内期权投资风险

对场内期权交易来说，流动性风险与信用风险都较小，而它的主要投资风险有以下几个方面：杠杆风险、市场风险、法律风险等。

1. 杠杆风险

期权的杠杆源于其较低的权利金以及其权利金和标的价格的分离。以股票期权为例，投资者向卖方支付期权费后，成为该期权持有者。因无须支付股票资产的全部价值，即通过支付期权费的方式获得了杠杆。例如，某投资者认为现价为 42 元的某股票未来一个月会涨，于是买入 1 份一个月后到期的该股票 43 元的认购期权（合约单位为 100），此时该期权合约的价格为 2 元，则投资者花费了 200 元权利金。一个月后，如果该股票涨到 46 元，投资者的收益率为 $[(46-43)\times 100-200]/200=50\%$，而直接持有该股票的收益率则为 $(46-42)/42=9.25\%$。通过买入认购期权，投资者将收益杠杆化放大了。然而，对于任何交易行为来说，带杠杆必然意味伴随着风险。当实际市场走向与初始预测不一致时，期权合约持有人将不得不放弃权利，并付出买入期权合约的金额以及一系列费用。

2. 市场风险

价格风险是市场风险的主要来源，是由标的资产价格变动从而引起衍生产品价格变动的风险，价格风险可能由单一品种的价格波动风险或系统性风险造成。在价格大幅波动风险方面，芝加哥商业交易所（CME）的小麦、铜等品种均出现过快速上涨或下跌的行情。在期货价格大幅波动的同时，期权价格同样出现了快速上涨或下跌的行情。系统性风险是期权、期货等各类衍生品共同面对的风险，美国期权市场同样经历过 2008 年金融危机。

期权的交易受资本市场、经理市场等市场环境的影响。以股票市场为例，在我国，股票市场起步较晚，二级市场上机构投资者所占的比例偏低，投机气氛明显浓于投资气氛，公司持有股份高低与公司盈利相关程度低，庄家操纵行为普遍。在这样的标的市场下，推行股票期权后，经营者为了获取高额期权收益，会制造种种题材，想方设法把股价推上高位，使股价与公司业绩的正常相关性遭到破坏，这样的信息不对称将会造成股票期权交易存在着很大风险。

3. 法律风险

由于期权在我国尚属初创阶段，因此在进行具体操作时，我国还缺乏相关法律法规条件，主要表现在两个方面：一是与现有部分法律的冲突，二是相关法律法规的空白。

7.2 期权定价理论

随着期权的日趋复杂，期权定价理论也在不断地发展壮大，本节主要介绍三种经典的期权定价方法——二叉树定价模型、B－S－M 定价模型、蒙特卡洛模拟法（以股票期权为例）。期权定价理论的重点在于确定期权的价值，而证券价值的确定必然离不开对其自身盈利的分析，因此本节开篇先介绍期权的盈利情况。

期权交易共有 4 种头寸形式：看涨期权多头、看跌期权多头、看涨期权空头和看跌期权空头。由于美式期权的盈利情况较为复杂，这里只介绍欧式期权的盈亏与最终股票价格的关系，如图 7.1 所示，同一期权合约的多头方与空头方的盈亏恰好相反。

令 K 为执行价格，S_T 为标的资产的最终价格，则欧式期权投资者的对应收益如表 7.4 所示。

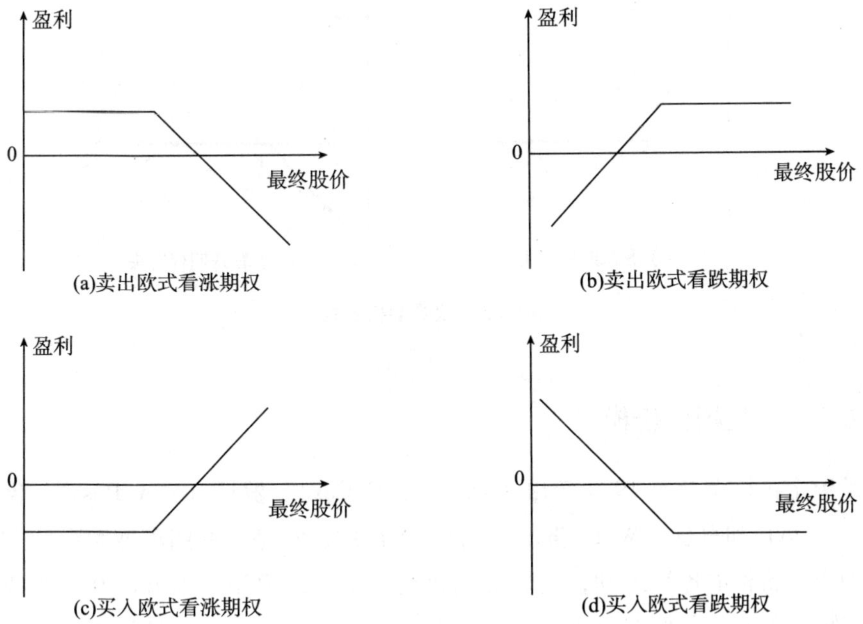

图 7.1　期权回报盈亏分布

表 7.4　欧式期权到期收益

头寸	到期回报公式	分析
看涨期权多头	$\max(S_T - K, 0)$	在 $S_T > K$ 时期权被行使，多头获得差价；在 $S_T \leqslant K$ 时期权将不会被行使，多头回报为 0
看涨期权空头	$\min(K - S_T, 0)$	在 $S_T > K$ 时期权被行使，空头损失差价；在 $S_T \leqslant K$ 时期权将不会被行使，空头回报为 0
看跌期权多头	$\max(K - S_T, 0)$	在 $S_T < K$ 时期权被行使，多头获得差价；在 $S_T \geqslant K$ 时期权将不会被行使，多头回报为 0
看跌期权空头	$\min(S_T - K, 0)$	在 $S_T < K$ 时期权被行使，空头损失差价；在 $S_T \geqslant K$ 时期权将不会被行使，空头回报为 0

图 7.2 展示了期权的收益图形，其中 K 是执行价格；S_T 是指到期时的资产价格。

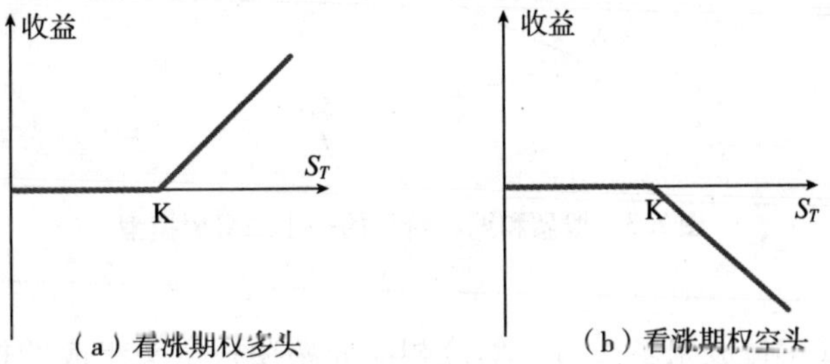

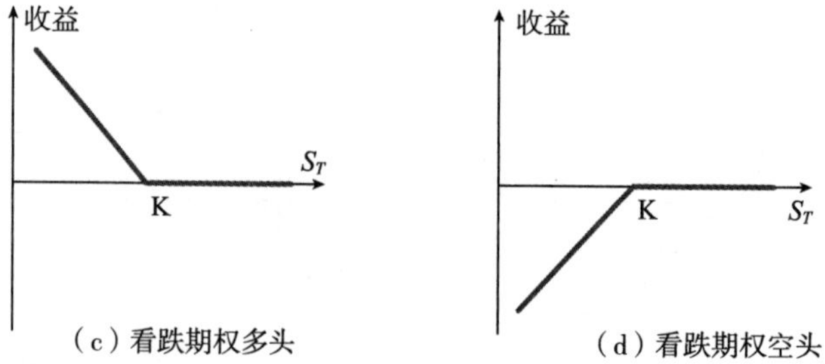

（c）看跌期权多头　　（d）看跌期权空头

图 7.2　欧式期权收益

7.2.1　二叉树定价模型

二叉树定价模型是于 1979 年由考克斯（J. C. Cox）、罗斯（S. A. Ross）、鲁宾斯坦（M. Rubinstein）和夏普（W. F. Sharpe）首次提出的，它是一种用离散图形的方法模拟期权标的资产价格的连续运动，进而对期权进行定价的模型。本节以欧式股票期权为例，假设该期权 p 标的股票不支付红利，并且定价环境为风险中性世界。这种方法假设了资产价格服从随机变动，在树形上的每一步，资产价格以某种概率向上移动一定比率，同时以某种概率向下移动一定比率。通过这种对资产价格波动的刻画，二叉树模型可以通过倒推的方式确定期权的价格。

1. 一步二叉树模型

所谓一步二叉树模型，就是假设期权标的资产价格运动在期权期限内只有一步，下面以股票期权为例对一步二叉树模型进行介绍。

假定股票的价格为 S_0，股票期权（或以股票为标的资产的任何衍生产品）当前的价格为 f。假定期权的期限为 T。如图 7.3 所示，在期权的期限内，股票价格由 S_0 上涨到 S_0u，或者会下跌到 S_0d，其中 $u>1$，$d<1$，当股票价格上涨时，增长的比率为 $u-1$，当股票价格下跌时，下跌的比率为 $1-d$。假设股票价格变到 S_0u 时相应的期权价格为 f_u，而股票价格变为 S_0d 时期权价格为 f_d。

图 7.3　股票和期权价格的一步二叉树模型

考虑一个由 Δ 单位股票多头与一单位相应股票期权空头组成的投资组合，该投资组合在上述一步二叉树时间节点上的价值分别为：

投资组合在0时刻的价值为：

$$S_0\Delta - f = (S_0 u\Delta - f_u)e^{-rT} \tag{7.1}$$

当股票价格上涨，投资组合在T时刻的价值为：

$$S_0 u\Delta - f_u \tag{7.2}$$

当股票价格下跌，投资组合在T时刻的价值为：

$$S_0 d\Delta - f_d \tag{7.3}$$

得到：

$$\Delta = \frac{f_u - f_d}{S_0 u - S_0 d} \tag{7.4}$$

投资组合在0时刻的价值应与T时刻投资组合的贴现值相同，即：

$$f = S_0\Delta(1 - ue^{-rT}) + f_u e^{-rT} \tag{7.5}$$

最终我们得到股票期权在0时刻的价格如下：

$$f = e^{-rT}[pf_u + (1 - p)f_d] \tag{7.6}$$

式（7.6）中p是股票价格上升的概率，相应地，$(1 - p)$是股票价格下降的概率：

$$p = \frac{e^{rT} - d}{u - d}$$

$$u = e^{\sigma\sqrt{T}}$$

$$d = e^{-\sigma\sqrt{T}} \tag{7.7}$$

式（7.7）中，p、d、q作为定价公式的参数，它们的推导过程概述如下（σ是股票价格的波动率）：

u和d作为股票价格的变化比率，p作为变化的概率，它们在某一个很短的时间Δt内必然满足如式（7.8）：

$$Se^{r\Delta t} = pSu + (1 - p)Sd \tag{7.8}$$

并且由布朗运动的相关理论（将在7.2.2简要描述）得知，当股票价格服从布朗运动时，在Δt内股票价格变化的方差为$S2\sigma2\Delta t$。因此可以得到：

$$S^2\sigma^2\Delta t = pS^2u^2 + (1 - p)S^2d^2 - S^2[pu + (1 - p)d]^2 \tag{7.9}$$

$$\sigma^2\Delta t = pu^2 + (1 - p)d^2 - [pu + (1 - p)d]^2 \tag{7.10}$$

根据考克斯、罗斯和鲁宾斯坦对于u于d的限定条件：

$$u = \frac{1}{d} \tag{7.11}$$

结合式（7.8）和式（7.10）可以推导出p、u、d满足式（7.7）。

2. 两步二叉树模型

在一步二叉树模型的基础上，现在假设期权的标的资产价格运动在期权期限内有两步，下面仍然以股票期权为例进行介绍。

如图 7.4 所示，在期权的期限内，第一步股票价格由 S_0 会上涨到 S_0u，或者会下跌到 S_0d，此时相应的期权价格分别为 f_u、f_d。第二步股票价格可能会由 S_0u 上涨到 S_0uu，或者会下跌到 S_0ud，此时相应的期权价格分别为 f_{uu}、f_{ud}；同样是第二步，股票价格可能会由 S_0d 上涨到 S_0ud，或者会下跌到 S_0dd，此时相应的期权价格分别为 f_{uu}、f_{dd}。

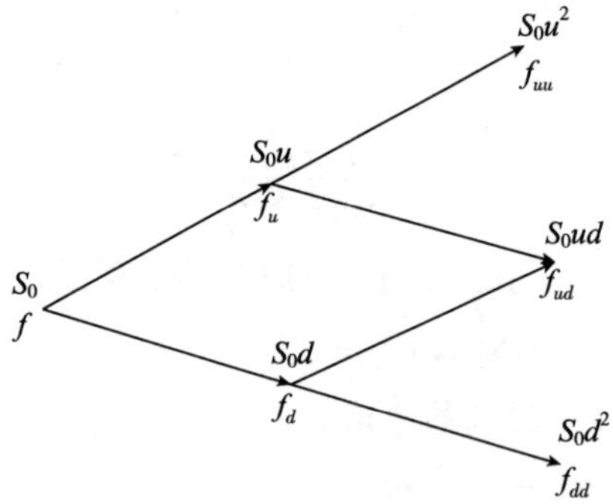

图 7.4　股票和期权价格的两步二叉树图示

根据上述一步二叉树模型得到的结论式（7.2），图 7.5（a）所示的一步二叉树模型最终可以得到：

$$f = e^{-r\Delta t}[pf_u + (1-p)f_d] \tag{7.12}$$

图 7.5（b）所示的一步二叉树模型最终可以得到：

$$f_u = e^{-r\Delta t}[pf_{uu} + (1-p)f_{ud}] \tag{7.13}$$

图 7.5（c）所示的一步二叉树模型最终可以得到：

$$f_d = e^{-r\Delta t}[pf_{ud} + (1-p)f_{dd}] \tag{7.14}$$

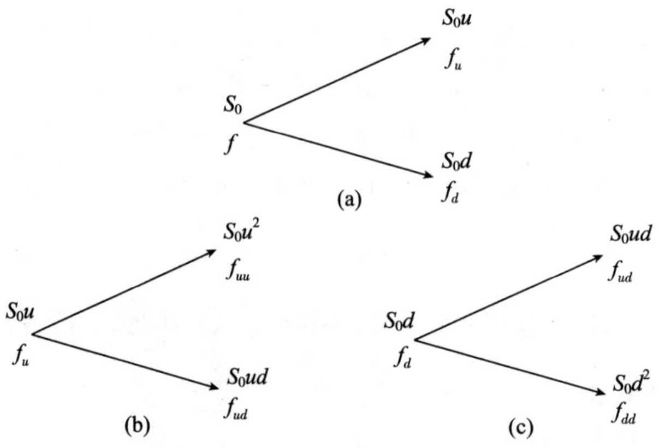

图 7.5　股票和期权价格的两步二叉树分解图示

将式（7.13）和式（7.14）中的f_u和f_d代入式（7.12），得到两步二叉树模型下股票期权的价格为：

$$f = e^{(-2r\Delta t)}[p^2 f_{uu} + 2p(1-p)f_{ud} + (1-p)^2 f_{dd}] \quad (7.15)$$

p表示股票价格上升的概率，变量p^2、$2p(1-p)f_ud$和$(1-p)^2$分别对应于股票价格取上、中、下三个节点上值的概率。期权价格等于其在风险中性世界里的收益期望值以无风险利率进行贴现后所得的现值。

算例7-2

欧式看跌期权：标的资产当前价格$S_0 = 50$，每年上涨或下跌的幅度为20%，看跌期权执行价格$K = 52$，两年后到期，年无风险利率为$r = 5\%$。求该期权在0时刻的价值。

画出二叉树如下图7.6所示，代入公式得：

$$p = \frac{e^{-rT} - d}{u - d} = \frac{e^{0.05} - 0.8}{1.2 - 0.8} = 0.6268$$

$$P_B = e^{-0.05\times1}[0 + (1 - 0.6268) \times 4] = 1.4147$$

$$P_C = e^{-0.05\times1}[0.6268 \times 4 + (1 - 0.6268) \times 20] = 9.4636$$

$$P_A = e^{-0.05\times1}[0.6268 \times 1.4147 + (1 - 0.6268) \times 9.4636] = 4.1923$$

因此，通过多步二叉树模型可以得到该期权在0时刻的价值为4.1923。

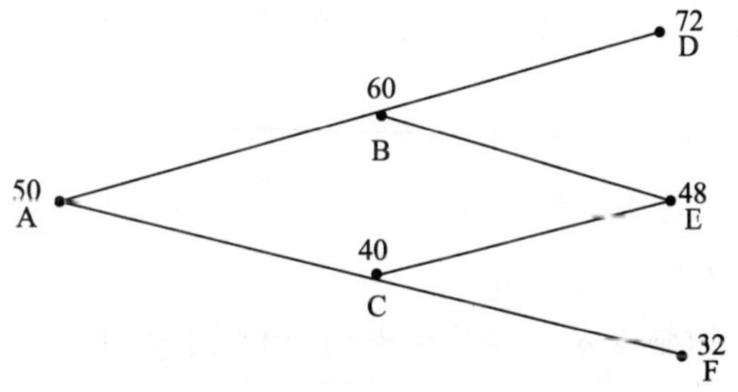

图7.6　算例7-2二叉树图示

7.2.2　B-S-M定价模型

B-S-M定价模型（Black-Scholes-Merton option pricing model），是20世纪70年代初由费希尔·布莱克（Fisher Black）、迈伦·科尔斯（Myron Scholes）和罗伯特·默顿（Robert Merton）首次提出的，该模型在对欧式股票期权定价上取得了重大突破。他们发展了被称为“布莱克—斯科尔斯”（B-S）或“布莱克—斯科尔斯—默顿”（B-S-M）的模型，一般称B-S-M定价模型。

B-S-M模型基于6个重要的假设：

假设 1 金融资产收益率服从对数正态分布。

假设 2 在期权有效期内，无风险利率和金融资产收益变量恒定，投资者可以以无风险利率借贷。

假设 3 市场无摩擦，即不存在税收和交易成本，所有证券完全可分割。

假设 4 该期权是欧式期权，即在期权到期前不可行权。

假设 5 市场不存在无风险套利机会。

假设 6 交易是连续的。

1. 几何布朗运动

几何布朗运动（geometry brownian motion），也称指数布朗运动，用来刻画连续时间下的随机过程，其对数遵循布朗运动。普通布朗运动的定义如下：

$$dx_t = adt + bdz_t \tag{7.16}$$

式（7.16）中，x_t 是随机变量 x 在时间 t 时刻的值，a 是随机变量的漂移速度，z_t 是随机项，表示对 x_t 的时间趋势过程所添加的噪声，使得 x_t 围绕着确定的趋势上下随机波动，而 b 是这种噪声给予 x_t 的影响程度。

当 $a = 0, b = 1$ 时，普通布朗运动被转换为标准布朗运动 dz_t，这一过程被称为维纳过程，其中 ε_t 是正态分布，其具体形式如下：

$$dz_t = \varepsilon_t \sqrt{dt} \tag{7.17}$$

股票期权价格主要受其标的资产－股票价格影响，而 B－S－M 模型用一个几何布朗运动来刻画股票价格的运动过程，该几何布朗运动具体如下：

$$\frac{dS_t}{S_t} = \mu dt + \sigma dz_t \tag{7.18}$$

其中，S_t 是 t 时刻股票的价格，μ 是漂移率，σ 是波动率，dz_t 是股票价格变化的随机因素。

通过给上式两边同时乘以 S_t，便可以得到如下的普通布朗运动：

$$dS_t = \mu S_t dt + \sigma S_t dz_t \tag{7.19}$$

2. 伊藤过程和伊藤引理

当上述的普通布朗运动的漂移项 a 与随机系数 b 变成时间 t 的函数时，该布朗运动就变成了一个伊藤过程（Itôprocess）。在这里，我们记为：

$$a_t = a(X_t, t), b_t = b(X_t, t) \tag{7.20}$$

于是上述描述股票价格的普通布朗运动变成了如下的伊藤过程：

由于股票期权的价格 f 是关于股票价格 S_t 与时间 t 的函数，因此根据伊藤引理（Itôlemma），在 $f(S_t, t)$ 的 $\frac{\partial f}{\partial x}$、$\frac{\partial^2 f}{\partial x^2}$ 和 $\frac{\partial f}{\partial t}$ 都存在时，股票期权的价格 f 满足如下关系：

$$df_t = (\frac{\partial f}{\partial S}\mu S_t + \frac{\partial f}{\partial t} + \frac{1}{2}\frac{\partial^2 f}{\partial S^2}\sigma^2 S_t^2)dt + \frac{\partial f}{\partial S}\sigma S_t dz_t \tag{7.21}$$

3. B－S－M 微分方程

为了方便计算，将上述式（7.11）和式（7.12）进行离散近似处理，结果如下：

$$\Delta S_t = \mu S_t \Delta t + \sigma S_t \Delta z_t$$

$$\Delta f_t = (\frac{\partial f}{\partial S}\mu S_t + \frac{\partial f}{\partial t} + \frac{1}{2}\frac{\partial^2 f}{\partial S^2}\sigma^2 S_t^2)\Delta t + \frac{\partial f}{\partial S}\sigma S_t dz_t \tag{7.22}$$

依据前文推导不难看出，式（7.22）中两式的 Δz_t 是相同的。于是考虑一个投资组合：做空一单位股票期权并做多 $\frac{\partial f}{\partial S}$ 单位相应股票，该组合很好地消除了随机因素 Δz_t 。

对这个投资组合来说，它在 t 时刻的价值为：

$$\Pi_t = -f_t + \frac{\partial f}{\partial S}S_t \tag{7.23}$$

它在 $t+\Delta t$ 时刻的价值增量为：

$$\Delta\Pi_t = -\Delta f_t + \frac{\partial f}{\partial S}\Delta S_t \tag{7.24}$$

将式（7.22）中的 $\Delta S_t \Delta f_t$ 带入式（7.24），可以得到：

$$\Delta\Pi_t = (-\frac{\partial f}{\partial t} - \frac{1}{2}\frac{\partial^2 f}{\partial S_t^2}\sigma^2 S_t^2)\Delta t \tag{7.25}$$

基于风险中性的定价原理，需满足：

$$\Delta\Pi_t = r\Pi_t\Delta t \tag{7.26}$$

即：

$$(-\frac{\partial f}{\partial t} - \frac{1}{2}\frac{\partial^2 f}{\partial S_t^2}\sigma^2 S_t^2)\Delta t = r(-f_t + \frac{\partial f}{\partial S}S_t) \tag{7.27}$$

于是，最终经过化简整理我们可以得到 B－S－M 公式如下：

$$rf_t = \frac{\partial f}{\partial t} + rS_t\frac{\partial f}{\partial S} + \frac{1}{2}\frac{\partial^2 f}{\partial S_t^2}\sigma^2 S_t^2 \tag{7.28}$$

4. B－S－M 期权定价公式

求解 B－S－M 微分方程时应该寻找一个连续函数 $f(t,x)$，使其不仅满足式（7.14），还应满足期权定价的终值条件及边界条件。

期权定价的终值条件指的是期权的最终价值应该等于买卖期权的收益：

$$f(T,x) = (x-K)^+ \tag{7.29}$$

式（7.29）中，x 为股价 $S(t)$ 在 T 时的价值。

期权定价的边界条件指的是在 $t=0$ 及 $t=T$ 这两个时间边界点上，根据 B－S－M

微分方 $f(t,x)$ 应该满足的条件：

$$f(t,0) = rc(t,0) \tag{7.30}$$

在 $x = 0$ 和 $x \to \infty$的边界处，可以得到边界条件分别为：

$$c(t, 0) = 0$$

$$\lim_{\infty}[c(t,x) - (x - e^{-r(T-t)}K)] = 0 \tag{7.31}$$

于是，可以解得无红利欧式看涨期权定价公式为：

$$c_t = S_t N(d_1) - Xe^{-r(T-t)}N(d_2) \tag{7.32}$$

根据看跌—看涨平价关系：

$$c_t + Xe^{-r(T-t)} = p_t + S_t \tag{7.33}$$

则可以得到无红利资产的欧式看跌期权定价公式为：

$$p_t = Xe^{-r(T-t)}N(-d_2) - S_t N(-d_1) \tag{7.34}$$

由于无红利美式看涨期权在 $t \in [0,T]$ 时最优的执行时间为 T，故其定价公式与无红利欧式看涨期权相同，见式（7.32）。

其中：

$$d_1 = \frac{\ln(\frac{S_t}{X}) + (r + \frac{\sigma^2}{2})(T - t)}{\sigma\sqrt{T - t}}$$

$$d_2 = \frac{\ln(\frac{S_t}{X}) + (r - \frac{\sigma^2}{2})(T - t)}{\sigma\sqrt{T - t}} = d_1 - \sigma\sqrt{T - t} \tag{7.35}$$

由于提前执行美式期权并不能使收益最大化，但仍存在提前执行的可能性。因此无收益资产的美式看跌期权定价难以得到一个精确的定价公式，只能通过复杂的数值方法来求出。

算例 7-3

考虑一个 6 个月期限的无红利欧式期权，股票当前价格为 42 元，执行价格为 40 元，年无风险利率为 10%，股票波动率为 20%。分别求当该期权为看涨或看跌时的价格。

也就是说，$S_0 = 42, K = 40, r = 0.1, \sigma = 0.2, T = 0.5$。则：

$$d_1 = \frac{\ln(42/40) + [0.1 + (0.2^2)/2] \times 0.5}{0.2 \times \sqrt{0.5}} = 0.7693$$

$$d_2 = \frac{\ln(42/40) + (0.1 - 0.2^2/2) \times 0.5}{0.2 \times \sqrt{0.5}} = 0.6278$$

$$Ke^{-rT} = 40e^{-0.1\times0.5} = 38.049$$

如果该欧式期权看涨，则其价格 c 为：

$$c = 42N(0.7693) - 38.049N(0.6278)$$

如果该欧式期权看跌，则其价格 p 为：

$$p = 38.049N(-0.6278) - 42N(-0.7693)$$

根据多项式近似或 Excel 的 NORMSDIST 函数可以得到：

$$N(0.7693) = 0.7791N(0.6278N) = 0.7349$$

$$N(-0.7693) = 0.2209N(-0.6278) = 0.2651$$

由此可以得到：$c=4.76$，$p=0.81$。

7.2.3 蒙特卡洛模拟法

蒙特卡洛模拟（Monte Carlo simulation），是通过构造标的资产价格的随机运动路径并以此求得期望值的数值计算方法。

在计算期权价格时，由于风险中性定价可以极大程度地简化数学问题，所以本节介绍的蒙特卡洛模拟基于风险世界之中（其基本原理也可以适用于现实世界）。以欧式期权为例，假定该欧式期权只有标的资产价格 S_t 和时间 t 两个相关变量，利率为常数，可通过以下过程来对衍生产品定价：

在风险中性世界里，在时间 $0 \to t$ 中，对 S 的随机路径进行抽样。

（1）计算期权产品的收益。

（2）重复第一步和第二步，从而取得许多在风险中性世界里该期权产品收益的样本。

（3）计算收益的平均值，得到风险中性下收益期望的估计值。

（4）以无风险利率对收益期望值进行贴现，得到期权产品价格。

首先是对 S 的随机路径进行分析，一般地，我们认为在风险中性下，资产的价格 S 变化满足以下公式：

$$dS = \hat{\mu}Sdt + \sigma Sdz \tag{7.36}$$

式（7.36）中，dz 是标准布朗运动，$\hat{\mu}$ 为期权标的资产在风险中性世界里的收益率期望，σ 为波动率。为了模拟期权标的资产 S 的路径，我们可以将期权的期限分割成 N 个长度为 Δt 的小区间，并将上式近似为：

$$S(t+\Delta t) - S(t) = \hat{\mu}S(t)\Delta t + \sigma S(t)\varepsilon\sqrt{\Delta t} \tag{7.37}$$

其中，$S(t)$ 为 S 在 t 时刻的值，ε 期望值为 0、标准差为 1 的正态分布中的抽样。在实际中，对 $\ln S$ 进行抽样通常比对 S 进行抽样要更为准确。由伊藤引理得出，$\ln S$ 服从的过程为：

$$dlnS = (\hat{\mu} - \frac{\sigma^2}{2})Sdt + \sigma Sdz \tag{7.38}$$

因此：

$$lnS(t+\Delta t) - lnS(t) = (\hat{\mu} - \frac{\sigma^2}{2})S\Delta t + \sigma\varepsilon\sqrt{\Delta t} \tag{7.39}$$

其等价形式为：

$$S(t+\Delta t) = S(t)exp[(\hat{\mu} - \frac{\sigma^2}{2})S\Delta t + \sigma\varepsilon\sqrt{\Delta t}] \tag{7.40}$$

通过重复利用式（7.40）进行迭代，就可得到标的资产价格的蒙特卡洛模拟中的一条样本路径，计算样本收益以获得收益的平均值，并贴现得到期权产品价格。

当为欧式期权定价时，期权收益之与期权到期日的标的资产的价格相关，与取得的样本路径无关，因此无须模拟随机路径和对式（7.40）进行迭代，而直接令 $T = t + \Delta t$ 。则式（7.40）可简化为：

$$S(T) = S(t)\exp[(\hat{\mu} - \frac{\sigma^2}{2})S\Delta t + \sigma\varepsilon\sqrt{\Delta t}] \tag{7.41}$$

蒙特卡洛模拟的计算精度取决于模拟次数。在得到期权贴现收益期望（ $\hat{\mu}$ ）时也可计算其标准差（ ω ），则期权估计值的标准误差为：

$$\frac{\omega}{\sqrt{M}} \tag{7.42}$$

式（7.42）中 M 为模拟次数。在95%的置信度下，期权产品价格的置信区间为：

$$\mu - \frac{1.96\omega}{\sqrt{M}} < f < \mu + \frac{1.96\omega}{\sqrt{M}}$$

蒙特卡罗法的主要优点在于这一方法既可用于当收益只依赖于标的变量 S 终端值的情形，也可用于当收益依赖于标的变量 S 路径的情形。衍生品的收益可能发生在期限内的若干时间点上，而不是只在期末的末尾，对任何关于 S 的随机过程均可以采用这一方法。蒙特卡罗法的缺点在于该方法的计算速度较为缓慢，并且当期权可以被提前行使时，计算较为困难。另外为到达一定的精确度，需要大量模拟运算。

算例 7-4

以欧式看涨期权为例，用蒙特卡洛模拟法来检验布莱克—斯科尔斯公式的正确性。

该欧式看涨期权的各参数如图 7.7 所示，根据 B－S－M 模型计算所得的期权价格为 4.817（具体计算过程已在上一小节进行过说明，此处不再提及）。

接下来利用 Excel 进行简单的蒙特卡洛模拟来计算该期权的价格：

（1）在风险中性世界里，在时间 0→ t 中，对 S 的随机路径进行抽样：Excel 的 NORMUNV（RAND（））可以给出一个服从标准正态分布的抽样。于是令 A1 = $C $2 * EXP（（$E $2 - $F $2 * $F $2/2）* $G $2 + $F $2 * NORMUNV（RAND（））* SQRT（$G $2）），并在接下的 999 行进行同样的操作（采用 Excel 中的“select and drag”指令），这样就得到了该期权标的股票 T 时刻 S 的随机路径。

（2）计算期权产品的收益：利用前述执事计算得到期权的收益显示千 B 列（已经用连续复利法进行了贴现）。

（3）计算收益的平均值，得到在风险中性世界里收益期望的估计值，e 为期权产品的价格估值，等于4.98，与 B－S－M 模型计算的结果差距不大。B1003 单元格的期权价格标准差可用于检测计算估计的准确性。

	A	B	C	D	E	F	G
1	45.95	0	S_0	K	R	σ	T
2	54.49	4.38	50	50	0.05	0.3	0.5
3	50.09	0.09		d_1	d_2	B－S 价格	
4	47.46	0		0.2239	0.0118	4.817	
5	44.93	0					
…	…	…					
1000	68.27	17.82					
1001							
1002	平均数：	4.98					
1003	标准差：	7.68					

图 7.7　算例 7－4 蒙特卡洛模拟法检验 B－S－M 公式

7.2.4　期权价格敏感性

1. Delta

期权的 Delta（Δ）值用于描述期权价格变动与其标的资产价格变动的比率，它是描述期权价格与标的资产价格之间关系曲线的切线斜率。图 7.8 展示了期权价格随标的资产价格变化的关系，当股票价格对应于点 A 时，期权价格对应于 B，而 Delta 值为图中所示直线的斜率。

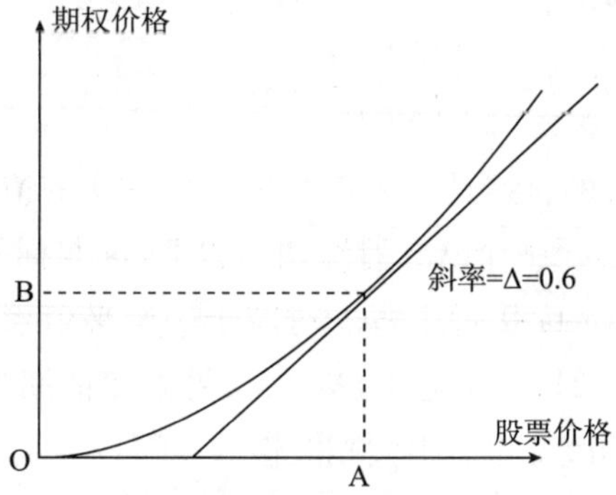

图 7.8　Delta 的计算

一般来讲：

$$\Delta_t = \frac{\partial f}{\partial S} \tag{7.43}$$

式（7.43）中 f 是看涨期权的价格，S 是股票的价格。

根据上述的 B－S－M 定价公式，我们可以得出，无收益资产的欧式看涨期权的 Delta 为：

$$\Delta = N(d_1) \tag{7.44}$$

式（7.44）中，d_1 由式（7.35）给出，$N(x)$ 是标准正态分布的累积分布函数。以上公式为一个欧式看涨期权多头的 Delta，欧式看涨期权空头的 Delta 为 $-N(d_1)$。

同样的无收益资产欧式看跌期权的 Delta 为：

$$\Delta_t = N(d_1) - 1 \tag{7.45}$$

事实上，不仅期权价格有 Delta 值，其他金融资产也具有相应的 Delta 值。比如，金融现货资产的 Delta 值为 1。对于一个投资组合（要求该投资组合里的衍生产品标的资产一致）来说，它也必然拥有自己的 Delta 值，这个值就等于投资组合中的每个金融产品的 Delta 值与其数量乘积的和。

2. Theta

期权的 Theta（θ）值定义为在其他条件不变时，期权价格变化与时间变化的比率。期权价格的 Theta 值计算方式如下，可以看出它是期权价格 f 对时间 t 的偏导数：

$$\theta_t = \frac{\partial f}{\partial t} \tag{7.46}$$

根据 B－S－M 定价公式，我们可以得到，无收益资产欧式看涨期权的 Theta 值为：

$$\theta = -\frac{S_0 N'(d_1)\sigma}{2\sqrt{T}} - rKe^{-rT}N(d_2) \tag{7.47}$$

式（7.47）中，d_1 与 d_2 由式（7.35）给出，$N'(X)$ 为标准正态分布的密度函数。

同样地，一个无收益资产欧式看跌期权的 Theta 值为：

$$\theta = -\frac{S_0 N'(d_1)\sigma}{2\sqrt{T}} + rKe^{-rT}N(-d_2) \tag{7.48}$$

期权的 Theta 一般是负的，这是因为在其他条件不变的情况下，随着期限的减小，期权价值会降低，图 7.9 显示一个欧式看涨期权的 Theta 与标的资产价格之间关系的曲线。当股票价格很低时，Theta 接近于零。对应于一个平值看涨期权，Theta 的绝对值很大。当股票价格很高时，Theta 接近于 rKe^{-rT}。另外实值期权、平值期权、虚值看涨期权的 Theta 与期权期限的改变也有很大相关性。

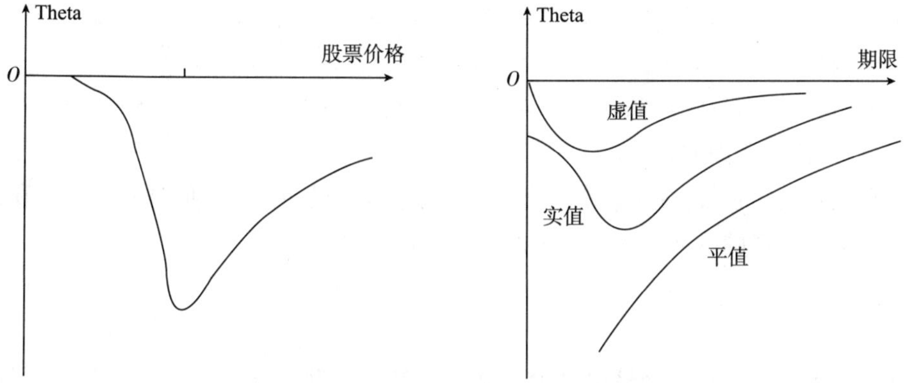

图 7.9　欧式看涨期权 Theta 与其影响因素关系

3. Gamma

期权价格的 Gamma（Γ）是指交易组合 Delta 的变化与标的资产价格变化的比率。具体计算公式如下，它是交易组合关于标的资产价格的二阶偏导数，反映了期权的 Delta 值对标的资产价格变化的敏感程度。

$$\Gamma_t = \frac{\partial^2 \Pi}{\partial S^2} \tag{7.49}$$

一个期权的看跌与看涨的 Gamma 值往往是相同的，根据 B－S－M 公式，我们可以得到如下的无收益欧式期权的 Gamma 值：

$$\Gamma_t = \frac{e^{-0.5d_1^2}}{S_t\sigma\sqrt{2\pi(T-t)}} \tag{7.50}$$

一般地，只有期权有 Gamma 值，其他的产品，如标的资产和期货合约的 Gamma 值均为 0。因此，对于一个投资组合（要求该投资组合里的衍生产品标的资产一致）来说它的 Gamma 值等于投资组合中的期权产品的 Gamma 值与其数量乘积之和。

4. Vega

期权的 Vega（v）是指期权价值变化与标的资产波动率变化的比率：

$$\nu_t = \frac{\partial \Pi}{\partial \sigma} \tag{7.51}$$

如果两个交易组合 Vega 绝对值很大，此交易组合的价值对波动率的细微变化非常敏感，当一个交易组合 Vega 接近零时，资产波动率的变化对交易组合价值的影响也很小。

无收益资产上欧式看涨期权或看跌期权的 Vega 由以下公式给出：

$$\nu_t = S_0\sqrt{T}N'(d_1) \tag{7.52}$$

由布莱克—斯科尔斯—默顿模型及推广形式来计算 Vega 看起来有些奇怪，因为这个模型的一个基本假设就是波动率为常数。从理论上来讲，由一个假设波动率为随机变量的模型来计算 Vega 更为合理。但是结果表明，由随机波动率模型得出的 Vega 与 B－S－M 模型得出的 Vega 很接近，因此，在实际应用中使用将波动率假设成常数而得出的 Vega 是比较合理的。

投资组合的 Vega 值等于投资组合中的每个金融产品的 Vega 值与其数量乘积的和，一般地，标的资产的远期和期货合约的 Vega 值等于 0。

5. Rho

期权的 Rho（ρ）为交易组合价值变化与利率变化的比率，这一变量用于衡量当其他变量保持不变时，交易组合价值对于利率变化的敏感性。

$$\rho_t = \frac{\partial \Pi}{\partial r} \tag{7.53}$$

根据 B－S－M 公式，一个无资产收益欧式看涨期权的 Rho 由以下公式给出：

$$\rho = KTe^{-rT}N(d_2) \tag{7.54}$$

一个无收益资产欧式看跌期权的 Rho 为：

$$\rho = -KTe^{-rT}N(d_2) \tag{7.55}$$

6. 期权价格敏感性之间的关系

根据 B－S－M 微分方程可以得出，Delta、Theta、Gamma 有如下的数量关系：

$$\theta_t + rS_t\Delta_t + \frac{1}{2}\sigma^2 S_t^2\Gamma_t = rf_t \tag{7.56}$$

作为对冲参数，Theta 与 Delta 属于不同类型。这是因为未来股票的价格有很大的不定性，但时间走向却没有不定性。通过对冲来消除交易组合关于标的资产价格变化的风险很有意义，但对冲交易组合对于时间的变化就毫无意义。即使如此，许多交易员仍把 Theta 看作一个重要的敏感性指标。

当 Gamma 很小时，Delta 变化缓慢，这时为保证 Delta 中性并不需要做太频繁的调整，但是当 Gamma 的值很大（正值或负值）时，Delta 对标的资产价格的变动本就很敏感，此时在一段时间内不对两个 Delta 中性的投资组合做调整都将会是非常危险的。

Gamma 中性保证了在两个对冲平衡交易时间之间，交易组合价格不会因为标的资产较大幅度的变动而产生很大变动，而 Vega 中性则保证当 σ 变动时，交易组合的价值会得到保护。就像所期望的那样，采用正在交易的期权来做 Vega 对冲与 Gamma 对冲是否是最好的选择，将取决于对冲的再平衡时间间隔以及波动的波动率。

7.3 期权交易策略

本节将着重介绍期权与其他资产相结合时产生的各种策略。为简化说明，表示交易策略收益的图表中将不考虑现金的时间成本。收益等于最终损益减去初始成本（理论上，应该以最终损益的现值减去初始成本）。本节介绍的交易策略中利用的期权为欧式期权，因为在相同的情况下如采用美式期权，结果会因其提前可执行性而产生偏差。

7.3.1　标的资产与期权组合策略

为了方便起见，本节考虑的期权标的资产都是股票（对其他标的产品，同样可以建立类似的交易策略）。按通常的做法来计算盈利，即最后的收益减去最初的费用，并且忽略贴现效应。

图7.10给出单个股票期权和股票的4种组合的收益，其中虚线代表组合中单个证券的盈利与股票价格之间的关系，而实线则代表整个组合的盈利和股票价格之间的关系。（a）是沽出有保护的看涨期权：一个看涨期权的短头寸和一个股票长头寸（以保护期权短头寸的损失）。（b）是与沽出有保护的看涨期权相反的策略：一个看涨期权的长头寸和一个股票短头寸。（c）是买入有保护的看跌期权：一个看跌期权的多头和一个股票长头寸。（d）是与买入有保护的看跌期权相反的策略：一个看跌期权空头和一个股票短头寸。

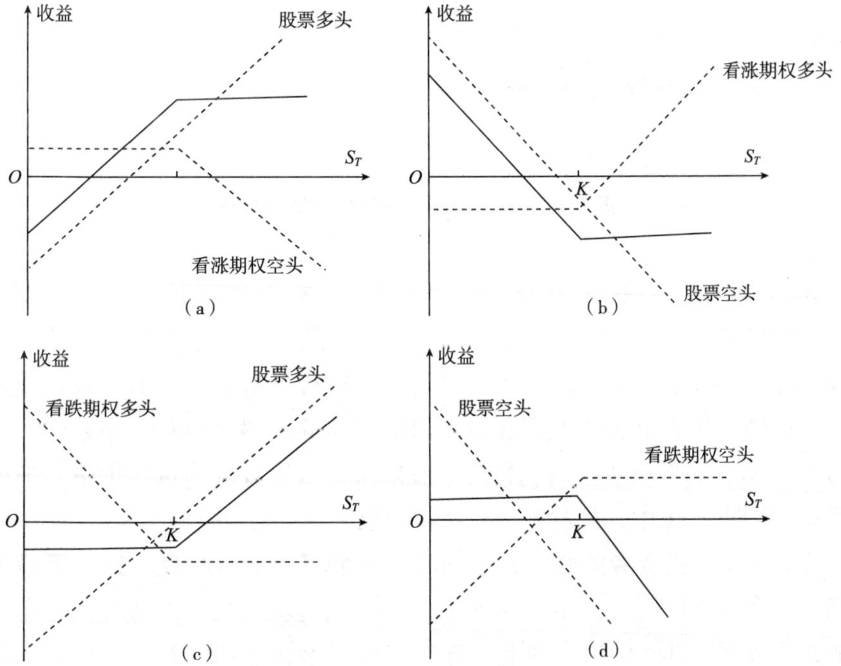

图7.10　期权交易策略的盈利

7.3.2　价差组合策略

价差（spreads）组合策略是指持有相同期限但协定价格不同的两个或多个同种期

权头寸，主要类型有牛市价差组合、熊市价差组合、蝶式价差组合、日历价差等。

1. 牛市价差

价差中最流行的一种是牛市价差（bull spread），这种价差可以通过买入一个具有某一确定执行价格的欧式股票看涨期权，并卖出一个收益在同一股票上具有较高执行价格的欧式股票看涨期权组合而成，两个期权的期限相同，该策略如图 7.11 所示。两个期权头寸的盈利由虚线表示，整个交易策略的盈利为两个虚线表示的盈利之和，在图中用实线表示。由于随着执行价格的上升，看涨期权的价格会下降，所以执行价格较高期权的价值总是小于执行价格较低的期权的价值。

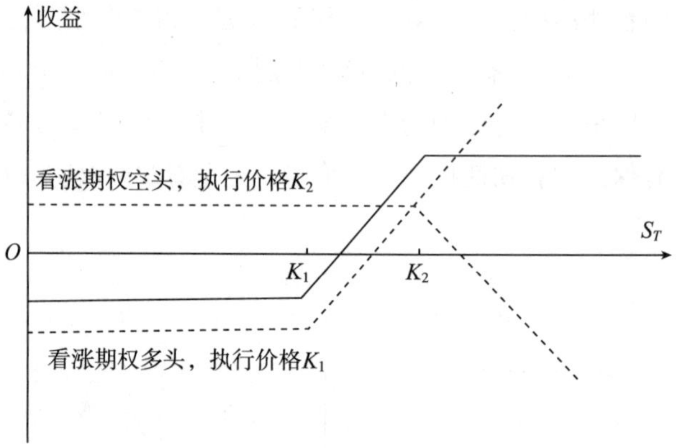

图 7.11　看涨期权构造的牛市价差盈利

假定 K_1 为买入看涨期权的执行价格，K_2 为卖出看涨期权的执行价格，S_T 为股票在期权到期日的价格。表 7.5 显示了牛市价差在不同情况下会实现的总收益。如果股票价格表现很好，即价格上涨并高于组合中较高的执行价格时，牛市价差收益为两个执行价格的差，即 $K_2 - K_1$；如果股票在到期日的价格介于两个执行价格之间，牛市价差的收益为 $S_T - K_1$；如果在期权到期日时，股票价格低于较低的执行价格，牛市价差的收益将为 0。在图 7.11 中，盈利等于最终收益减去最初的投资。

牛市价差限制了投资者的收益，但同时也控制了损失的幅度。这一策略可表达为投资者拥有一个执行价格为 K_1 的看涨期权，同时通过卖出执行价格为 $K_2(K_2 > K_1)$ 的期权而放弃了股票上升时的潜在盈利。作为对放弃潜在盈利的补偿，投资者获得了执行价格为 K_2 的期权费用。一般的市场上有 3 种不同类型的牛市价差如下：

（1）最初的两个看涨期权均为虚值期权。

（2）最初的一个看涨期权为实值期权，另一个看涨期权为虚值期权。

（3）最初的两个看涨期权均为实值期权。

第一种牛市价差最为激进，这一策略的成本很低，收到高收益（$K_2 - K_1$）的概率也很小。当我们从类型一换到类型二，从类型二换到类型三时，牛市价差逐渐趋于保守。

表 7.5　　由看涨期权构造的牛市价差的收益

股票价格范围	看涨期权多头方的收益	看涨期权空头方的收益	整体收益
$S_T \leqslant K_1$	0	0	0
$K_1 < S_T < K_2$	$S_T - K_1$	0	$S_T - K_1$
$S_T \geqslant K_2$	$S_T - K_1$	$K_2 - S_T$	$K_2 - K_1$

2. 熊市价差

持有牛市价差的投资者希望股票价格上升，与此相反，持有熊市价差（bear spread）的投资者则希望股票价格下降。熊市价差可以由买入具有某一执行价格的欧式看跌期权，并同时卖出具有另一执行价格的欧式看跌期权来构造。买入期权的执行价格大于卖出期权的执行价格（这与牛市价差刚好相反，牛市价差中的买入期权的执行价格总是小于卖出期权的执行价格）。在图 7.12 中，价差的盈利由实线表示。由看跌期权构造的熊市价差在最初本有现金流的支出，这是因为卖出期权的价格小于买入期权的价格。事实上，买入具有某一执行价格看跌期权的投资者在决定卖出一个具有较低执行价格看跌期权后放弃了一部分可能的盈利。对于放弃可能盈利的报偿是投资者收取卖出期权的价格。

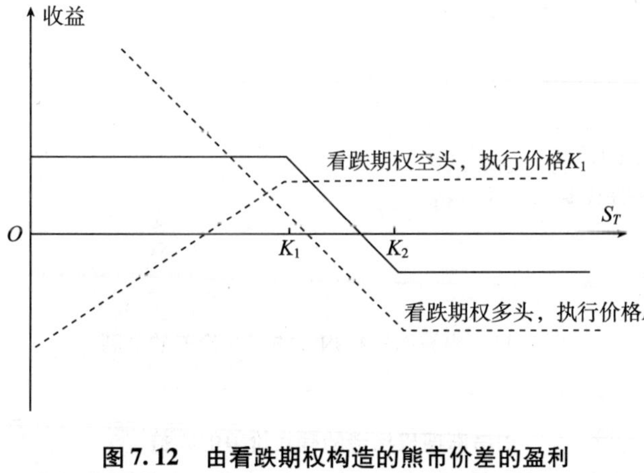

图 7.12　由看跌期权构造的熊市价差的盈利

假定期权的执行价格为 K_1 和 K_2，其中 $K_1 < K_2$。表 7.6 显示了在不同情况下，熊市价差的收益。当股票价格大于 K_2 时，收益为 0；如果股票价格低于 K_1 时，收益为 $K_2 - K_1$；当股票价格介于 K_1 与 K_2 之间时，收益为 $K_2 - S_T$。交易策略的盈利等于收益减去初始费用。

表 7.6　　由看跌期权构造的熊市价差的收益

股票价格范围	看涨期权多头方的收益	看涨期权空头方的收益	整体收益
$S_T \leqslant K_1$	$K_2 - S_T$	$S_T - K_1$	$K_2 - K_1$
$K_1 < S_T < K_2$	$K_2 - S_T$	0	$K_2 - S_T$
$S_T \geqslant K_2$	0	0	0

3. 蝶式价差

蝶式价差（butterfly spread）策略是由 3 种具有不同执行价格的期权组成的。其构造方式为买入一个具有较低执行价格 K_1 的欧式看涨期权，买入一个具有较高执行价格 K_3 的欧式看涨期权，并卖出两个具有执行价格为 K_2 的看涨期权，其中 K_2 为 K_1 与 K_3 的中间值。一般来讲，K_2 接近于当前股票价格。这一交易策略的盈利表示在图 7.13 中。如果股票价格保持在 K_2 附近，蝶式价差会产生盈利，但如果股票价格远远偏离 K_2，蝶式价差会有小量的损失。因此蝶式价差对于那些认为股票价格不会有太大波动的投资者而言会非常合理。该策略需要少量的初始投资。表 7.7 给出了蝶式价差的收益。

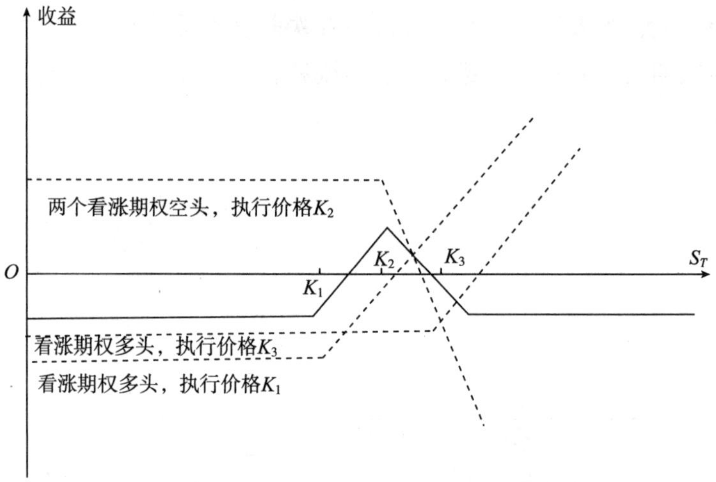

图 7.13　由看涨期权构造的蝶式价差的盈利

表 7.7　　由看涨期权构造的蝶式价差的收益

股票价格范围	第一看涨期权多头方的收益	第二看涨期权空头方的收益	期权空头的收益	整体收益
$S_T \leqslant K_1$	0	0	0	0
$K_1 < S_T \leqslant K_2$	$S_T - K_1$	0	0	$S_T - K_1$
$K_2 < S_T < K_3$	$S_T - K_1$	0	$-2(S_T - K_2)$	$K_3 - S_T$
$S_T \geqslant K_2$	$S_T - K_1$	$S_T - K$	$-2(S_T - K_2)$	0

4. 盒式价差

盒式价差（boxe spread）是由执行价格为 K_1 与 K_2 的看涨期权所构成的牛市价差，与一个具有相同执行价格看跌期权所构成的熊市价差的组合。如表7.8所示，盒式价差的收益总是 $K_2 - K_1$，因此盒式价差的贴现值为 $(K_2 - K_1)e^{-rT}$。当其价值与这一数值不同时，将会产生套利机本：如果盒式价差的市场价格过低，套利者可以通过买入盒式来盈利。这种套利策略包括买入一个具有执行价格 K_1 的看涨期权，买入一个执行价格为 K_2 的看跌期权，卖出一个执行价格为 K_2 的看涨期权并卖出一个执行价格为 K_1 的看跌期权。如果盒式价差的市场价格过高，套利者可以采用卖出盒式价差来盈利：套利策略为买入执行价格为 K_2 的看涨期权，买入一个执行价格为 K_1 的看跌期权，卖出一个执行价格为 K_1 的看涨期权并卖出一个执行价格为 K_2 的看跌期权。值得一提的是，盒式价差只对欧式期权适用。在交易所里交易的大多数期权为美式期权。

表7.8　　盒式价差的盈利

股票价格范围	牛市溢差收益	熊市溢差收益	整体收益
$S_T \leqslant K_1$	0	$K_2 - K_1$	$K_2 - K_1$
$K_1 < S_T < K_2$	$S_T - K_1$	$K_2 - S_T$	$K_2 - K_1$
$S_T \geqslant K_2$	$K_2 - K_1$	0	$K_2 - K_1$

5. 日历价差

日历价差（calendar spread）可以由一个具有某一执行价格的欧式看涨期权空头，与一个具有同样执行价格但较长期限的欧式看涨期权多头来构成。期权的期限越长，期权的价格也会越贵，因此日历价差需要一定的初始投资。在日历价差的盈利图形中，通常假设日历价差的盈利实现是在短期限期权的到期日，卖出长期限期权。图7.14展示了由看涨期权所构成的日历价差的盈利形态，盈利形状与图7.13中的蝶式价差类似。在短期限期权到期时，如果股票的价格接近短期限期权的执行价格，投资者可以获得盈利。但是，如果股票价格远高于或远低于短期限期权的执行价格时，投资者将会蒙受损失。

为了理解日历价差的盈利形式，我们首先考虑在短期限期权到期时，股票价格较低的情形。这时短期限期权的价值为0，长期限期权的价值也接近0。因此此时投资者的损失等于建立日历价差的最初费用。接下来我们考虑当短期限期权到期时股票价格 S_T 很高的情形。短期限期权给投资者带来的费用为 $S_T - K$，长期限期权的价格本比 $S_T - K$ 更高些，这里 K 为期权的执行价格。这时投资者的净损失量也与建立日历价差策略时的初始费用很接近。如果 S_T 接近于 K，短期限期权给投资者带来的费用或者为0或者很小，但是长期限期权仍很有价值，这时投资者会得到可观的利润。

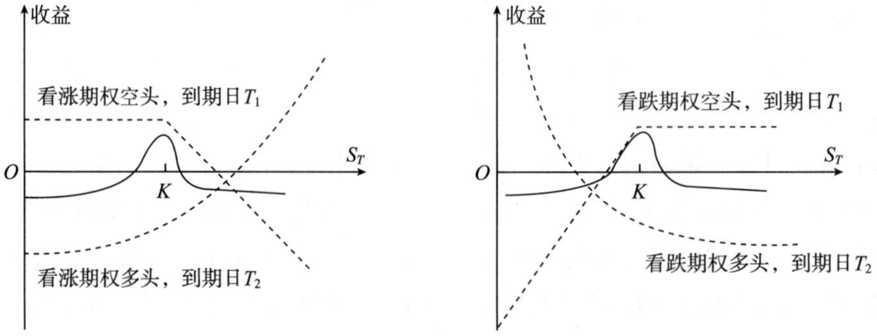

图7.14　由两个看涨（或看跌）期权所构成的日历价差的盈利

6. 对角价差

牛市、熊市以及日历价差均可以由一看涨期权的多头及另一看涨期权的空头来构成。对于牛市与熊市价差，两个看涨期权的执行价格不同而到期日相同，对于日历价差，期权具有相同的执行价格和不同的到期日。在对角价差（diagonal spread）中，两个看涨期权的执行价格与到期日均不相同。这些交易策略将会产生更多形式的盈利方式。

7.3.3　组合策略

组合（combination）是一种包括同一股票上看涨与看跌期权的交易策略，主要分类有跨式组合、序列组合、带式组合以及异价跨式组合等。

1. 跨式组合

一种比较流行的组合形式是跨式组合，该组合是买入具有同样执行价格与期限的一个欧式看涨期权和一个看跌期权，盈利如图7.15所示。这里执行价格为 K。在期权到期时，如果股票价格接近于期权的执行价格，跨式组合会导致损失。但是股票在任何方向有一个足够大的变动时，跨式组合都会带来一个显著的盈利。表7.9计算了跨式组合的收益。

表7.9　跨式组合的收益

股票价格范围	看涨期权的收益	看跌期权的收益	整体收益
$S_T \leqslant K$	0	$K - S_T$	$K - S_T$
$S_T > K$	$S_T - K$	0	$S_T - K$

图 7.15 的跨式组合有时被称为底部跨式组合（bottom straddle）或买入跨式组合（straddle purchase）。顶部跨式组合（top straddle）或卖出跨式组合（straddle write）的情形刚好与此相反：这种交易策略由卖出具有相同执行价格与期限的看涨期权和看跌期权来构成。该投资策略的风险很大。如果在到期日，股票价格接近于执行价格，投资者会有一定的利润。但是，股票价格大的变动所带来的损失是无限的。

当投资者预期股票价格会有很大变动，则可应用跨式期权策略；要想从任何投资策略中获利，必须持有与市场不同的观点，且必须是正确的。

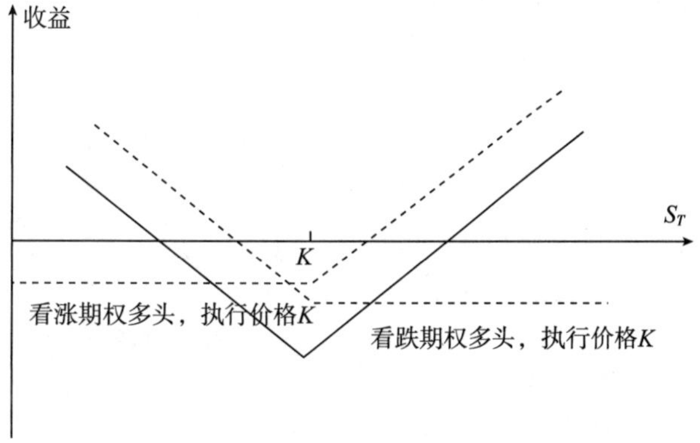

图 7.15 跨式组合的盈利

2. 序列组合与带式组合

序列组合（strip）是具有相同执行价格和相同期限的一个欧式看涨期权多头与两个欧式看跌期权多头的组合。一个带式组合（strap）是由具有相同执行价格和相同期限的两个看涨期权多头和二个看跌期权空头的组合。图 7.16 显示了序列组合与带式组合的盈利形式。序列组合中，投资者认为股票价格会有大的变动，同时投资者认为价格下降的可能性要大于价格上升的可能性。在带式中，投资者也是对股票价格大的变动进行下注，这时，投资者认为价格上升的可能性要大于价格下降的可能性。

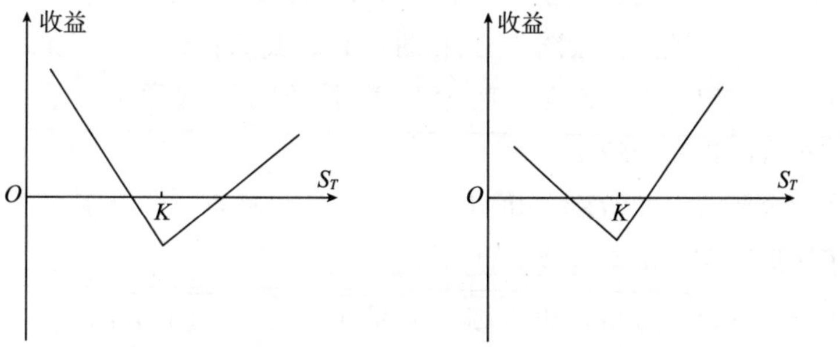

序列组合（1个看涨期权+2个看跌期权） 带式组合（2个看涨期权+1个看跌期权）

图 7.16 序列组合与带式组合盈利

3. 异价跨式组合

异价跨式组合（strangle）有时也被称为底部垂直组合（bottom vertical combination）。在这一交易策略中，投资者买入具有相同期限但具有不同执行价格的欧式看跌期权与看涨期权。图 7.17 显示了其盈利形式。这里执行价格 K_2 高于执行价格 K_1 。表 7.10 显示了异价跨式组合的收益。

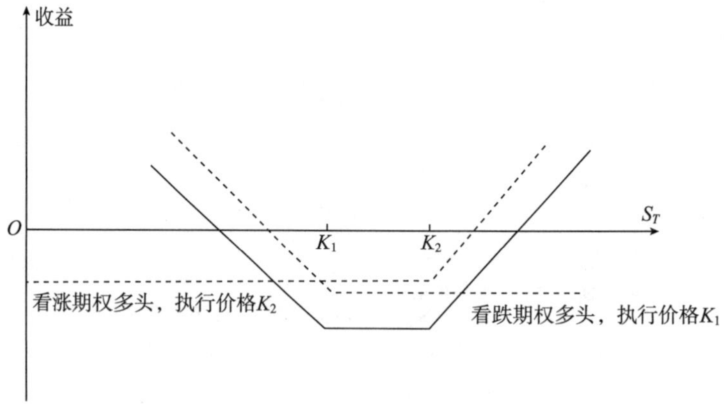

图 7.17　异价跨式组合的盈利

表 7.10　异价跨式组合的收益

股票价格范围	看涨期权的收益	看跌期权的收益	整体收益
$S_T \leqslant K_1$	0	$K - S_T$	$K - S_T$
$K_1 < S_T < K_2$	0	0	0
$S_T \geqslant K_2$	$S_T - K$	0	$S_T - K$

异价跨式组合与跨式组合类似投资者对于股票价格有很大变动的可能性下注，但不能确定是上涨还是下跌。比较图 7.15 和图 7.17，我们看到，在异价跨式组合中，股票的变动要比在跨式组合中变动更大时才会盈利。但是当股票价格变动介于中间价格时，异价跨式组合的损失会较小。

异价跨式组合所取得的盈利与执行价格之间的差异有关。差异越大，潜在的损失越小，但为了获取盈利，价格的变动也需要很大。

有时卖出一个异价跨式组合也被称为顶部垂直组合（top vertical combination）。如果投资者认为股票价格出现较大波动的概率较低，则可以采用这一交易策略。类似于卖出跨式组合，这一交易策略的风险很大，投资者潜在的损失也是无限的。

7.3.4 期权价格敏感性的套期保值策略

前文叙述了期权价格与其敏感性指标间的关系及其表达式。在实际操作中，令敏感性指标的值为零，达到中性状态，也就是说敏感性因素的变动不会对期权价格产生影响，从而实现对期权的套期保值。在本节中将继续以欧式期权为例，讨论其套期保值策略。

1. Delta 与期权的套期保值

当证券组合中含有标的资产且该标的资产的各种期权和其他衍生证券的不同头寸时，该证券组合的 Δ 值就等于组合中单个资产 Δ 值的总权和为（标的资产都应为同种资产）：

$$\Delta = \sum_{i=1}^{n} \omega_i \Delta_i \tag{7.57}$$

式（7.57）中，ω_i 表示第 i 种证券的数量，Δ_i 表示第 i 种证券的 Δ 值。

由于标的资产和相应的衍生证券可取多头或空头，因此其 Δ 值可正可负。若组合内标的资产和期权及其他衍生证券数量配合适当的话，整个组合的 Δ 值就可能等于 0。我们称 Δ 值为 0 的证券组合处于 Δ 中性状态。当证券组合处于中性状态时，组合的价值在短时间内不受标的资产价格波动的影响。在实际操作中，可以通过对标的资产的买卖实现对期权的 Δ 中性套期保值，在不考虑交易费用并假设波动率为常数的情况下，运用标的资产进行 Δ 中性套期保值的成本和效果就和买入了一个看涨期权多头相同。

但值得强调的是，除了标的资产本身和远期合约的 Δ 值恒等于 1，其他衍生产品的值可能随时不断变化。因此证券组合处于 Δ 中性状态只能维持一个很短的时间。所以，我们只能说，当证券组合处于 Δ 中性状态时，该组合价值在一个“短时间”内不受标的资产价格波动的影响，从而实现了“瞬时”套期保值。如果出售一份看涨期权，就需要买入一份看涨期权或是通过 Δ 中性构造一个“合成的看涨期权多头”，收入和费用相抵消，Δ 套期保值到底有何意义？

对于一个稳健经营的金融机构来说，不能让自己处于风险暴露中而不作为，而 Δ 中性套期保值方法就提供了风险管理的一种手段。在金融机构套期保值时，专业的金融运营和风险运营机构，往往能够以比市场价格优惠的费率进行套期保值。另外，一家高效运营的现代金融机构，往往先在总资产组合层面上计算对某一标的资产的净 Δ 值，先在公司内部实现初步的风险对冲，再到外部市场上进行净 Δ 值的套期保值，从而可以降低套期保值的成本。最后，金融机构可以结合自身的资产状况、市场预期和风险目标来管理 Δ 指标，不同目标值的设定就可以实现不同风险管理策略。

2. Gamma 与期权的套期保值

前文提到期权多头的 Γ 值为正值，期权空头的 Γ 值为负值。通过调节期权多头和空头的数量便可以使投资组合的 Γ 值为零，达到 Γ 中性状态。

当证券组合中含有标的资产和该标的资产的各种期权和其他衍生产品时，该证券组合的 Γ 值就等于组合内各种期权 Γ 值与其数量乘积的总和：

$$\Gamma = \sum_{i=1}^{n} \omega_i \Gamma_i \tag{7.58}$$

式（7.58）中，ω_i 表示第 i 种证券的数量，Γ_i 表示第 i 种证券的 Γ 值。

证券组合的 Γ 值主要作用在于衡量 Δ 的中性保值误差，其误差主要取决于期权价格与标的资产的价格之间的关系曲线，其曲度与 Γ 值的大小成正比，而曲度越大则 Δ 的中性保值误差越大。

3. Vega、Rho 与套期保值

当我们调整期权头寸使证券组合处于 v 中性状态时，新期权头寸会同时改变证券组合的 Γ 值，因此，若套期保值者要使证券组合同时达到 v 中性和 Γ 中性，至少要使用同一标的资产的两种期权。其中下标 p 、1 和 2 分别代表资产组合、期权 1 和期权 2 的相关参数。

$$\begin{cases} \Gamma_p + \Gamma_1\omega_1 + \Gamma_2\omega_2 = 0 \\ \nu_p + \nu_1\omega_1 + \nu_2\omega_2 = 0 \end{cases} \tag{7.59}$$

对 Rho 指标进行套期保值的思路相同，通过改变期权或期货头寸使其值为零，达到 Rho 中性状态。

7.4 案例分析

7.4.1 韩国股指期权

1. 案例简介①

1996 年 5 月，韩国证券交易所推出 KOSPI200 指数期货，1997 年 7 月推出 KOSPI200 指数期权。该期权推出初期，交易量较为惨淡，交易市场并不活跃。1997 年爆发的亚洲金融危机更是促使韩国相关部门将这类衍生品的交易门槛提高至 3000 万韩元，导致 KOSPI200 指数期权更加无人问津。

1998 年至 2000 年间，随着投资者们对股指期权的深入了解，韩国股指期权交易量渐渐增大，1998 年日均交易量达到 9.9 万张；1999 年日均交易量达到 32 万张，年交易量接近 8000 万张。至此，KOSPI200 指数期权得到了充分的发展，开拓出了广泛的市

① 资料来源：期货日报网，详见 http://www.qhrb.com.cn/2020/0106/267795.shtml。

场，一跃成为全球最大的期权合约。

21 世纪初，KOSPI200 指数期权继续迅猛发展。2000 年交易量较上年增长 142%。2001 年 1 月，KOSPI200 指数期权大幅降低交易门槛至 500 万韩元，使得 2001 年交易量较上年增长 324%。至 2003 年，韩国 KOSPI200 指数期权年交易量达到 28.37 亿张，约占韩国衍生品交易量的 99%，占全球衍生品交易量的 34.87%，成为全球衍生品市场的怪物。2003 年，全球共有 50 余家交易所推出了衍生品交易，一半交易所全年交易量不足韩国股指期权一天的交易量。

2004 年后，KOSPI200 指数期权产品成交量达到稳定状态，不再快速增长，但仍然是全球期权市场的重要组成部分。

2012 年，韩国监管部门为了控制过度投机，将 KOSPI200 股指期权的交易乘数从 10 万韩元上调到 50 万韩元，导致交易量下降过半。

2. 案例分析

韩国 KOSPI200 指数期权从 1998 年到 21 世纪初的发展势如破竹，以其庞大的交易量、频繁的换手率以及广阔的个人投资者市场份额等特点在世界场内期权市场上大放异彩。究其原因，有以下两个方面：

（1）交易制度吸引投资者。KOSPI200 指数期权虽然在亚洲金融危机时将投资的门槛提升至 3000 万韩元，但在 2001 年又将其降为 500 万韩元。2001 年的投资者对衍生品市场已经有了一定的认识，不再像 1996 年时对期权投资望而却步。因此，韩国相关部门对这一政策的出台恰是时候，在无形中刺激投资者入场交易。

同时，韩国交易所和相关证券公司的交易佣金率与期权权利金正相关，权利金越小，收费就越低。在这一交易制度下，深度虚值期权以其低廉的价格受到投资者的青睐。投资者只需要投资些许权利金与佣金，等虚值期权转为实值期权就可以获得巨大的收益。这有效地扩展了 KOSPI200 指数期权的交易市场。

（2）硬件技术及网络方便交易者。21 世纪初，网络逐渐普及，使得普通交易者也可以进入期权市场。同时，韩国交易所为了方便交易，推出了更快更好的“家庭交易系统”（HTS），并且对交易系统进行了改造，如取消了开平仓设计等。

（3）允许跨式期权策略交易。2001 年，韩国股票市场波动幅度明显降低，KOSPI200 指数仅在 32 点范围内波动。这一市场环境为投资者们提供了从事跨式期权策略交易的平台：同时卖出价外的看涨期权与看跌期权，以获取权利金收入。

3. 案例总结

韩国股指期权发展如此迅速对我国的借鉴意义有：

（1）完善交易制度。正如前文所述，韩国股指期权的低门槛和低佣金率吸引了大量的个人投资者。因此，对我国发展股指期权来说，适时调整门槛、优化佣金制度至关重要。

（2）加强监督管理。股指期权这类衍生品与股市息息相关，极有可能存在利用其操纵市场，或是过度投机的行为。因此，在发展股指期权的过程中，相关政府部门应该加强监督管理和打击力度，为产品发展创造良好的环境，推进市场平稳运行。

（3）创新升级硬件设施。随着期权市场交易日趋活跃，交易所及证券证券公司等要不断地升级自身硬件设施，以便紧跟投资者的交易需求。同时，还应该创新交易平台，简化投资者操作，以吸引投资者、扩大市场规模。

（4）做好投资者专业教育。股指期权衍生出多种多样的投资组合策略，为投资者带去高收益的同时也会招致高风险。因此，相关部门应该为投资者做好专业知识普及工作，防止市场上巨亏事件的发生。

7.4.2 中航油事件

1. 案例简介①

中航油是指位于北京马甸桥的中国航空油料集团公司，作为在国内航空公司中独占鳌头的航油巨无霸，它负责为全国100多个机场供油设施提供运营服务、为中外100多家航空公司的飞机提供加油服务（包括航空燃油的采购、运输、储存等）。

中航油（新加坡）是中航油的海外子公司，简称“CAO”。1997年，CAO的执行董事兼总裁陈久霖赴任，使得CAO逐渐成了亚太地区最大的航油贸易商并控制了中国航油的进口贸易。2001年12月6日，CAO在新加坡交易所主板成功挂牌上市，成为新加坡交易所当年上市公司中筹资量最大的公司，并于上市当年在新加坡新上市公司营业额排名中位居第一。陈久霖也因其卓越的管理才能于2003年10月被《世界经济论坛》评选为“亚洲经济新领袖”。

2003年4月，国家赋予中航油的境外期货交易资格，同时CAO也被授权可从2003年开始做油品期货套期保值业务。在此期间，CAO未经授权从事石油期权交易。2003年，CAO凭借对市场的正确预期在石油期权交易市场上尝到了些许甜头。这也使得其在2004年的期权交易中不顾油价走势，积极从事投机性质明显的交易，不断扩大投资风险。2004年11月30日，中航油因油价持续走高，遭受巨额亏损达5.5亿美元，公司被迫进行债务重组，陈久霖本人被迫离职。2006年3月，陈久霖被新加坡法院判处有期徒刑四年零三个月。

2. 案例分析

首先分析2003~2004年的油价走向。2003年，市场由于一些事件形成了油价下跌

① 资料来源：中国经济周刊－经济网，详见 http：//www.ceweekly.cn/2015/0727/120897.shtml。

的信号：俄罗斯石油日均产量增加68万桶，总产量接近头号产油国沙特；伊拉克石油出口供给量将增加；中国SARS疫情使得原油需求下降。然而，有更多的信号显示油价将大幅上涨：供给端的OPEC各成员国商定自2003年11月1日起每天减产90万桶；美国等经合组织成员国原油库存处于历史低位；中东产油国恐怖活动的猖獗致使该地区动荡不安；需求端的多国经济恢复明显好于预期（美、中、印、日）等。后来的油价走势也证明了这一分析（如图7.18）。

图7.18 国际油价走势①

CAO预期2003年第三季度到2004年第一季度原油价格将下跌，并在石油期权市场建立空头头寸。表7.11展示了中航油亏损过程中发生的重要事件。

表7.11 中航油巨额亏损过程②

时间	事件
2003年下半年	1. 中航油以套期保值为本意进入石油期权市场，与日本三井住友银行、法国兴业银行等进行期权交易：买入看涨期权并卖出看跌期权，合约标的近200万桶原油。 2. 石油价格下跌，中航油获得少量收益
2004年3月	1. 原油价格一路攀升，期权合约潜在亏损580万美元。为了延期交割，陈久霖与J. Aron公司签署第一份重组协议，将合同进行展期。 2. 调整交易策略：卖出看涨期权并买入看跌期权
2004年二季度	油价持续走高，期权合约潜在亏损高达3500万美元。陈久霖与J. Aron公司签署第二份重组协议，继续将合同进行展期到2005和2006年

① 资料来源：Wind金融终端。
② 资料来源：中金网，详见http：//www.cngold.com.cn/20181227/d1703n326966180.html。

续表

时间	事件
2004 年 10 月	1. 油价不断升高，期权合约空头数达到 5200 万桶，潜在亏损升至拥 1.8 亿美元。 2. CAO 资金周转出现问题，中航油母公司施以援手，贷款 1.08 亿美元给 CAO 补仓。 3. CAO 期权交易保证金不足，在高价位被迫实行部分斩仓，实际亏损 1.32 亿美元
2004 年 11 月	CAO 实际亏损达 3.81 亿美元
2004 年 12 月	实际亏损 5.5 亿美元，CAO 宣布向法庭申请破产保护令

CAO 的错误在于过分相信自己对原油价格的预估，忘记套期保值的初心，以卖出看涨期权和买入看跌期权为策略进行了投机行为。图 7.19 描述了这一策略下的损益情况，可以看出，在实际油价不断下跌的情况下，中航油买入看跌期权的行为使其损失了大额权利金；同时，其卖出看涨期权的行为使其亏损随着价格不断上升。

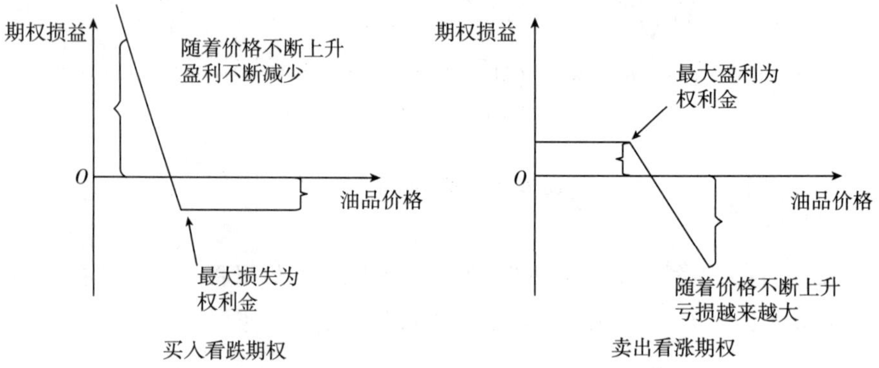

图 7.19 投机资金头寸变化与国际油价走势

深究造成此次中航油巨额亏损，有公司管理方面的原因：第一，无论是 CAO 子公司还是中航油母公司都未能做到系统、客观的形成决策。陈久霖作为公司的管理层，以个人观点影响整个公司运行，而中航油集团公司也对陈久霖的做法过于放心。第二，作为航油公司，CAO 在制定套期保值策略时忘记了初心，选择了投机性质的策略，缺乏对金融衍生品业务风险的认识。同时，在后期不顾风险敞口及相应风险限额管理制度，不断进行展期操作，孤注一掷，为公司带来了毁灭性打击。第三，公司内部运作机制未被有效执行。尽管有安永公司为其编制的《风险管理手册》，但 CAO 在落实方面，显然十分敷衍：风险控制员与内部审计员均未恪尽职守，及时汇报公司风险敞口等问题。

也有外部监管方面的原因：第一，金融衍生品交易制度的监管力度不足。CAO 此次行为显然涉嫌违规：作为持有境外期货业务许可证的企业，无视国家规定不仅在场外市场进行投机操作，还涉及数量巨大。而因为 CAO 注册地在新加坡，便暂时被监管忽视。第二，金融衍生品交易透明度不足，CAO 于 2004 年 10 月因资金周转问题向中航油求助，至此，其交易巨亏情况才被披露。而在之前，这些信息都被粉饰，监管者未见其端倪。

3. 案例总结

此次中航油巨额亏损事件对我国的期权交易起到了很好的警示作用。金融衍生品交易方面，合理利用衍生品工具能够实现公司的稳健发展，但实体企业从事衍生品交易一定要坚决避免重仓投机行为，应当坚持套期保值操作。从事衍生品交易应避免场外交易。场外交易相对于场内交易更加不透明，也不受交易所诸多交易规则的约束，风险比场内交易大得多。从事套期保值交易要有一个专业的队伍，并制定一套完整的套期保值方案。设立专门的期货交易部门，下设相互协作又相互制衡的决策部、交易部和风控部，保证方案的实施。公司管理方面，公司在选择管理人员的时候要重点考核其专业知识和经验能力，要提高相关专业技术人员在公司中的决策地位；企业在选择薪酬制度的时候要严格避免收益权利与风险承担不对等的状态，要将相关决策人员的薪酬与企业价值进行紧密挂钩。

第 8 章
场外期权

引　例

我国北方某饲料厂生产的饲料主要供应下游多个养鸡场，但由于鸡蛋价格波动较大，严重影响了鸡农的养鸡热情，进而影响了该场的销售利润。基于自身经营状况，饲料厂决定为鸡农提供让利补贴，以大商所鸡蛋期货 1509 合约价格为参考价，每 500 千克鸡蛋补贴 50 元（0.5 千克鸡蛋补贴上限为 0.05 元），期限一个月，滚动操作。

该补贴可通过两个途径实现：第一，以现金方式直接补贴给鸡农；第二，以“向下保险”的形式附加给鸡农。方案一的优势是简单明了，劣势是补贴额度太小，效果不明显。方案二可以在鸡蛋价格大幅下跌时为鸡农提供较大补偿，在价格上涨时，鸡农可以以更高价格卖出鸡蛋。

考虑到当时鸡蛋期货 1509 合约价格为 4670 元/500 千克，平值看跌期权价格近 100 元/500 千克，不能满足饲料厂的成本预算，因此饲料厂打算使用亚式期权以月均价结算的方式，执行价格选在 4600 元/500 千克，权利金成本初算 47 元/500 千克。

“亚式期权服务饲料厂与鸡农”模式涉及三方参与：饲料厂、鸡农和期货公司风险管理公司。在签订标准主协议文件（主协议 + 补充协议）前提下，增加一份权利金代付的三方补充协议，进而确定饲料厂代付权利金的义务，同时确定交易确认书中三方确认的义务。

2015 年 3 月 4 日，饲料厂、鸡农与浙江永安资本管理有限公司签订场外期权交易合同及场外亚式看跌期权交易确认书，明确了双方协商的执行价格、权利金金额、到期日等重要内容。截至 2015 年 4 月 3 日（场外期权到期日），鸡蛋 1509 合约收盘均价为 4598.91 元/500 千克，低于约定的执行价格 4600 元/500 千克。

这就是一份典型的场外期权合约。

问题：

（1）什么是场外期权？其与场内期权的区别是什么？

（2）场外期权的功能是什么？

（3）场外期权市场的运作机制？

（4）该场外期权是否会被行权，若是，则行权后双方盈亏如何？

8.1　场外期权

8.1.1　定义及分类

场外期权（over the counter，OTC）是指在非集中性的交易场所进行的非标准化的金融期权合约，根据场外双方的洽谈，或者中间商的撮合，按照双方需求自行制定交易的金融衍生品。场外期权与场内期权最根本的区别在于期权合约是否标准化。

场外期权主要是指特种期权（exotic option），也称“新型期权”。这种期权合约的条款主要依据交易双方的需求来协商，因此种类繁多，最常见的三类新型期权如下：

（1）合同条款变化型期权。这类期权是合同条款在标准期权基础上变化而成的特种期权。

（2）路径依赖型期权。这类期权的特点是期权的最终收益不仅仅依赖于标的资产到期日的价格，更多的是依赖于标的资产价格变化的路径。

（3）多因素型期权。这类期权的最终收益取决于两个或更多的标的资产的价格。

8.1.2　场外期权市场

场外期权交易以金融机构为主，它们提供各式各样的非标准期权产品以满足各类投资者的个性化需求，2013年8月19日，我国首只券商的场外期权诞生，并得到快速发展。本节将着重从交易模式、清算模式及功能三方面来介绍场外期权市场。由于场外期权合约为非标准化合约，并且透明度低，因此不予展示。

1. 交易模式

场外期权的交易模式主要有两种：一种是撮合模式，一种是做市模式。

撮合模式是指一种经过中间商的撮合，买方与卖方形成交易的模式。中间商从撮合交易中赚取价差。该交易模式风险相对较低，但是由于场外期权产品是“私人订制”的，流动性差，容易出现因买卖方的产品在行权价、到期日等合约设置上存在的差异而造成交易失败的现象。这一现象要找到相匹配的买卖方，需要分别和买方、卖方进行沟通，所以整个交易过程耗费的时间较长，谈判成本也较高（见图 8.1）。

图 8.1　撮合模式示意

做市模式是指一种由具备一定实力和信誉的机构作为做市商，向投资者提供产品的买卖报价，并在该价位上接受投资者的买卖要求，用其自有资金或资产与投资者进行交易的交易模式。由于风险较高，需要做市商用自有资金在场内市场用现货或者期货来对冲风险，因此要求做市商有较为雄厚的资金实力（见图 8.2）。

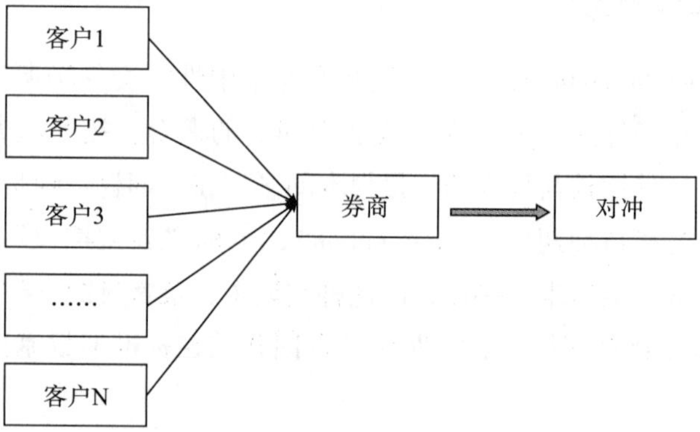

图 8.2　做市模式示意

2. 清算模式

场外期权交易主要有三种清算模式：非标准化双边清算模式、标准化双边清算模式（见图 8.3）、中央对手清算模式（见图 8.4）。

（1）非标准化双边清算模式：是一种早期的清算模式，它由交易双方自主完成清算，主要是凭借各自的信用或者第三方信用作为担保。但这种原始的清算模式往往会面临着较大的信用风险，尤其是进行多笔交易时会承担多个对手的信用风险。

（2）标准化双边清算模式：这种清算模式通过主协议对场外期权合约的内容进行标准化处理，并通过增加抵押金的方式降低违约风险，从而简化了交易双方结算。该清算模式是对应于做市商的交易模式，图 8.3 给出了标准化双边清算模式的具体运作方式。

（3）中央对手清算模式：这种清算模式本质是场外交易，场内清算，最早于 2002 年由纽约商品交易所和洲际交易所推出，核心是合约替换和担保交收。该清算模式由清算所作为交易双方的对手方，使原来的场外期权合约转化为两张与中央对手方的清算合约，中央对手方一般是各个交易所旗下的清算所，实力雄厚，风险管理能力也比一般的做市商强。图 8.4 给出了中央对手清算模式具体运作方式。

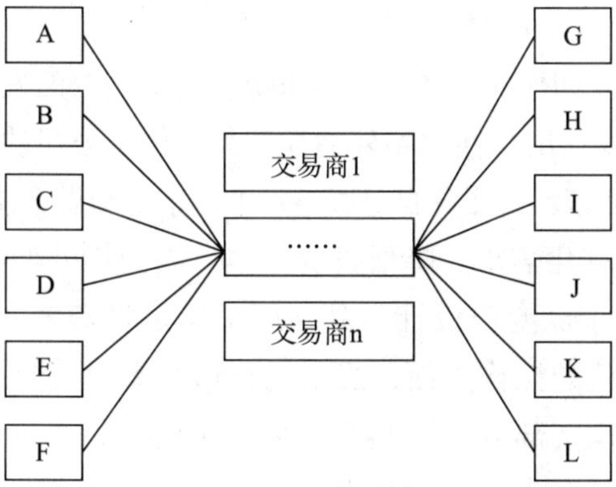

图 8.3　标准化双边清算模式

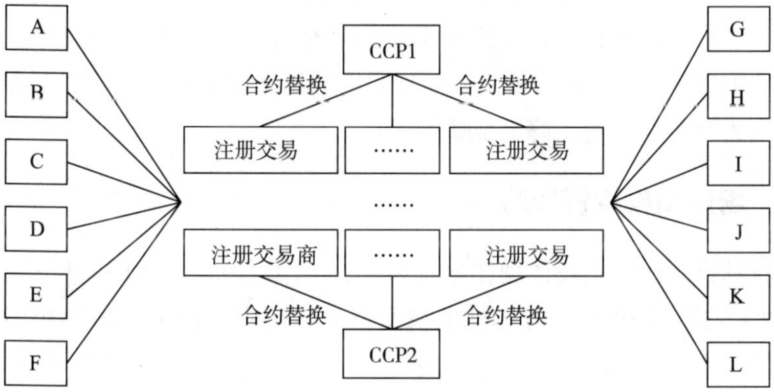

图 8.4　中央对手清算模式

3. 场外期权功能

在大力发展场内期权市场的情况下，场外期权也是必不可少的。从市场角度来看，场外期权的功能有：

（1）完善市场结构，提高市场活跃度。场外期权的推行丰富了市场的产品结构，满足了市场各类投资者的多样化需求。场外期权的交易特点与场内期权类似，但是场内期权会受到标的物、期限的制约而影响其与现有产品的结合。场外期权可以实现与其他产品的结合，从而改善理财产品的收益特征，形成产品之间协同发展的格局。例如在保本型理财产品中，期权的保险作用可以在原有的条件下，降低产品在固定收益资产权重的限制，释放更多的空间给高收益的权益类资产，从而提高产品的收益率。

（2）优化资产配置，提高标的成交量。期权的非线性损益特征使其可以构造出多种组合，因此场外期权的应用产生了更加丰富的投资策略，从而有助于优化资产配置，降低投资组合的波动性。部分场外期权采用实物交割，这会提升对标的物的需求，从而对标的价格产生积极的刺激作用，提升交易量。

从参与者角度来看，场外期权的功能如下：

（1）拓展发行方的盈利模式，增加利润来源。场外期权的发行方可以根据客户对风险、收益的偏好程度，设计出个性化场外期权产品，拓展公司的盈利模式，摆脱传统业务对于市场行情等因素的依赖，提高自身服务水平、定价和做市能力，增加利润来源。

（2）满足投资者多样化需求，降低投资成本。因为场外期权的非标准化特性，所以可以根据投资者的需求而专门设计产品，用于满足投资者套期保值、套利、对冲、投机等需求。在套期保值的操作方面，当市场行情朝着对现货有利的方向发展时，期货部分的损失大幅降低现货部分的盈利；而场外期权损失的只是少量的期权费。并且期货的操作要求对进出场时点、仓位管理有精准的投资判断，一旦操作失误，将会造成严重的亏损，场外期权则比较简单，到期选择是否行权即可，对于想将更多精力放在实体经营的企业或者投资专业能力不强的企业来说，选择场外期权进行套期保值更加合适。期权具有高杠杆特性，相比配资产品和融资融券，场外期权的杠杆更高，约5～20倍的杠杆，资金占用比例较低，而且利用期权之间的相互组合能够在实现投资目的的同时，通过大规模交易来降低成本。

8.1.3 场外期权投资风险

场外期权的投资风险主要体现在定价风险、信用风险和流动性风险上。

（1）定价风险：是指在进行场外期权交易的过程中，由于对场外期权合约的定价误差而造成的交易风险。场外期权主要是一对一的交易，透明度低，流动性差，存在信息不对称，所以价格发现能力弱，成交效率低。场外期权的定价比较复杂，需要考虑对冲交易成本和资金占用成本等因素的综合影响。

（2）信用风险：是指由进行场外期权交易的某方违约造成的交易风险。场外期权业务交易规模比较大，如果期权的卖方无法履行支付义务，那么期权的买方将因此遭受严重的损失。因此在签约前，双方应对对手方进行适当性评估，判断业务是否可以开展，并确定适合客户的交易规模，必要时可以要求对方提供一定的保证金、担保品或者提供额外的回报率。

（3）流动性风险：是指场外期权的发行方在对产品进行对冲时，可能发生资金周转不开、不能及时追加保证金或者对冲交易失败等原因造成的严重损失。

8.2 场外期权定价理论

本节的所有公式里涉及的 q 均为标的资产的股息率，因为本节主要探讨无红利情况下的场外期权定价，因此 $q=0$。

8.2.1　合同条款变化型期权定价

合同条款变化型期权是指期权合约中的一些条款不同于一般标准期权合约的期权，主要有半美式期权、二元期权、迟付期权以及选择人期权。

1. 半美式期权

半美式期权（bermudan option），也称“百慕大期权”，是一种介于欧式期权和美式期权之间的新型期权，它允许投资者在期权有效期内的几个特定时间行权。

对半美式期权的定价通常采用二叉树模型，其基本思路见第 7 章二叉树模型。但由于半美式期权合约可以在特定的时间被行权，所以需要在二叉树上的特定时间节点检测期权是否会被行权，进而对期权进行定价。

2. 二元期权

二元期权（binary option）是一种收益不连续的期权。如图 8.5 所示，如果到期日标的资产价格与执行价格符合投资者的预测，那么二元期权的投资者将得到一个收益 Q ，否则为 0。

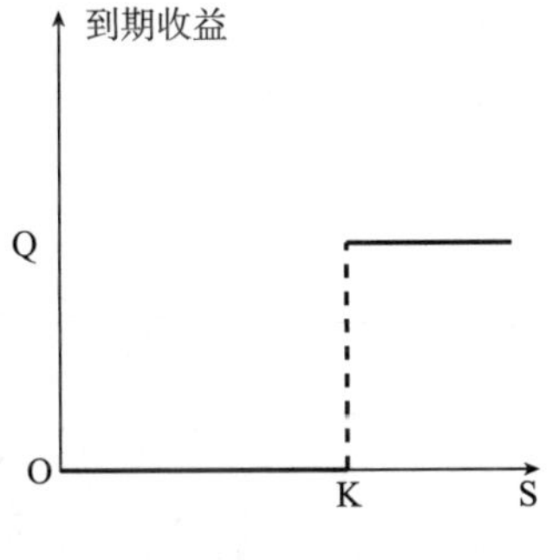

图 8.5　二元期权的收益曲线

表 8.1 给出了四种具体的二元期权及其定价。

表 8.1　四类二元期权定价

期权类型	收益分析
现金或空头看涨期权	若 $S_t < K$ ，期权收益为 0；若 $S_t > K$ ，期权收益为定值 Q 。在风险中性世界中，到期日标的资产价格高于执行价格的概率为 $N(d_2)$ ，期权价值为 $Qe^{-rT}N(d_2)$
现金或空头看跌期权	若 $S_t > K$ ，期权收益为 0；若 $S_t < K$ ，期权收益为定值 Q ，则期权价值为 $Qe^{-rT}N(-d_2)$
资产或空头看涨期权	若 $S_t < K$ ，期权收益为 0；若 $S_t > K$ ，期权收益为标的资产 0 时刻的价格 S_0 ，期权价值为 $S_0e^{-rt}N(d_1)$

续表

期权类型	收益分析
资产或空头看跌期权	若 $S_t > K$，期权收益为 0；若 $S_t < K$，期权收益为标的资产 0 时刻的价格 S_0，期权价值为 $S_0 e^{-rT} N(-d_1)$

3. 迟付期权

迟付期权（pay – later option）是一种允许延迟支付期权费用的新型期权，如果在到期日时该期权具有内在价值，则期权投资方向卖方支付期权费用，否则不用支付期权费用。

若在到期日时期权具有内在价值，则期权的投资方被规定必须行权，此时迟付期权的内在价值如果小于期权费用则期权投资方亏损，反之则盈利。图 8.6 给出了迟付期权的收益曲线。

迟付期权的定价可以被拆分为有效期相同、执行价格相同的标准欧式看涨期权和标准两值期权价值的差值。相应地，在迟付期权价值偏微分方程中也将增加迟付期权价值对这些独立变量的偏导数。

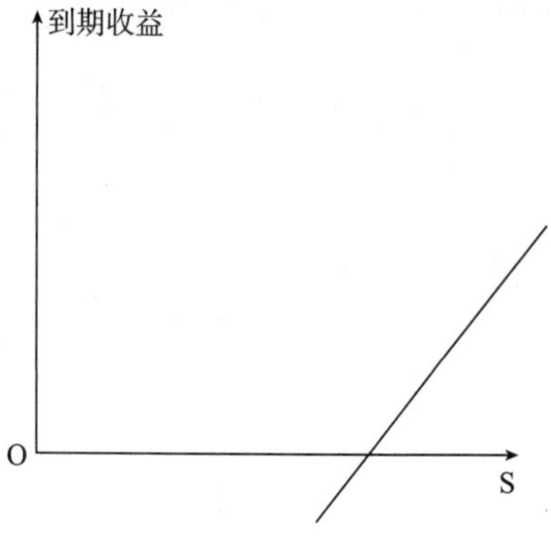

图 8.6　迟付期权收益曲线

4. 选择人期权

选择人期权（chooser option），也称为任选期权（“as you like it” option），是一种在经过一段指定的时间后，期权投资者能够选择所持有的期权是看涨期权还是看跌期权的期权。假定期权投资者做出选择的时刻为 T，这时选择人期权的价值为：

$$\max(c, p) \tag{8.1}$$

式（8.11）中，c 为选择人期权中看涨期权的价格，p 为选择人期权中看跌期权的价格。

如果选择人期权的两个标的期权均为欧式期权，并且具有同样的执行价格，那么我们可以通过看跌—看涨期权的平价关系式来推导出选择人期权的定价公式。假定 S_1

为标的资产在 T_1 的价格，K 为执行价格，T_2 为期权的到期日，r 为无风险利率，q 为标的资产的股息收益率。由看跌—看涨期权的平价关系式得出：

$$\begin{aligned}\max(c,p) &= \max[c, c + Ke^{-r\times(T_2-T_1)} - S_1 e^{-q\times(T_2-T_1)}] \\ &= c + e^{-q\times(T_2-T_1)} \times \max[0, Ke^{-(r-q)\times(T_2-T_1)} - S_1]\end{aligned} \tag{8.2}$$

通过式（8.2）可以很容易地对选择人期权进行定价。这种策略类似跨式组合策略，但却便宜许多。因为选择人期权的买方做过选择之后，只拥有一种期权，而跨式组合的买方同时拥有看涨和看跌期权直至到期日。

8.2.2 路径依赖型期权定价

路径依赖（path dependence）是指期权的价格会受到标的资产价格的演化路径的影响。路径依赖又可以分为弱式路径依赖（weak path dependence）和强式路径依赖（strong path dependence）。如果期权价格会受到路径变量的影响，但是在期权定价的偏微分方程中并不需要比类似的常规欧式期权增加新的独立路径依赖变量，这类期权就属于弱式路径依赖型期权。如果期权的损益除了取决于标的资产的目前价格和时间之外，还取决于资产价格路径的一些特征，也就是说我们不能将期权价格简单看成函数，我们还需要获得资产价格路径的更多信息。相应地，在期权价值偏微分方程中也将增加期权价值对这些独立变量的偏导数，这类期权就属于强式路径依赖型期权。常见的路径依赖型期权定价有以下几种：

1. 亚式期权

亚式期权（Asian option）是当今金融衍生品市场上交易最为活跃的特种期权之一，其最重要的特点在于期权收益依赖于标的资产在一段特定时间内的平均价格。由于这一平均价格将成为定价公式中的一个独立状态变量，所以亚式期权属于强式路径依赖期权。

亚式期权可以从两个方面来分类：从平均价格代替对象分类，亚式期权可以分为平均资产价格期权和平均执行价格期权。

平均资产价格看涨期权收益如下，其中 S_{ave} 表示标的资产价格的平均值：

$$\max(0, S_{ave} - X)$$

平均资产价格看跌期权收益为：

$$\max(0, X - S_{ave})$$

平均执行价看涨期权收益为：

$$\max(0, S - S_{ave})$$

平均执行价看涨期权收益为：

$$\max(0, S_{ave} - S)$$

从平均价格的计算方法来分类，亚式期权可以分为标的资产的算术平均价格期权和标的资产的几何平均价格期权。

算术平均下 $S_{ave} = \frac{1}{T}(S_1 + S_2 + \cdots + S_T)$，几何平均下有：

$$(S_1 \times S_2 \times \cdots S_T)^{1/T}$$

上面两种平均价格的计算事实上都是在离散情况下的，如果标的资产价格连续变化，则类似地可以给出下面两种积分形式的算术平均和几何平均价格，即：

$$S_{ave} = \frac{1}{T_2 - T_1}\int_{T_1}^{T_2} S(t)\,dt$$
$$= \exp[\frac{1}{T_2 - T_1}\int_{T_1}^{T_2} \ln S(t)\,dt] \tag{8.3}$$

式（8.3）中 T_1、T_2 为平均值的始末时间点。

接下来以算术平均价格期权为例简要讲述其定价公式。假设无收益标的资产价格服从对数正态分布，通常求解方法是找到一个合适的对数正态分布的一、二阶矩并将其与 S_{ave} 的一、二阶矩相匹配，再采用 B－S－M 模型进行计算。设 M_1 和 M_2 是 S_{ave} 一、二阶矩。σ 为对数正态分布的标准差，σ^* 为标的资产的隐含波动率，无风险收益率 r 和标的资产价格隐含波动率 σ^* 为常数。

$$\sigma^2 = \frac{1}{T}\ln(\frac{M_2}{M_1^2}) \tag{8.4}$$

其中：

$$M_1 = \frac{[e^{(r-q)T} - 1]S_0}{(r - q)T}$$

$$M_2 = \frac{[2e^{(2(r-q)+\sigma^{*2})T}]S_0^2}{(r - q + \sigma^{*2})T^2} + \frac{2S_0^2}{(r - q)T^2}\left[\frac{1}{2(r - q) + \sigma^{*2}} - \frac{e^{(r-q)T}}{r - q + \sigma^{*2}}\right]$$

将 σ 所得的代入式（7.32）和式（7.34），并令 M_1 代替式中的 S_t 或者 X，求解即可得到亚式期权的价格。

算例 8-1

考虑一个最新发行的关于一个无股息股票的平均资产价格看涨期权，股票的当前价格为 50 美元，执行价格为 50 美元，股票价格的波动率为每年 40%，无风险利率为每年 10%，期限为 1 年。求该平均资产价格看涨期权的价格。

可以得到：$S_0 = 50$，$K = 50$，$r = 0.1$，$q = 0$，$\sigma^* = 0.4$，$T = 1$。

则通过上述公式可以计算得到：

$$M_1 = 52.59$$
$$M_2 = 2922.76$$

假设标的资产价格服从对数正态分布，则：

$$\sigma = 23.54\%$$

$$S_{ave} = M_1 = 52.59$$

将上述条件带入 B - S - M 公式即可得到该平均资产价格看涨期权的价格为 5.62（美元）。同理也可以计算平均执行价期权的价格。

2. 障碍期权

障碍期权（barrier option）是指一种收益取决于标的资产的价格在特定时间内是否达到了特定水平的期权，这个特定水平称为障碍水平。障碍期权一般可以分为敲出障碍期权（knock - out option）和敲入障碍期权（knock - in option）两类。当标的资产价格达到一个特定的障碍水平时，敲出障碍期权合同作废；而当标的资产价格达到一个特定的障碍水平时，敲入障碍期权合同才开始生效。

根据期权是看涨还是看跌、敲出还是敲入、向上还是向下，共有 8 种不同组合的障碍期权。本节以下跌—敲出看涨期权（down - and - out call）和下跌—敲入看涨期权（down - and - in call）为例进行期权定价分析，其余 6 种期权的分析方法相同。

下跌—敲出看涨期权是一种普通的看涨期权，但当资产价格下跌到一定障碍水平 H 时，期权自动消失。障碍水平低于初始资产水平。与之相对应的敲入—看涨期权为下跌—敲入看涨期权，这是一种普通看涨期权，但只有当资产价格下跌到一定水平 H 时，这种期权才会生效。

当 H 低于或等于执行价格 K 时，下跌 - 敲入看涨期权在 0 时刻的价值为：

$$c_{di} = S_0(H/S_0)^{2\lambda}N(y) - Ke^{-rT}(H/S_0)^{2\Gamma-2}N(y-\sigma\sqrt{T})c_{di} = S_0(H) \tag{8.5}$$

其中，

$$\lambda = \frac{r+\sigma^2/2}{\sigma^2}$$

$$y = \frac{\ln[H^2/(S_0K)]}{\sigma\sqrt{T}}$$

因为一个普通的看涨期权等于一个下跌—敲入看涨期权加上一个下跌—敲出看涨期权，因此，下跌—敲出看涨期权的价格为：

$$c_{do} = c - c_{di} \tag{8.6}$$

当 $H \geqslant K$ 时：

$$c_{do} = S_0N(x_1) - Ke^{-rT}N(x_1-\sigma\sqrt{T})S_0 - (H/S_0)^{2\lambda}N(y_1) + Ke^{-rT}(H/S_0)^{2\Gamma-2}N(y_1-\sigma\sqrt{T}) \tag{8.7}$$

以及：

$$c_{di} = c - c_{do}$$

其中：

$$x_1 = \frac{\ln(S_0/H)}{\sigma\sqrt{T}} + \lambda\sigma\sqrt{T}$$

$$y_1 = \frac{\ln(H/S_0)}{\sigma\sqrt{T}} + \lambda\sigma\sqrt{T}$$

3. 回望期权

回望期权（look back option）是指一种收益依赖于标的资产在某个确定的时段（称为回望时段）中达到的最大或最小价格的期权。根据采用回望价格代替到期时标的资产价格还是执行价，可分为固定回望期权和浮动回望期权。

固定回望看涨期权（fixed lookback call option）在行权时标的资产价格被期权期限内标的资产价格的最大值代替；固定回望看跌期权（fixed lookback put option）在行权时标的资产价格被期权期限内标的资产价格的最小值代替。

浮动回望看涨期权（floating lookback call）收益等于最后的标的资产价格超出在期权有效期内标的资产最低价格的差价。浮动回望看跌期权（floating lookback put）的收益等于期权有效期内标的资产最高价格超出最后标的资产价格的差价。

由于推导过程较为复杂，本节直接给出欧式浮动回望看涨期权的定价公式为：

$$c_{fl} = S_0 e^{-qT}N(a_1) - S_0 e^{-qT}\frac{\sigma^2}{2r}N(-a_1) - S_{\min}e^{-rT}\left[N(a_2) - \frac{\sigma^2}{2r}e^{Y_1}N(-a_3)\right]$$

其中：

$$a_1 = \frac{\ln(S_0/S_{\min}) + (r+\sigma^2/2)T}{\sigma\sqrt{T}}$$

$$a_2 = a_1 - \sigma\sqrt{T}$$

$$a_3 = \frac{\ln(S_0/S_{\min}) + (-r+\sigma^2/2)T}{\sigma\sqrt{T}}$$

$$Y_1 = \frac{2(r+\sigma^2/2)\,ln(S_0/S_{\min})}{\sigma^2}$$

$S_{\min}$ 为资产价格到目前为止所取得的最小值（如果回望期权刚开始，则 $S_{\min} = S_0$ ）。

欧式浮动回望看跌期权的定价公式为：

$$p_{fl} = S_{\max}e^{-rT}\left[N(b_1) - \frac{\sigma^2}{2r}e^{Y_2}N(-b_3)\right] + S_0 e^{-qT}\frac{\sigma^2}{2r}N(-b_2) - S_0 e^{-qT}N(b_2)$$

其中：

$$b_1 = \frac{\ln(S_{\max}/S_0) + (-r+\sigma^2/2)T}{\sigma\sqrt{T}}$$

$$b_2 = b_1 - \sigma\sqrt{T}$$

$$b_3 = \frac{\ln(S_{max}/S_0) + (r + \sigma^2/2)T}{\sigma\sqrt{T}}$$

$$Y_2 = \frac{2(r + \sigma^2/2)\ln(S_{max}/S_0)}{\sigma^2}$$

S_{max} 为资产价格到目前为止所取得的最大值（如果回望期权刚开始，则 $S_{max} = S_0$）。

在固定回望期权定价时，采用看跌—看涨期权平价关系理论，令浮动回望看跌期权与固定回望看涨期权的期限相同，得到固定回望看涨期权的价格 c_{fix} 为：

$$c_{fix} = p_{fl}^* + S_0 e^{-qT} - Ke^{-rT} \tag{8.8}$$

同理，固定回望看跌期权的价格 p_{fix} 为：

$$p_{fix} = c_{fl}^* + Ke^{-rT} - S_0 e^{-qT} \tag{8.9}$$

回望期权有可能为投资者带来高于普通期权的收益，所以与一般期权价格相比，回望期权的价格非常昂贵。

算例 8-2

考虑一个刚刚开始的关于某无股息股票的欧式浮动回望看跌期权，股票价格为 50 美元，股票价格波动为每年 40%，无风险利率为每年 10%，期限为 3 个月。求该欧式浮动回望看跌期权的价格。

可以得到：$S_{max} = S_0 = 50$，$r = 0.1$，$\sigma = 0.4$，$T = 0.25$。

则通过上述公式可以计算得到：

$$b_1 = -0.025$$

$$b_2 = -0.225$$

$$b_3 = 0.025$$

$$Y_2 = 0$$

因此，可以得到该欧式浮动回望看跌期权的价格为 7.79 美元。

同理，也可以计算看涨回望期权的价格。

4. 呐喊期权

呐喊期权（shout option）是在常规欧式期权的基础上附加一个额外特性的期权，该特性赋予期权持有人向卖方进行一次定价的权利，到期日收益为标的资产的价格与定价的较大值与执行价格的差值。呐喊期权收益表达式为：

$$\max(S_T - S_t, 0) + (S_t - X)$$

其中 T 是到期日，S_t 是指呐喊时刻的资产价格。因此，可以把呐喊期权的价格分成 $S_t - X$ 的现值和的执行价为 S_t 的欧式期权的价格，后者可用 B－S－M 公式计算出其价格。

8.2.3 多因素型期权定价

多因素型期权（也称多资产型期权）是指包含两个或两个以上标的资产的期权。在为这类期权定价时必须考虑标的资产之间的相关关系，相应地产生了伊滕引理和B－S－M模型在多维世界中的扩展。

1. 彩虹期权

彩虹期权（rainbow option）是一种到期支付额取决于两种或多种资产中的最高额与敲定价格之差的期权。彩虹期权的收益为：

$$\max[0,\max(S_1,S_2,\cdots,S_n)-X]$$

在这里我们主要介绍两资产的彩虹期权定价过程，多资产可以自行推广。在满足伊滕引理的假设条件下，彩虹期权满足偏微分方程为：

$$df=\frac{\partial f}{\partial t}d_t+\frac{\partial f}{\partial S_1}dS_1+\frac{\partial f}{\partial S_2}dS_2+\frac{1}{2}\left[\sigma_1^2S_1^2\frac{\partial^2 f}{\partial S_1^2}+2\sigma_1\sigma_2\frac{\partial^2 f}{\partial S_1\partial S_2}+\sigma_2^2S_2^2\frac{\partial^2 f}{\partial S_2^2}\right]dt$$

2. 价差期权

价差期权（spreads option）是指由标准欧式期权、远期合约、现金以及标的资产所构成的组合期权。

本书于7.3已介绍多种价差的组合方式，主要有牛市价差、熊市价差、蝶式价差和日历价差等。以牛市价差期权为例，可以通过卖出高行权价K2的看涨期权，并买入低行权价位K1的看涨期权来构造，两笔期权交易的价格差值即为牛市价差期权的价格。

8.2.4 期权定价前沿

期权定价方法随着时间的推移和金融市场的发展在不断地进步中。自从由布莱克和斯科尔斯（Black and Scholes）提出期权定价理论，该理论在股票价格变化分析方面得到了有效应用。针对扩散模型，需假设价格连续变化。伴随着后续研究的不断深入，人们发现在实践运用过程中，Black－Scholes模型分析结果与实际情况存在出入。一旦有重大事件发生，如认识变动、灾难等重大信息出现，股票市场上将出现价格大幅度波动，呈现出跳跃性的特点。出现这种情况，主要是由于以往模型采用的是纯粹的假设因素。针对这一问题，后续学者不断进行模型改进，以便使Black－Scholes模型得到更好的推广运用。从实践研究来看，在股票市场上，不连续波动的发生，主要是受到了利率跳变的影响。黄艳华在《随机跳风险与随机强度组合模型的欧式期权定价》一文中，通过分析股票市场结构，联合分析随机跳风险与随机强度，并提出了相应的组合模型。在此基础上，通过对以往的傅里叶反变化、Feynman－Kac公式等进行联合运用，则能更好地完成欧式期权定价分析。从模型特点上来看，跳风险的引进，同时加强市场利率跳变，使得股票波动与随机变化相关性更加显著，因此得到的结果更具普遍性。

近年来，出于风险控制和价值投资的需求，碳排放权期权交易市场逐渐兴起。但对于碳排放权期权的研究主要沿用对一般大宗商品或股票的欧式期权的模型研究，定价仍采用 Black - Scholes 期权定价模型。然而，使用 Black - Scholes 期权定价模型有以下缺点：如几何布朗运动连续的低随机性的白噪声不易反映来自外部市场的突发影响，如突然发布的产业政策和环保政策，汇率或大宗商品市场的突发走势，这些都使得固定漂移系数和波动率的几何布朗运动模型失效或低效。因此，刘悦、杨爱军、林金官在《基于机制转换模型的碳排放权期权定价》一文中，引入机制转换模型，将几何布朗运动的漂移系数和扩散系数（波动率）随机化。以马尔可夫过程描述不同状态机制之间的转换，而这些状态刻画了市场的冷热。

金融资产价格波动形态兼具小规模连续波动和突发离散跳跃两种形式。当前，期权定价模型中引入跳跃能使模型得到优化。针对突发跳变，默顿、达菲等（Merton、Duffie et al.）以及寇等（Kou et al.）在价格动态模型中加入跳跃成分捕获价格行为中大规模跳跃，建立了有限跳跃扩散模型（AJD），提高了定价表现能力；针对小规模连续跳变，学者们提出无限活动率的纯跳跃 Lévy 模型取代连续扩散成分，如 NIG、VG、CGMY 等模型。无限活跃 Lévy 模型能在有限时间间隔内发生无穷次跳跃。宫晓莉、庄新田在《调和稳定 Lévy 过程驱动的双重跳跃模型及期权应用》一文中，为准确刻画证券价格波动过程中的跳跃特征，捕获收益率尖峰厚尾、有偏等非高斯特征以及波动率集聚、异方差性等效应，建立了证券价格与相应波动率均存在跳跃的随机波动率模型，其中跳跃分布为两类纯跳跃 Lévy 分布（调和稳定分布和速降调和稳定分布）。最终，构建得到调和稳定 Lévy 过程驱动的双重跳跃随机波动模型。

8.3　案例分析

8.3.1　深南电巨亏事件

1. 案例简介①

2008 年 3 月，深圳南山热电股份有限公司（以下简称深南电）与高盛集团子公司杰润公司（以下简称杰润公司）之间签订两份期权合约，规定杰润公司帮助深南电进行套期保值。合约签立时，国际市场原油价格在 108 美元/桶之上，且油价呈上升趋

① 资料来源：新浪财经，详见 http://finance.sina.com.cn/stock/stocktalk/20081226/10435689097.shtml。

势。但7月中旬油价见顶，10月下旬跌破62美元/桶。

第一份合约的有效期为2008年3月3日至12月31日，第二份合约有效期为2009年1月1日至2010年10月31日，两份合约均由三个期权合约构成，具体内容见表8.2“合约内容”部分。

2008年10月下旬，深圳证监局对深南电下发《限期整改通知》责令其限期整改，其股票随后停牌。2008年12月13日，合约双方宣布终止交易。

事件曝光后，媒体和一些专家抨击深南电的交易不是套期保值，而是赌博，称这两份协议为对赌协议：石油价格上涨，深南电一无所获；石油价格下跌，深南电将会巨亏。①

2. 案例分析

表8.2给出了不同原油价格下深南电期权合约的损益情况。举例来说，2008年7月，原油价格收盘价为145.78美元/桶，根据合约，深南电可以收到杰润公司的30万美元现金。然而，2008年12月，原油价格收盘价为44.60美元/桶，根据合约，深南电需要向杰润公司支付696万美元现金［（62 －44.6）×40］。可以看出，深南电的收益是有限的，但风险却是无限的。

在这一期权交易中，杰润公司对合约具有优先选择权，即可以根据市场价格的波动情况，选择是否激活第二份协议中的期权合约，只有当石油价格在2008年12月30日远低于62美元时，高盛才会激活这份互换协议。两份协议的签订对于深南电来说，几乎没有任何避险功能。尽管合约签署时国际原油市场呈现看涨趋势，跌破62美元/桶看似不可能，可是深南电的过分自信使其忽略了价格下跌的巨大损失。

表8.2　　深南电期权合约损益情况

第一份期权合约	
合约目的	套期保值
合约内容	若国际原油期货价格高于63.5美元/桶，杰润公司每月支付深南电30万美元
	若国际原油期货价格低于63.5美元/桶且高于62美元/桶时，深南电每月可得（国际原油期货价格－62美元/桶）×20万桶的收益
	若国际原油期货价格低于62美元/桶，深南电按照（62美元/桶－国际原油期货价格）×40万桶的金额向杰润公司支付现金
结果	2008年3月到10月，国际原油期货价格均高于62美元/桶的上方，杰润公司每月向深南电支付30万美元，深南电收到240万美元。 10月下旬开始，国际原油期货价格一路走低，跌破62美元，深南电按照合约的金额向杰润公司支付现金。深南电在11月和12月共亏损1007万美元

① 资料来源：第一财经日报，详见 https：//www. yicai. com/news/677609. html。

续表

第二份期权合约	
合约目的	套期保值
合约内容	当国际原油期货价格高于66.5美元/桶时，深南电每月可获34万美元的收益
	国际原油期货价格高于64.8美元/桶且低于66.5美元/桶时，深南电每月可获（国际原油期货价格－64.5美元/桶）×20万桶的收益
	国际原油期货价格低于64.5美元/桶时，深南电每月需向杰润公司支付与（64.5美元/桶－国际原油期货价格）×40万桶等额的美元
结果	若第二份合约没有被叫停，则按石油价格在2009年末的33美元来计，深南电一个月的损失就将高达1200万美元

资料来源：笔者自行整理。

3. 案例总结

深南电失败的套期保值案例带来的经验教训有：

（1）选择合理工具。深南电作为一家对原油有大量需求的企业，利用期货、期权市场进行套期保值本无可厚非，但它却选择了收益有限、风险无限的看跌期权。基于看跌期权的特性，企业在进行套期保值时，虽然可以在交易到期日前避免发生成本支出并且得到一笔权利金，但一旦风险事件发生，权利金就不足以弥补损失。因此，企业不应该将做空看跌期权作为合理的套保工具，而应该考虑看涨期权组合等。

（2）避免投机心理。在此次事件中，深南电显然并不是一个单纯的套期保值者，它与杰润公司签订的合约有对赌成分，企图靠投机获利。深南电赌未来原油期货价格会上涨，而杰润公司则相反。一般地，企业签订套期保值合约的目的是锁定成本而不是提高收益，因此在这一过程中应该避免投机心理，以降低风险为主要目标。

（3）增强风险意识。深南电的巨亏究其根本在于未能意识到，一旦油价跌至62美元以下，其成本将成倍放大。深南电在合约中锁定了自己的收益却未控制风险的行为是对自身预测能力的盲目自信。然而，市场变幻莫测，企业在套期保值过程中若不能全面考虑未来可能遇到的风险，就会步深南电的后尘。

（4）熟知专业知识。深南电巨亏事件一经披露，我们不得不质疑它与杰润公司协议的公平性。杰润公司作为提供套期保值咨询服务的一方，为深南电策划了两份对赌性质明显的协议。而深南电也同意签订，说明深南电过度依赖这样的金融机构，而对套期保值相关专业知识不甚了解。因此，有套期保值需要的企业应该成立其专门的业务部门，提高专业素养，在签订合约时“擦亮眼睛”。

（5）谨慎选择场外期权交易。由于我国期权交易市场尚在成长阶段，国内许多企业在进行期权交易时倾向选择场外市场。场外市场虽然能为参与者提供更多元化的合约，但其信息透明度很低，监管方面也较弱，这就导致企业很难发现对手方的风险敞口。与深南电情况类似的，还有中信泰富因购买澳元外汇累计期权从而巨亏超百亿的惨痛经历，碧桂园因参与股票累计期权导致十几亿元的损失。因此，在进行场外市场，企业应该谨慎交易。

8.3.2 苹果“保险+期货”项目精准扶贫

1. 案例简介[①]

近年来，我国的精准扶贫项目陆续实施，其中，苹果的“保险+期货”项目就是金融扶贫的一大创新举措。该项目以贫困县区的果农为对象，为其因苹果价格下跌可能造成的损失“保驾护航”。

2015年至2016年，我国苹果市场供过于求，局部地区滞销严重，苹果价格一路下跌，尤以陕西、甘肃两省为甚。这两省的苹果种植品种结构存在缺陷：早熟品种（7～8月上旬成熟）严重短缺，中熟品种（8～9月成熟）不足，晚熟品种（10月以后）严重过剩。在晚熟品种中，红富士品种栽培量大、供给过剩导致难卖现象频频出现，许多贫困果农难以维持生活，急需相关援助。期货的功能恰好可以改善这种品种结构带来的困境，抑制过剩的红富士供给。

2017年12月，郑州商品交易所在全球范围内推出苹果期货。随后在郑州商品交易所牵头下，保险公司、期货公司合作，纷纷开展苹果“保险+期货”试点，并在此基础上引入银行这一战略合作金融机构，积极推进“保险+期货+银行”金融扶贫创新模式的试点应用。

2017年12月22日，全国首个苹果“期货+保险”项目由华信期货联合人保财险陕西省分公司推出，在国家扶贫开发工作重点县——宜君县正式签约运作。华信期货全额补贴6万余元保费，为40户贫困户、100吨苹果提供保障，项目具体内容如表8.3所示。

表8.3　　宜君县试点项目内容

试点编号	试点一	试点二	试点三	试点四
投保时间	2017年12月22日	2018年1月24日	2018年1月24日	2018年3月26日
参与金融机构	人保财险、华信期货			人保财险、银河期货、青岛农商行

① 资料来源：中国政府网，详见 http：//www. gov. cn/xinwen/2018－01/01/content_5252273. htm。

续表

试点编号	试点一	试点二	试点三	试点四
被保险人	26 户果农	20 户果农	6 户果农	青岛润耕佰川农业专业合作联合社
目标标的	苹果期货 AP805 合约			AP807 合约
目标价格	8600 元/吨	8400 元/吨	8000 元/吨	7720 元/吨
触碰价格	6000 元/吨	7000 元/吨	6988 元/吨	无
行权有效期	2017 年 12 月 27 日	2018 年 1 月 24 日	2018 年 1 月 24 日	2018 年 3 月 26 日
	2018 年 3 月 9 日	2018 年 5 月 15 日	2018 年 2 月 26 日	2018 年 4 月 25 日
行权价格	被保险人可自由指定行权有效期内 AP805 合约盘中任意成交价格	AP805 合约在行权有效期内每日收盘价的算数平均值	被保险人可自由指定行权有效期内 AP805 合约盘中任意成交价格	AP807 合约在行权有效期内每日收盘价的算数平均值
投保数量	100 吨	76 吨	190 吨	200 吨
保费金额	约 6 万元	约 5 万元	约 10 万元	约 8 万元
保费支付方式	华信期货金额垫付			政府补贴 60% + 投保人自付 40%
行权方式	美式 + 触碰式期权	亚式 + 触碰式期权	美式 + 触碰式期权	亚式 + 触碰式期权
赔付条件	1）若期货收盘价格小于触碰价格，触发期权行权，获得目标价格与触碰价格的差额 2）若期货收盘价格大于等于触碰价格，则获得目标价格与行权价格差额			3）若期货收盘价小于目标价格，行权，获得行权价与目标价差额，否则不赔付

资料来源：中国政府网。

2. 案例分析

此次项目的本质是一个以苹果期货合约为标的的触碰式看跌期权。试点一和试点三行权价格的决定方式表明其利用的是美式期权，而试点二和试点四则是亚式期权。

试点一的行权有效期内苹果行情较好：在 2018 年 1 月 19 日之前，苹果期货 AP805 合约任意交易日盘中成交价格均未跌破 6000 元/吨，最终 26 户果农主动选择于 2018 年 1 月 19 日以 7660 元/吨的行权价格结算，获得每吨 940 元（8600 - 7660）的赔付。

在试点二和试点三的行权有效期内，苹果期货合约的收盘价均触碰到了其约定的价格，触发期权行权，果农获得了触碰价格与目标价格之间的价差赔偿。

试点四的模式与前三个试点不尽相同，它并未设置触碰价格，青岛润耕佰川农业专业合作联合社收益只与目标价格有关。2018 年 3 月 26 日至 2018 年 4 月 25 日期间，苹果期货 AP807 合约每日收盘价的算术平价为 7722.05 元/吨，高于目标价格，因此不进行赔付。

这些项目采用了美式+触碰式期权或亚式+触碰式期权，前三个试点均为农户设定了最低价格保障，即触碰价格。采用看跌期权本质上是对果农价格风险的锁定，是一种套期保值，若苹果价格上涨，果农自然选择不行权，但有期权费的支出。若价格下跌，果农可选择行权锁定售出苹果价格，在期货市场上以约定价格卖出苹果。因此果农最多会因为价格的波动而损失期权费。若国家能够为其补贴部分期权费，则农户能够以极低的成本来锁定价格风险每年获得稳定的收入。

3. 案例总结

对我国来说，推行苹果“保险+期货”模式精准扶贫项目应该注意以下三点：

（1）加强苹果期货市场监管。苹果作为一种农作物，有很强的季节性，而且收到天气等环境因素的影响巨大。这就使得苹果期货合约具有很高的风险。2018 年 4 月，由于天气影响，市场上形成了苹果产量下降的预期。这就使得投机者纷纷开始炒作苹果期货，这种过度投机行为损害了期货合约的价格发现和套期保值的功能。

显然，若市场持续存在过度投机，则精准扶贫项目的成效将大打折扣。因此，需要相关交易所和政府部门加强对期货市场的监督管理，有效杜绝投机者的活跃。

（2）提高产业客户专业素养。如第一点所述，苹果期货市场上存在大量投机者对精准扶贫不利，而许多相关产业客户由于对期货的不甚了解，而不能积极地参与市场交易。因此，国家在推行项目时，应当定期举行知识培训班，做好苹果期货的宣传工作。

（3）完善苹果期货交易机制。我国苹果的“期货+保险”模式才开始试点，虽然已经卓有成效，但仍没有充分考虑苹果的特点，让市场上存在投机者。因此，交易所可以充分考虑苹果作为“扶贫之果”的特殊地位，从保证金比例、涨跌停板幅度、限仓制度等具体期货合约标准的设置上，完善苹果期货合约交易机制，从制度建设上遏制过度投机发生。

第9章
套期保值

引　例

2008年1月9日，上海期货交易所黄金期货的推出为国内黄金套利及黄金相关企业套期保值提供了便利。黄金生产商面临的风险主要在于预期黄金价格下滑风险，可以通过套期保值策略在黄金期货市场上出售期货。

具体而言，某矿产企业黄金生产成本在130元/克，未来3个月会有5吨黄金产出，目前黄金现货价格为200元/克，而3个月黄金期货价格为210元/克，因此该矿产企业就有10元超额利润，但客观上期现价差有逐步缩小的可能，为了规避未来黄金价格下滑所产生的风险，该黄金矿产商在期货市场上卖出5000手合约，3个月后价差缩小至5元，该厂商套期保值成功。厂商利用期货市场成功锁定了超额收益。通常情况下，如果黄金期货价格高出现货价格，那么黄金矿产商就可以通过期货市场进行操作以实现稳定盈利。

问题：

（1）什么是套期保值？

（2）套期保值的作用是什么？

（3）如何进行有效的套期保值？

9.1　套期保值

9.1.1　定义与分类

由于新冠疫情持续冲击，2020年4月30日，WTI原油每桶价格接近－40美元；7月份，国内猪肉价格同比上涨85.7%，国际金价突破2000美元/盎司关口，创造历史新高。上游生产资料的大起大落，使得下游生产、加工、流通企业面临着巨大价格风险。如何在错综复杂的环境下有效回避价格风险，使得自身损失降低至最小，是所有生产经营者以及投资者需要考虑的问题。而套期保值作为回避价格风险、降低生产经营成本的有效工具，对于企业持续向好发展，尤其是在新冠疫情复工复产期间，增加企业生产效率（降低库存、控制原材料价格）具有重大意义。

套期保值（hedging），又称为对冲，是交易者为了防范金融市场上其持有的或将要持有的现货金融资产头寸（多头或空头）面临的未来价格变动带来的风险，利用期货价格和现货价格受相同经济因素影响、具有相似发展趋势的特点，在金融期货市场上通过做一笔和现货市场上方向相反（空头或多头）的金融衍生产品的交易来冲销现货市场上资产价格的变动，以达到转移风险目的的一种交易方式。

套期保值在现货和期货市场的操作步骤分为两个阶段：第一阶段，套期保值者根据其现货交易趋势判断，通过买进或者卖出期货合约，建立一个与现货交易仓位相反的期货仓位；第二阶段，在期货合约到期前后，套期保值者在现货交易市场上实际卖出或者买入某种现货，通过建立与先前期货仓位相反的另一个期货仓位将先前期货合约对冲平仓，完成整个套期保值流程。根据在现货市场持有或将要持有资产的不同，按照套期保值者在期货市场的入市操作方向或者对市场价格的预期，套期保值分为多头套期保值（long hedging）和空头套期保值（short hedging）。

多头套期保值，又称为买入套期保值或者买期保值，是指套期保值投资人在期货市场进行多头交易，即买入期货合约对未来持有的资产进行对冲的交易策略。多头套期保值的目的是降低日后因为现货价格上升而带来的亏损风险，本质上是利用期货市场的盈利对冲现货市场亏损。对于未来需要购入现货（大宗商品、外汇、股指）但又担心现货价格上涨的交易者，为了提前锁定成本，可以采用多头套期保值策略。

空头套期保值，又称为卖出套期保值或者卖期保值，是指套期保值投资者在期货市场进行空头交易，即卖出期货合约对现在持有的资产进行对冲的交易策略。空头套期保值的目的是降低日后因为现货价格下降而带来的亏损风险，本质上仍旧是利用期货市场的盈利对冲现货市场亏损。对于未来需要出售现货（大宗商品、外汇、股指）但又担心现货价格下跌的交易者，为了提前锁定交易价格和保证利润，可以采用空头套期保值策略。

对于交易者，多头套期保值和空头套期保值建立了现货和期货之间，现期和远期之间的一种对冲机制，使得现货市场上的价格风险降到最低。对于生产经营企业而言，套期保值可以帮助企业灵活调配资金，有效控制生产经营成本，保障正常商业利润。相对于套期保值的益处，其弊端在于：对于多头套期保值而言，失去了因为价格进一步下跌时的高利润，对于空头套期保值者而言，失去了因为价格上涨获得的额外收益。对于追求稳定生产的经营者而言，套期保值的益处要远远高于它的弊端。

9.1.2 套期保值原理

套期保值之所以能够作为回避价格风险的有力工具，是因为有两个基本的经济学原理保证期货市场和现货市场的趋同性和趋合性。

1. 趋同性原理

趋同性原理指同种商品的期货价格走势和现货价格具有相同的走势。同一品种的商品，同一标的物，其期货价格和现货价格受到相同的经济因素的影响和制约，一般情况下两个市场的价格变动趋势和方向具有一致性，其中价格波动幅度略有差异。套期保值利用两个市场的这种价格趋同性关系，同时在期货市场和现货市场做方向相反的买卖，用一个市场的盈利弥补另一个市场的亏损，从而达到回避价格风险、锁定生产成本和经营利润的目的。

2. 趋合性原理

趋合性原理指期货合约临近到期交割时，在套利者参与下，期货价格与现货价格逐渐聚合并趋于一致。期货市场的交割制度规定，期货合约到期时，必须进行实物交割或者现金交割。如果交割时期货价格与现货价格不一致，就会存在两个市场间的套利机会，即现货买进或者卖出，然后到期货市场交割，众多交易者低买高卖的期现套利行为最终使得期货价格和现货价格趋于一致。

成功的期货品种和期货市场，交易品种的期货价格与现货价格必须具有正相关的联动性，这也促进了套期保值的实现。而正是由于众多套期保值者的参与，增强了期货市场的价格发现功能，才使得期货品种和期货市场日益完善。在“后疫情时代”的关键节点，中国经济转型赋予企业新动能，鼓励企业合理利用套期保值工具，加速期货市场化进程，对于推动企业复工复产的全面展开具有重大意义。

9.1.3 套期保值交易

多头套期保值和空头套期保值有着不同的适应对象和应用范围，具体如下：

1. 交易者一般在两种情况下考虑进行多头套期保值

（1）交易者准备卖出持有的一定数量的现货组合，又担心因未来的价格上涨造成损失。在这种情形下，交易者的投资策略为在现货市场做空头，同时在期货市场做多头；即在现货市场卖出所持有的资产，同时在期货市场买入对应手数的期货合约。在期货合约到期时，若现货市场行情上涨，则买入期货合约所获得的收益可以弥补交易者在现货市场卖出标的资产组合带来的损失；若现货市场行情下跌，则卖出现货组合带来的收益可以减少买入期货合约带来的损失。这一交易策略的主要目的在于把当时卖出的现货组合的收益锁定在持有该现货组合至期货合约到期日的收益水平。以股指期货套期保值交易为例，在允许交易者进行融券做空的股票市场中，当融券者做空股票后，如果价格与预期相反，出现上涨，为归还股票，投资者不得不用更高的价格买回股票，此时，使用多头套期保值则可以起到对冲风险的作用。

（2）交易者在未来将拥有一笔资金可用于现货市场的投资，又担心现货上涨到时再投资承受额外损失。在这种情况下，交易者可以在当期买入期货合约，如果现货价格的走势判断正确，则在到期日前卖出仓位。这样在期货市场上获得的收益可以补偿现货市场上购买付出的额外价格损失。以股指期货为例，投资者预期未来一段时间内可收到大笔资金，若等到资金到位再建仓，可能会提高建仓成本。可以买入股指期货合约对冲股票价格上涨的风险，并且由于股指期货交易具有杠杆机制，买入股指期货合约所需的资金量较小。对于机构投资者，计划按当前价格买进一组股票，短期内完成建仓必然推高股价，提高建仓成本；如逐步分批进行建仓，则担心价格上涨。同样可以采用多头套期保值降低价格风险，具体而言：先买进对应数量的股指期货合约，然后再分步逐批买进股票，在分批建仓的同时，逐批将这些对应的股指期货合约卖出平仓。

2. 投资者一般在两种情况下考虑进行空头套期保值

（1）已持有一定数量的现货，又担心资产价格下跌造成损失。在这种情况下，投资者的交易策略为在现货市场做多头，同时在期货市场做空头。即在现货市场买入所持有的资产，同时在期货市场卖出对应手数的期货合约。在股指期货合约到期时，若股票市场行情上涨，则买入现货带来的收益可以弥补做空期货市场的损失；若股票市场行情下跌，则卖出股指期货合约带来的收入可以抵补现货价格下跌带来的损失，最终将现货的收益固定在合同到期日的收益水平。对于直接生产商品期货实物和持有大量库存品的厂家，以及从事转运贸易的储运商、贸易商，担心商品日后出售时价格下跌，则可以采用空头套期保值的手段对冲风险。以股指期货为例，机构投资者长期持有某种股票，短期内看空大盘，直接在市场上出售会带来巨大的执行成本，此时可以选择空头套期保值期货，卖出股指期货合约对冲短期内价格下跌的风险。

（2）在一定时间后将拥有一定数量的现货，担心资产下跌承受额外价格风险。在这种情况下，投资者可以在当期卖出期货合约，在一定时期后买入相应期货合约，利用现货市场上的操作得到利差，弥补未来现货资产可能降低的损失。对于即将收获、生产某种商品期货的农场和工厂而言，由于担心产品未来的价格下跌，可以采用对冲的手段锁定生产利润。对于从事出口贸易的厂商而言，预计在未来收到一笔以美元计价的货款，由于担心美元汇率在未来下跌，厂商可以在外汇期货市场上提前卖出美元期货，保证自身利益免受外汇波动风险。

9.2 交叉套保

交叉套期保值（cross hedging）是指如果在期货市场上没有与现货商品相同的商品合约，则应用与现货商品关系最密切的商品期货或期货组合进行保值。即交易者为某一现货套期保值，但又没有可以直接应用的商品期货合约时，则可用另一具有相同价格发展趋势的商品期货合约或期货合约组合为该现货商品进行套期保值。例如，成品油和燃料油的价格走势长期存在一致性，但成品油并无相应的期货品种，在这样的情况下，需要成品油的生产企业可以通过购买燃料油期货合约进行交叉套期保值，以规避可能的价格风险。

9.2.1 基差

交易者通过套期保值可以抵消现货市场上由价格波动引起的风险，但不能使这种风险完全消失，因为其本质上是通过较小的基差（basis）风险代替较大的价格波动。为了深刻理解套期保值的策略和方法，避免可能的价格风险，需要介绍基差的概念和本质。

基差是指需要套期保值的现货和用于套期保值的期货价格之差：

$$B(t,T) = S(t) - F(t,T) \tag{9.1}$$

式（9.1）中，$S(t)$ 是现货资产在 t 时刻的价格，$F(t,T)$ 是以现货资产为标的到期日为 T 的期货合约在 t 时刻的价格，$B(t,T)$ 则是时间 t 时刻现货和套期保值期货合约的基差。

值得注意的是，如果合约标的资产与被套期保值的资产一致，则在期货合约的到期日，期货价格会收敛于现货价格，越是临近期货合约交割日，期货价格越是趋近于现货价格。受时间价值的影响和制约，离期货合约到期的时间越远，其价格也往往越高；而在期货合约越临近到期时，期货价格就越来越接近其现货价格。这个过程，实质上就是期货基差趋向于最小化的过程，也可以说是期货价格逼近现货价格、二者逐渐收敛的过程，如图 9.1 所示。

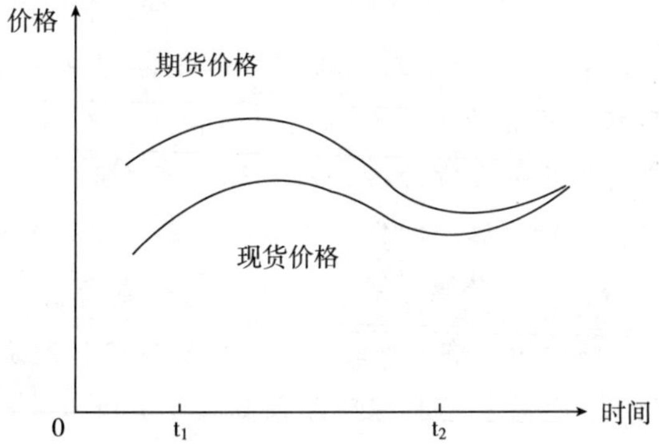

图 9.1 期货价格与现货价格的关系

基差衡量了我们用同样数量相反头寸方向的简单对冲策略时所面临的风险。由于期货价格和现货价格在到期日前并不总是完全同步，变化幅度也不相同，因此基差处于动态变化之中。若现货价格低于期货价格，基差为负值，此为正常市况；若现货价格高于期货价格，基差为负值，此为逆市况。影响基差的市场因素有很多，凡是影响现货价格和期货价格的因素均可以包含在内，包括但不限于：现货商品的供需情况，现货商品替代品的供需情况，运输、仓储以及销售成本，市场情绪，交割时间，宏观政策和经济周期等。一般地，基差的波动幅度比现货波动幅度要小，这也是为什么可以通过套期保值减少价格风险的原因。

在套期保值中，按照最终的利润可以分为盈利套期保值、亏损套期保值以及中性套期保值。其中影响套期保值收益的主要原因在于基差的变化。从算例 9.1 可以发现，在多头套期保值中，如果价格上涨且现货价格上涨的幅度低于期货价格上涨的幅度，即基差变小，套期保值者可以实现利润；如果价格下跌，且现货价格的下跌幅度小于期货价格的下跌幅度，即基差变小，此时套期保值者仍旧可以实现正的利润。同样地，对于表 9.3 和表 9.4，无论是现货价格下跌还是价格上涨，基差都是增大的，此时套期保值者处于亏损状态。由于空头套期保值者的操作方向和多头套期保值者的方向相反，综上所述，基差增大对空头套保者（收益）有利而对多头套保者（支出）不利。

在交叉套保中，为了更好地理解交叉套保时的基差来源，可以把基差分解为和期货标的完全相同的现货产品与期货之间的价差，以及套保者所涉及的现货与该标的产品的价差两部分。交叉套期保值的基差风险更大，因为其风险由两部分构成：一部分来源于套期保值资产的期货价格与现货价格之间的价差，随着交割日期的临近，标的资产的现货和期货价格趋于一致，这是由趋同性原理决定的，这也意味该部分风险会随着到期日的到来逐渐减小；另一部分风险来源于套期保值资产的现货价格与被套期保值资产的现货价格的价差，由于两种现货价格具有相关性，但是受到的市场影响有微弱不同，一旦发生小概率事件，会导致基差向着不利的方向移动，对套期保值者造成极大的亏损。

算例 9-1

A 公司是原油加工企业，5 月份在原油现货价格为 36 美元每桶时，以 37.5 美元每桶的价格买进 3 个月后到期的原油期货合约进行保值。考虑基差变小的情况：在 9 月份，原油价格上涨，现货价格和期货价格分别是 38 美元/桶和 40 美元/桶。同样地，考虑原油价格下跌的情况，现货价格和期货价格分别是 34 美元/桶和 36 美元/桶。考虑基差变大的情况：在 9 月份，原油价格上涨，现货价格和期货价格分别是 38 美元/桶和 39 美元/桶。同样地，考虑原油价格下跌的情况，现货价格和期货价格分别是 34 美元/桶和 35 美元/桶。则该工厂的多头套期保值结果如表 9.1 所示。

表 9.1　　多头套期保值（价格上涨，基差变小）

	6 月份	9 月份	收益
现货市场	原油 36 美元	原油 38 美元	-2 美元
期货市场	买入 37.5 美元期货合约	卖出 40 美元期货合约	+2.5 美元
基差	-1.5 美元	-2 美元	0.5 美元

表 9.2　　多头套期保值（价格上涨，基差变小）

	6 月份	9 月份	收益
现货市场	原油 36 美元	原油 34 美元	+2 美元
期货市场	买入 37.5 美元期货合约	卖出 36 美元期货合约	-1.5 美元
基差	-1.5 美元	-2 美元	0.5 美元

表 9.3　　多头套期保值（价格上涨，基差变大）

	6 月份	9 月份	收益
现货市场	原油 36 美元	原油 38 美元	-2 美元
期货市场	买入 37.5 美元期货合约	卖出 39 美元期货合约	+1.5 美元
基差	-1.5 美元	-1 美元	-0.5 美元

表 9.4　　多头套期保值（价格上涨，基差变大）

	6 月份	9 月份	收益
现货市场	原油 36 美元	原油 34 美元	+2 美元
期货市场	买入 37.5 美元期货合约	卖出 35 美元期货合约	-2.5 美元
基差	-1.5 美元	-1 美元	-0.5 美元

9.2.2　套期保值比

利用期货合约对现货进行套期保值时，每一个投资者都会关注这样一个问题——应用多少单位的期货头寸对持有的现货头寸套期保值合适。套期保值比是指套期保值的期货头寸数量与被套期保值的现货头寸数量之间的比，也称为套头比，表达式如下：

$$h = \frac{Q_F}{Q_S} \tag{9.2}$$

式（9.2）中，Q_F 为期货头寸的数量；Q_S 为现货头寸的数量；h 为套头比。

1:1 套头比是指对一个单位的现货资产，用一个单位的期货进行套期保值。由于实际投资多种因素限制，1:1 的套头比未必能满足投资者的需求。首先，不同投资者手中的现货商品千差万别，和标准化期货合约并不完全相同。以股指期货套期保值为例，在股票市场指数下跌或上升时，并不是所有的股票价格都下跌或上升，有的股票价格上升或下跌本同市场逆向运动，而且下跌或上升的幅度千差万别。然而，由于大量投资者手中所持有的股票组合可能是无限的，而股指期货市场所能提供的股指期货合约的种类是有限的，有些投资者未必能找到与其股票组合的价值变动一致或大致一致的股指期货合约。此外，期货合约是标准化的，是期货交易所提供的一些确定期限的期货合约，期限可能与投资者标的物期限不同。以上情况决定了投资者需要采用交叉套期保值策略。在下一节将给出最优套头比确认的优化方法和统计方法。

9.2.3 最优合约数

企业在对持有资产进行套期保值时，往往需要计算用来进行套期保值期货合约的数目。最优合约数就是企业能够获得最大利益时需要的期货合约个数。

为了计算对冲所采用的合约数量，定义 Q_A 为被对冲头寸的大小（单位数量），Q_F 为合约的规模（单位数量），N^* 为用于对冲的最优期货合约数量。应采用的期货合约的面值为 $h^* \times Q_A$，因此所需的期货合约数为：

$$N^* = \frac{h^* Q_A}{Q_F} \tag{9.3}$$

算例 9-2

A 航天公司打算运用 6 个月的民用燃油期货对冲其价值 5000 万美元的航空燃油现货，假设此时的套头比是 1.5，民用燃油期货一份的价格是 40 万美元，求该航天公司应该卖出的期货合约数量。

$$N^* = \frac{h^* Q_A}{Q_F} = \frac{1.5 \times 5000}{40} = 187.5 \text{（份）}$$

9.3 最优套头比

9.3.1 确定最优套头比的优化方法

对于交叉套期保值，由于期货标的物和现货不相同，采用 1∶1 的套头比例的简单安排不再可行。此时对于一个单位的现货，使用多少单位的期货进行套期保值是最合适的呢？这个问题并不具有唯一答案。比如说，在要求保值后的风险最小，不考虑收益性的假设下可以得到一个最优套头比。如果要求保值后资产的风险最小，同时收益不能低于某一个水平，这样又会产生一个新的套头比。此外选择不同的风险测度也会得出不同的最优套头比。本节假设不存在交易成本，考虑套期保值者持有一个单位的现货多头头寸，采用空头套期保值策略对冲价格风险。讨论以下三种不同的最优套期保值的优化方法：

（1）风险最小的套期保值方法；

（2）给定风险承受水平下收益最大的套期保值方法；

（3）确定期望收益目标下风险最小的套期保值方法。

1. 风险最小的套期保值方法

设 $S(0)$ 为现货资产的价格；$F(0,T)$ 为资产的期货价格；$S(t)$ 为 t 时刻现货价格；$F(t,T)$ 为 t 时刻到期日为 T 的期货的价格；h 为套头比。其中，t 时刻下现货资产价格 $S(t)$ 和期货资产价格 $F(t,T)$ 是不确定的。

以空头套期保值为例，假设未来的套保期间的情形可以用历史数据外推，现货价格变化是 $\delta S(t)$，期货价格变化是 $\delta F(t,T)$，则在套期保值期间套期保值组合的价格变化为：

$$R_S(h) = [S(t) - S(0)] - h[F(t,T) - F(0,T)] \tag{9.4}$$

$$R_S(h) = \delta S(t) - h\delta F(t,T) \tag{9.5}$$

套期保值资产的价格变化的方差为：

$$\begin{aligned} Var[R_S(h)] &= Var[\delta S(t)] + h^2 Var[\delta F(t,T)] - 2hCov[\delta S(t), h\delta F(t,T)] \\ &= \sigma_S + h^2\sigma_F^2 - 2h\rho\sigma_S\sigma_F \end{aligned} \tag{9.6}$$

式（9.6）中，σ_S 和 σ_F 是 δS 和 δF 的标准差，ρ 是 δS 和 δF 的相关系数，记 $\sigma_{SF} = Cov[S(t),F(t,T)]$。最优套头比的取值应该使得套期保值后的风险尽可能小，即最小化由一单位现货和 h 单位的期货构成的资产组合的方差，如下：

$$\min Var[R_S(h)] = \sigma_S + h^2\sigma_F^2 - 2h\rho\sigma_S\sigma_F \tag{9.7}$$

由于方差总存在极小值，由最优性的一阶必要条件，$\dfrac{\partial Var[R_S(h)]}{\partial h}$

得到：

$$h^* = \frac{Cov(\delta S,\delta F)}{Var(\delta F)} = \rho\frac{\sigma_S}{\sigma_F} \tag{9.8}$$

由以上公式可知，若现货价格与期货价格变动完全正相关时，$\rho = 1, \sigma_S = \sigma_F$，此时得到的套头比为 1:1。该套头比是在理想情况下得出的。在多种现实因素制约下，相同标的资产的期货价格与现货价格波动的方向、幅度、频率一般不完全相同，因此该套头比难以实现，但在一些场合下仍能起到一定效果。

2. 给定风险水平下使收益最大的套期保值方法

对于空头套期保值投资者，采用套期保值后其组合收益的期望和方差可以表示为：

$$E[R_S(h)] = E[S(t) - S(0)] - hE[F(t,T) - F(0,T)] \\ = E[S(t) - hF(t,T)] - [S(0) - hF(0,T)] \tag{9.9}$$

$$Var[R(h)] = Var[S(t)] + h^2Var[F(t,T)] - 2hCov[S(t),F(t,T)] \\ = \sigma_S^2 + h^2\sigma_F^2 - 2h\sigma_{SF} \tag{9.10}$$

式（9.9）和式（9.10）中，$E[S(t)]$ 和 $E[F(t,T)]$ 分别表示现货和期货价格的期望值。

对于此类投资者，可确定最优套期保值策略的数学模型如下：

$$\max E[R_S(h)] = \{E[S(t)] - S(0)\} + h\{F(0,T) - E[F(t,T)]\} \\ s.t.\ Var[R(h)] = \sigma_S^2 + h^2\sigma_F^2 - 2h\sigma_{SF} \leqslant \sigma_M^2 \tag{9.11}$$

式（9.11）中，σ_M^2 表示投资者所能接受的风险水平。这是一个关于套头比 h 的二次约束优化问题。

由于目标函数是线性的，最优解必在可行域（区间）的端点处取得。约束条件可简化为：

$$ah^2 - 2bh + c \leqslant 0 \tag{9.12}$$

$$a = \sigma_F^2, b = \sigma_{SF}, c = \sigma_S^2 - \sigma_M^2 \tag{9.13}$$

问题的可行域为：

$$\frac{b - \sqrt{b^2 - ac}}{a} \leqslant h \leqslant \frac{b - \sqrt{b^2 - ac}}{a} \tag{9.14}$$

根据目标函数一次项系数的正负，可以得到最优套头比为：

$$h^* = \begin{cases} \dfrac{b + \sqrt{b^2 - ac}}{a} & F(0,T) - E[F(t,T)] > 0 \\ \dfrac{b - \sqrt{b^2 - ac}}{a} & F(0,T) - E[F(t,T)] < 0 \end{cases} \tag{9.15}$$

对于多头套期保值，其期望收益可以表示为：

$$E[R_l(h)] = -E[S(t) - S(0)] + hE[F(t,T) - F(0,T)] \\ = -E[S(t) - hF(t,T)] + [S(0) - hF(0,T)] \tag{9.16}$$

可确定数学模型如下：

$$\max E[R_l(h)] = -E[S(t) - hF(t,T)] + [S(0) - hF(0,T)] \\ \text{s.t.}\ Var[R(h)] = \sigma_S^2 + h^2\sigma_F^2 - 2h\sigma_{SF} \leqslant \sigma_M^2. \tag{9.17}$$

与空头套期保值计算方法类似，可得最优套头比为：

$$h^* = \begin{cases} \dfrac{b + \sqrt{b^2 - ac}}{a} & F(0,T) - E[F(t,T)] < 0 \\ \dfrac{b - \sqrt{b^2 - ac}}{a} & F(0,T) - E[F(t,T)] > 0 \end{cases} \tag{9.18}$$

综上所述，将多头套期保值和空头套期保值的最优套头比总结如下（见表9.5）：

表9.5　　给定风险下套期保值结果

条件	空头套期保值	多头套期保值
$F(0,T)-E[F(t,T)]>0$	$\frac{b+\sqrt{b^2-ac}}{a}$	$\frac{b-\sqrt{b^2-ac}}{a}$
$F(0,T)-E[F(t,T)]<0$	$\frac{b-\sqrt{b^2-ac}}{a}$	$\frac{b+\sqrt{b^2-ac}}{a}$

3. 确定的期望收益目标下使风险最小的套期保值方法

下面考虑在确定的收益目标下，确定使得风险最小的套期保值策略。

空头套期保值的模型为：

$$\begin{aligned}&\min \quad Var[R_s(h)]\\&s.t. \quad E[R_S(h)]\geqslant\mu\end{aligned} \tag{9.19}$$

多头套期保值的模型为：

$$\begin{aligned}&\min \quad Var[R_l(h)]\\&s.t. \quad E[R_l(h)]\geqslant\mu\end{aligned} \tag{9.20}$$

式（9.20）中，μ 为给定的预期收益水平。其中两个模型的目标函数相同，约束为线性，都是关于套头比 h 的二次规划问题。

在这类模型中确定最优套头比的方法为：

（1）先确定 $Var[R(h)]$ 在无约束条件下的最优套头比，$h^*=\frac{\sigma_{SF}}{\sigma_F^2}$；

（2）将所得套头比代入问题的约束，看约束条件是否得到满足。

如果约束条件得到满足，即为所求的最优套头比。如果约束条件得不到满足，最优套头比可直接从约束方程给出。

对于空头套期保值，由：

$$E[R_S(h)]=E[S(t)-S(0)]-hE[F(t,T)-F(0,T)]-\mu=0 \tag{9.21}$$

对应的套头比应该为：

$$h^*=\frac{E[S(t)]-S(0)-\mu}{E[F(t,T)]-F(0,T)} \tag{9.22}$$

同理可以得到，多头套期保值者的最优套头比：

$$h^*=\frac{E[S(t)]-S(0)-\mu}{F(0,T)-E[F(t,T)]} \tag{9.23}$$

将所得的最优套头比代入目标函数，得到套期保值资产组合的残留风险，再同资产未经套期保值面临的价格风险比较，即可求得套期保值的有效性指标。

9.3.2 套期保值的有效性

套期保值策略的有效性是每一个套期保值者所关注的核心问题之一，即套期保值有效性的衡量。下面以使风险最小的套期保值方法为例，说明套期保值效率的问题。

投资组合套期保值后的残留风险可表示为：

$$Var[R(h^*)] = \sigma_S^2 + \left(\frac{\sigma_{SF}}{\sigma_F^2}\right) \times \sigma_F^2 - 2\frac{\sigma_{SF}}{\sigma_F^2} \times \sigma_{SF} = \sigma_S^2 - \frac{\sigma_{SF}}{\sigma_F^2} \tag{9.24}$$

无论是现货资产空头还是多头，现货资产不经套期保值的风险可表示为：

$$Var[R_a(t)] = Var[S(t)] = \sigma_S^2 \tag{9.25}$$

其中 $R_a(t) = S(t) - S(0)$（多头）；或者 $R_a(t) = S(0) - S(t)$（空头）。

根据套期保值有效性的定义，可用资产经套期保值后，由套期保值所减少的风险同未经套期保值所面临的风险暴露的比来表示。

因此，部分避险的套期保值策略有效性可表示为：

$$\begin{aligned} H_E &= \frac{Var[R_a(t)] - Var[R(h^*)]}{Var[R_a(t)]} = 1 - \frac{Var[R_a(h^*)]}{Var[R_a(t)]} \\ &= 1 - \frac{\sigma_S^2 - \dfrac{\sigma_{SF}}{\sigma_F^2}}{\sigma_S^2} \\ &= \frac{\sigma_{SF}}{\sigma_S^2\sigma_F^2} \end{aligned} \tag{9.26}$$

对于衡量套期保值效率的 H_E，该比率最大值为 1，越接近数字 1，则意味着套期保值的效率越高；当该值取 1 时，意味着用于对冲的现货和期货完全相关，即相关系数为 1，此时最优的套头比为 1:1，经过套期保值操作后，风险暴露降为 0。

同样地，可用基差的方差与协方差来表述使投资组合风险最小的套头比和套期保值的有效性，令：

$$B(t,T) = S(t) - F(t,T) \tag{9.27}$$

空头套期保值可表示为：

$$\begin{aligned} R_S(h) &= [S(t) - S(0)] + hE[F(0,T) - F(t,T)] \\ &= B(t,T) - B(0,T) + (1-h)E[F(t,T) - F(0,T)] \end{aligned} \tag{9.28}$$

多头套期保值可表示为：

$$R_S(h) = (S_0 - S_t) + hE(F_{t,T} - F_{0,T}) = B_{0,T} - B_{t,T} + (1-h)E(F_{0,T} - F_{t,T}) \tag{9.29}$$

套期保值后投资组合收益变动的方差表示为：

$$\sigma_F^2 = \sigma_B^2 + (1-h)^2\sigma_F^2 + 2(1-h)\sigma_{BF} \tag{9.30}$$

式（9.30）中，$\sigma_{BF} = Cov[B(t,T),F(t,T)] = Cov[S(t) - F(t,T),F(t,T)]$

$$Cov[S(t),F(t,T)] - Var[F(t,T)] = \sigma_{BF} - \sigma_F^2 \tag{9.31}$$

使风险最小的套头比是无约束优化问题的最优解：

$$\min Var[R(h)] = \sigma_B^2 + (1-h)\sigma_F^2 + 2(1-h)\sigma_{BF} \tag{9.32}$$

由最优性的一阶必要条件，最优套头比为：$h^* = 1 + \dfrac{\sigma_{BF}}{\sigma_F^2}$。

可以看出两种套头比是相同的：

$$h^* = 1 + \frac{\sigma_{SF} - \sigma_F^2}{\sigma_F^2} = \frac{\sigma_{SF}}{\sigma_F^2} \tag{9.33}$$

套期保值后资产组合所面临的风险为：

$$Var[R(h^*)] = \sigma_B^2 + \left(\frac{\sigma_{BF}}{\sigma_F}\right)^2 \times \sigma_F^2 - 2\frac{\sigma_{BF}}{\sigma_F^2} \times \sigma_{BF} = \sigma_B^2 - \frac{\sigma_{BF}}{\sigma_F^2} \tag{9.34}$$

其中：

$$\begin{gathered} \sigma_B^2 = Var[B(t,T)] = Var[S(t) - F(t,T)] \\ Var[S(t)] + Var[F(t,T)] - 2Cov[S(t),F(t,T)] = \sigma_S^2 - \sigma_F^2 - 2\sigma_{SF} \end{gathered} \tag{9.35}$$

代入后得到：

$$Var[R(h^*)] = \sigma_S^2 + \sigma_F^2 - 2\sigma_{SF} - \frac{(\sigma_{SF} - \sigma_F^2)^2}{\sigma_F^2} = \sigma_S^2 - \frac{\sigma_{SF}^2}{\sigma_F^2} \tag{9.36}$$

结果与前面给出的最小方差下的结果相一致。同样地，可以得到风险暴露比衡量套期保值的效率。

算例9-3

考虑这样一对现货和期货资产，其最近20天的现货价格和期货价格如表9.6所示。按照风险最小的套期保值方法计算最优套头比，并给出套期保值的有效性。

首先计算现货价格和期货价格的方差和协方差：

$\sigma_S^2 = 0.01127$，$\sigma_F^2 = 0.29957$，$\sigma_{SF} = 0.02480$

则可求解最优套头比：

$$h^* = \frac{\sigma_{SF}}{\sigma_F^2} = 0.08279$$

该投资组合残留的风险暴露为：

$$Var[R(h^*)] = \sigma_S^2 - \frac{\sigma_{SF}^2}{\sigma_F^2} = 0.00922$$

则套期保值的有效性为：

$$H_E = \frac{\sigma_{SF}}{\sigma_S^2 \sigma_F^2} = 0.1818988$$

表 9.6　　现货和期货价格

天数	现货价格	期货价格
0	25.50	28.50
1	25.53	28.77
2	25.59	28.61
3	25.72	28.51
4	25.71	28.77
5	25.76	29.46
6	25.71	29.80
7	25.62	29.43
8	25.55	29.38
9	25.59	29.84
10	25.63	29.97
11	25.57	30.16
12	25.75	29.72
13	25.72	29.52
14	25.86	29.87
15	25.88	30.04
16	25.77	29.91
17	25.67	29.27
18	25.71	29.90
19	25.79	20.18
20	25.75	30.00

9.3.3　考虑交易费用的套期保值方法

在不存在套利机会的有效市场，交易成本对投资者来说是不容忽略的一个因素，尽管交易成本和套期保值的费用在整个套期保值的投资中仅占有很小的比例，但他们对套期保值策略和措施的确定不是无影响的，本节给出的结果也证明了这一点。由于套期保值涉及现货和期货两个市场，套期保值的费用分为现货市场的交易成本和期货市场的套期保值费用。套期保值费用指的是期货市场上的交易费用、税金以及保证金利息等。现货市场的交易费用一般要高于期货市场的套期保值费用。无论是现货市场的交易费用，还是期货市场的套期保值费用，都可以分为基本费用（又称固定费用）和随交易额的多少变化的费用两部分。一个单位的某种现货资产，在现货市场上的交易费用可表示为：

$$C_S = C_{S1} + [S(0) + S(t)]C_{S2} \tag{9.37}$$

式（9.37）中，C_{S1} 为进行一次交易的固定费用；C_{S2} 为资产每单位价值的交易费用；同样，该投资组合在期货市场上的套期保值费用可以表示为：

$$C_F = C_{F1} + h[F(0,T) + F(t,T)]C_{F2} \tag{9.38}$$

在期货市场的套期保值费用可表示为：C_{F1} 为进行一次期货交易的基本费用；C_{F2} 为单位期货头寸的交易费用；$h[F(0,T) + F(t,T)]C_{F2}$ 为随着期货的交易头寸变化的交易费用。

考虑市场交易费用和期货的套期保值费用，空头套期保值收益表示为：

$$\begin{aligned} R_S(h) &= [S(t) - S(0)] + h[F(0,T) - F(t,T)] - C_{S1} - [S(0) + \\ &\quad S(t)]C_{S2} - C_{F1} - h[F(0,T) + F(t,T)]C_{F2} \\ &= [(1 - C_{S2})S(t) - (1 + C_{S2})S(0) - C_{S1} - C_{F1}] + \\ &\quad h[(1 - C_{F2})F(0,T) - (1 + C_{F2})F(t,T)] \end{aligned} \tag{9.39}$$

对于多头套期保值，则有：

$$\begin{aligned} R_l(h) &= [-S(t) + S(0)] - h[F(0,T) - F(t,T)] - C_{S1} - [S(0) + \\ &\quad S(t)]C_{S2} - C_{F1} - h[F(0,T) + F(t,T)]C_{F2} \\ &= [(1 - C_{S2})S(0) - (1 + C_{S2})S(t) - C_{S1} - C_{F1}] + \\ &\quad h[(1 - C_{F2})F(t,T) - (1 + C_{F2})F(0,T)] \end{aligned} \tag{9.40}$$

两者的期望收益分别记为：

$$\begin{aligned} E[R_S(h)] &= \{(1 - C_{S2})E[S(t)] - (1 + C_{S2})S(0) - C_{S1} - C_{F1}\} + \\ &\quad h\{(1 - C_{F2})F(0,T) - (1 + C_{F2})E[F(t,T)]\} \end{aligned} \tag{9.41}$$

$$\begin{aligned} E(R_l(h)) &= \{(1 - C_{S2})S(0) - (1 + C_{S2})E[S(t)] - C_{S1} - C_{F1}\} + \\ &\quad h\{(1 - C_{F2})E[F(t,T)] - (1 + C_{F2})F(0,T)\} \end{aligned} \tag{9.42}$$

多头套期保值和空头套期保值的方差为：

$$Var[R_S(h)] = (1 - C_{S2})^2\sigma_S^2 + (1 + C_{F2})^2h^2\sigma_F^2 - 2(1 - C_{S2})(1 + C_{F2})h\sigma_{SF} \tag{9.43}$$

$$Var[R_l(h)] = (1 + C_{S2})^2\sigma_S^2 + (1 - C_{F2})^2h^2\sigma_F^2 - 2(1 + C_{S2})(1 - C_{F2})h\sigma_{SF} \tag{9.44}$$

下面我们同样采用三种方法建立最优套期保值模型，即最小风险套期保值策略、给定风险水平下收益最大的套期保值策略，以及给定收益水平下风险最小的套期保值策略。

1. 风险最小的套期保值策略

考虑风险最小化的套期保值策略，即最小化方差。对于空头套期保值者，风险最小的套期保值模型为：

$$\min Var[R_S(h)] \tag{9.45}$$

令 h^* 为不考虑交易费用和套期保值费用时使方差最小的套头比，由一阶最优性条件，解上述模型得最优套头比为：

$$h_C^* = \frac{1 - C_{S2}\sigma_{SF}}{1 + C_{F2}\sigma_F^2} = \frac{(1 - C_{S2})}{(1 + C_{F2})}h^* \tag{9.46}$$

可以看出，在现货市场的交易费用和期货市场的套期保值费用时，最优套头比同交易费用密切相关。套期保值后的残留风险为：

$$Var[R_S(h_C^*)] = (1 - C_{S2})^2(\sigma_S^2 - \frac{\sigma_{SF}}{\sigma_F^2}) \tag{9.47}$$

而资产不经套期保值所面临的风险为：

$$Var(R_{al}) = (1 - C_{S2})^2\sigma_S^2 \tag{9.48}$$

式（9.48）中，$R_{al}(t) = S(t) - S(0) - C_{S1} - C_{S2}[S(t) + S(0)]$。

则套期保值的有效性可表述为：

$$H_E = \frac{Var(R_{al}) - Var[R_S(h_C^*)]}{Var(R_{al})} = \frac{\sigma_{SF}^2}{\sigma_S^2\sigma_F^2} \tag{9.49}$$

通过以上计算，我们可以得到如下结论：（1）在考虑交易费用和套期保值费用后，套期保值的有效性同不考虑交易费用的套期保值的有效性是相同的，这是因为我们同时考虑了套期保值费用和交易费用。（2）尽管套期保值的有效性同套期保值费用的考虑与否无关，但最优的套头比既同现货市场的交易费用有关，也同期货市场的套期保值费用有关。

对于多头套期保值策略，确定使方差最小的模型为：

$$\min Var[R_l(h)] \tag{9.50}$$

并通过最优性条件确定，最优套投比为：

$$h_C^* = \frac{(1 + C_{S2})\sigma_{SF}}{(1 - C_{F2})\sigma_F^2} = \frac{(1 + C_{S2})}{(1 - C_{F2})}h^* \tag{9.51}$$

并且，多头套期保值的有效性仍为：

$$H_E = \frac{\sigma_{SF}^2}{\sigma_S^2\sigma_F^2} \tag{9.52}$$

2. 给定风险承受水平条件下期望收益最大的套期保值策略

考虑交易费用和套期保值费用后，空头套期保值和多头套期保值策略产生的收益和风险各不相同，在给定风险水平下，空头套期保值的模型为：

$$\begin{aligned} &\max \quad E[R_S(h)] \\ &s.t. \quad Var[R_S(h)] \leqslant \sigma_M^2 \end{aligned} \tag{9.53}$$

由于目标函数为线性函数，最优解只能在可行域的端点处求得：

$$\frac{b - \sqrt{b^2 - ac}}{a} \leqslant h \leqslant \frac{b + \sqrt{b^2 - ac}}{a} \tag{9.54}$$

式（9.54）中，$a=(1+C_{F2})^2\sigma_F^2, b=(1-C_{S2})(1+C_{F2})\sigma_{SF}, c=(1-C_{S2})\sigma_S^2-\sigma_M^2$。

考虑目标函数线性项的正负，最优套头比为：

$$h_C^*=\begin{cases}\dfrac{b+\sqrt{b^2-ac}}{a} & A\times F(0,T)-B\times E[F(t,T)]>0\\ \dfrac{b-\sqrt{b^2-ac}}{a} & A\times F(0,T)-B\times E[F(t,T)]<0\end{cases} \tag{9.55}$$

式（9.55）中，$A=1-C_{F2}, B=1+C_{F2}$。

多头套期保值的模型为：

$$\begin{aligned}&\max \quad E[R_l(h)]\\&s.t. \quad Var[R_l(h)]\leqslant\sigma_M^2\end{aligned} \tag{9.56}$$

同样地，有：

$$h_C^*=\begin{cases}\dfrac{b+\sqrt{b^2-ac}}{a} & A\times F(0,T)-B\times E[F(t,T)]>0\\ \dfrac{b-\sqrt{b^2-ac}}{a} & A\times F(0,T)-B\times E[F(t,T)]<0\end{cases} \tag{9.57}$$

式（9.57）中，$a=(1+C_{F2})^2\sigma_F^2$，$b=2(1+C_{S2})(1-C_{F2})\sigma_{SF}$，$c=(1+C_{S2})\sigma_S^2-\sigma_M^2$，$A=-1-C_{F2}$，$B=1-C_{F2}$。

3. 给定收益水平下风险最小的套期保值策略

给定收益水平下，空头套期保值的模型为：

$$\begin{aligned}&\min \quad Var[R_S(h)]\\&s.t. \quad E[R_S(h)]\leqslant\mu\end{aligned} \tag{9.58}$$

式（9.58）中，目标函数是关于 h 的二次函数，约束条件是 h 的线性函数，则可用二次规划方法确定最优套头比。首先，计算模型中目标函数的无约束最优解：

$$h_C^*=\frac{1-C_{S2}}{1+C_{F2}}h^* \tag{9.59}$$

如果不满足预期收益条件，则套头比可以通过解方程获得：

$$h_C^*=\frac{(1-C_{S2})E[S(t)]-(1-C_{S2})S(0)-C_{S1}-C_{F1}-\mu}{(1+C_{F2})E[F(t,T)]-(1-C_{F2})F(0,T)}. \tag{9.60}$$

多头套期保值的模型为：

$$\begin{aligned}&\min \quad Var[R_l(h)]\\&s.t. \quad E[R_l(h)]\leqslant\mu\end{aligned} \tag{9.61}$$

同样地，得到无约束最优解：

$$h_C^*=\frac{1+C_{S2}}{1-C_{F2}}h^* \tag{9.62}$$

若满足约束条件，则是最优解，若不满足约束条件，则解约束方程 $E[R_l(h)]-\mu=0$ 得到最优套头比。

9.3.4 确认最优套头比的统计方法

在理想的情况下，所确定的套头比应使套期保值期内套期保值资产（组合）的价格的变化为零，即收益为零，得到：

$$h=\frac{\delta S(t)}{\delta F(t,T)} \tag{9.63}$$

由于现货价格的变动与期货价格的变动有很大的随机性，直接用当前的现货价格的变动和期货价格的变动估计套头比是不合适的。本节介绍最优套头比确认的一些统计方法，主要包括 JSE 方法和 HKM 方法。

1. JSE 方法

约翰逊、斯坦因和埃德林顿（Johnson，Stein and Ederington）通过采用现货价格和期货价格的历史数据序列，计算现货价格变动和期货价格变动的时间序列，再把现货价格变动的时间序列，关于期货价格变动的时间序列进行线性回归，以确定套头比，该方法是 JSE 方法，也称为线性回归法。

令 $S_i,F_i(i=0,1,2,\cdots,m)$ 表示现货价格和期货价格的历史数据（时间序列），$\delta S_i=S_i-S_0$，$\delta F_i=F_i-F_0(i=0,1,2,\cdots,m)$ 表示现货价格和期货价格变动的时间序列。

令时间序列的线性回归方程为：

$$\delta S=\alpha+\beta\delta F+\mu \tag{9.64}$$

式（9.64）中，μ 为回归误差，满足 $E(\mu)=0$，β 为方程斜率，也是所求套头比。

将 δS_i，δF_i 代入式（9.64）进一步化简得：

$$S_i-S_0=\alpha+\beta(F_i-F_0)+\mu \tag{9.65}$$

整理可得：

$$S_i=\alpha+\beta F_i+\mu+S_0-\beta F_0 \tag{9.66}$$

该方程中的套头比可直接利用回归线性方程 $S=\alpha+\beta F+\mu$ 回归得到。

2. HKM 方法

实际上，线性回归方法估计套头比有一定不足，需要假定期货价格与现货价格之间的关系是稳定的，但在实际中并不满足，因此，赫伯斯特、卡雷和马歇尔（Herbst，Kare and Marshell）采用对数回归模型估计套头比，我们称为 HKM 方法。对数回归技术首先应用于直接套期保值，其后推广至交叉套期保值。

直接套期保值指用于套期保值的期货合约的标的资产与现货资产完全相同。在直接套期保值中，以连续复利方式计算全部持有成本，$\tau = T - t$ ，期货价格与现货价格的关系可表示为：

$$F(t,T) = S(t)e^{y\tau} = S(t)e^{y(T-t)} \tag{9.67}$$

可以得到 $\frac{S(t)}{F(t,T)} = e^{-y(T-t)}$ 。

与套头比定义式对比可知，$e^{-y\tau}$ 即为套头比，即 $h = e^{-y\tau}$ 。因此可以取对数得到 $\ln[\frac{S(t)}{F(t,T)}] = -y\tau$ 。要估计由持有成本转换所得的连续复合利率 y ，只需对时间序列 $\ln(\frac{S_i}{F_i})(i = 0,1,2,\cdots,m)$ ，关于时间 $\tau_i = (T - t_i)$ 进行线性估计，得到回归方程：

$$\ln[\frac{S(t)}{F(t,T)}] = z + d\tau + \varepsilon \tag{9.68}$$

式（9.68）中，满足 z 是回归截距，$E(\varepsilon) = 0$ ，$-d$ 对应即为连续复利对应的 y 值。由此可以得到套头比的估计为：

$$h = e^{d\tau} \tag{9.69}$$

该套头比反映出随着时间动态变化的特征。HKM 方法可以推广至交叉套期保值，在交叉套期保值中，确定套头比的基本原理是：先用直接套期保值确定用期货合约对期货合约的标的资产进行直接套期保值的套头比，再确定被套期保值的现货资产的现货价格与期货合约的标的资产的现货价格之间的关系，最终得到交叉套保的套头比。

$S_1(t)$ 、$F_1(t,T)$ 表示用于套期保值的期货合约的标的资产在套期保值期内的现货价格和期货价格；$S_2(t)$ 、$F_2(t,T)$ 表示被套期保值的现货资产在套期保值期内的现货价格和期货价格。根据 HKM 方法，交叉套期保值的套头比应该为：

$$h = \frac{S_2(t)}{F_1(t,T)} \tag{9.70}$$

用期货合约对期货合约标的资产进行直接套期保值的套头比为 $h_1 = e^{-y_1\tau}$ ，假设被套期保值的现货资产与期货标的资产的现货价格之间有线性关系：

$$S_2(t) = a + bS_1(t) \tag{9.71}$$

将两个公式相结合，得到 $S_2(t) = a + b \times e^{-y_1\tau}F_1(t,T)$ 。

因此交叉套期保值的套头比应为 $h = be^{-y_1T}$ 。为估计这样的套头比，可首先对被套期保值的现货资产价格序列与期货合约标的资产的现货价格序列进行线性回归：

$$S_2(t) = \alpha + \beta S_1(t) + \varepsilon_1 \tag{9.72}$$

式（9.72）中，斜率 β 是 b 的估计。再将期货合约标的资产的现货价格与期货价格之比取对数的时间序列关于剩余时间做线性回归，得到 y_1 的估计 $-d_1$ ，最后得到交叉套期保值的套头比估计为：

$$h = \beta e^{d_1T} \tag{9.73}$$

9.4 套期保值策略

市场情况瞬息万变，允许最优套头比在套期保值期内变动可以为投资者带来额外收益。因此，套期保值策略从是否允许在保值期内调整套头比的角度，可以将套期保值方法分为静态方法和动态方法。

9.4.1 静态套保策略

静态套期保值策略是指在期初设定套保策略后，无须再对其进行调整，在套保结束时将套保交易进行平仓。第 9.3 节介绍的套期保值策略都是静态套期保值方法，除此以外常见的静态套期保值策略有天真套保策略、OLS、单元 GARCH、VaR 和 VECM 等。在需要套保的期间内没有合适期货合约的情况下，通常用展期的方法实现套期保值。展期是指将先到期的期货合约头寸在到期前清仓并立即重新在下一期合约同向建仓的套保操作，也称为滚动套保。

9.4.2 动态套保策略

根据市场的变化，在套期保值时期内允许套头比调整是对于静态套期保值方法的一个自然扩展。如何根据市场的动态变化动态调整套头比，使得套期保值过程既可以达到规避价格风险，又可以获得收益是一个复杂的问题。下面介绍几种常见的动态套期保值方法。

1. 最小方差动态套期保值策略

（1）条件最小方差动态套期保值策略。根据静态最小方差套头比计算式，即：

$$h = \rho \frac{\sigma_S}{\sigma_F} = \frac{\sigma_{SF}}{\sigma_F^2} \tag{9.74}$$

若在保值期内允许调整套头比，一种直接也是常见的方法是利用现货和期货价格当前所有可得信息（Ω_{t-1}：t－1 时刻的所有信息集），依据式（9.74），重新计算现货和期货价格变动的条件协方差和期货价格变动的方差，代替无条件协方差和方差计算最优套期保值比，最后计算最优套期保值比为：

$$h_t = \frac{\sigma_{SF} \mid \Omega_{t-1}}{\sigma_F^2 \mid \Omega_{t-1}} = \frac{\operatorname{cov}(\delta S_t, \delta F_t)}{\sigma_{F_t}^2} \tag{9.75}$$

对于 $\sigma_{SF} \mid \Omega_{t-1}$ 和 $\sigma_F^2 \mid \Omega_{t-1}$ 的估计可采用条件模型，如 ARCH 和 GARCH 模型，或采用移动窗口估计。将这两个量估计出来后可以得到条件最小方差的套头比 h_t。如果将整个套期保值期分为 T 个周期，用以上方法可以求出每个周期内的最小方差套头比，得到整个保值期内最小方差套头比序列 $h_1, h_2, \cdots, h_T$，即在初始时刻用 h_1 份期货对一份现货保值，到1时刻将套头比调整为 h_2 ，一直到 T－1 时刻将套头比调整为 h_T 。

这个方法的缺点在于没有从整个套期保值的角度考虑方差最小，而是采取逐段最小化风险的方法，这样并不能保证总体风险最小，可以用以下多阶段最小方差动态套期保值策略进行改善。

（2）多阶段最小方差动态套期保值策略。对于多阶段最小方差动态套期保值，将整个套期保值期划分为 T 个周期，考虑一个包含 T 个周期的长期套期保值问题，目的是使期末财富 W_T 的方差最小。

设 $C_{S,t}$ 表示 t 时刻的现货头寸，h_t 表示第 t 个周期内用于套期保值的套头比，则用于保值的期货头寸为 $C_{F,t+1} = -h_t C_{S,t}$ ，则套期保值组合的期末财富可表示为：

$$W_T = W_0 + \sum_{t=0}^{T-1} C_{S,t}[S_{t+1} - S_t - h_t(F_{t+1} - F_t)] = W_0 + \sum_{t=0}^{T-1} C_{S,t}(\delta S_t - h_t \delta F_t) \tag{9.76}$$

使期末财富 W_T 的方差最小的套期保值策略的数学模型为：

$$\min \quad Var(W_T) \tag{9.77}$$

求解该模型可得第 t 个周期内最小方差套头比为：

$$h_t = -\frac{Cov(\delta S_t, \delta F_t)}{\sigma_{F_t}^2} - \sum_{i=t}^{T-1} \frac{C_{S,i}}{C_{S,t}} \frac{Cov(\delta F_t, \delta S_i + h_i \delta F_i)}{\sigma_{F_t}^2} \tag{9.78}$$

δS_t、δF_t 分别表示在 t 个周期内现货和期货的价格变动量，$\sigma_{F_t}^2$ 表示在 t 时刻期货价格变动的方差，$Cov(\cdot)$ 表示协方差，$C_{S,t}$ 表示 t 时刻的现货头寸。

多阶段最小方差套头比与条件最小方差套头比的区别在于第二项。如果当前期货价格的变动 δF_t 与未来期货价格变动 δF_i 或者现货价格变动 δS_i 相关时，多阶段最小方差套头比将与条件最小方差套头比明显不同。

2. 最小 *VaR* 套期保值策略

（1）套期保值投资组合的风险价值。风险价值是一种能全面量化复杂金融资产组合风险的方法，有利于掌握持有资产或负债的风险价值情况，风险度量采用保值后资产组合价值变动的方差。*VaR*（value at risk）指在险价值，是在市场正常波动下，某一金融资产或资产组合在未来特定的一段时间内和一定的置信水平下可能发生的最大损失，可表示为：

$$\Pr(\delta P > VaR) = 1 - \alpha \tag{9.79}$$

式（9.79）中，δP 是资产组合在持有期 δt 内的损失，VaR 为在置信水平 α 下处于风险中的价值。

假定投资者已经持有 C_S 单位的现货头寸，他担心未来价格会出现大幅下跌，使资产出现账面损失，为规避价格风险，应选择相应期货进行空头套期保值。为实现空头套期保值策略，需要卖空 C_F 单位期货头寸，从而套头比为：

$$h = \frac{C_F \times F_0}{C_S \times S_0} \tag{9.80}$$

式（9.80）中，S_0，F_0 为现货、期货的价格。经过套期保值后，资产组合收益率为：

$$R_h = \frac{C_S S_0 R_S - C_F F_0 R_F}{C_S S_0} = R_S - hR_F \tag{9.81}$$

式（9.81）中，$R_S = \frac{S_1 - S_0}{S_0}$ 和 $R_F = \frac{F_1 - F_0}{F_0}$ 分别是保值期内现货和期货的收益率。S_1、F_1 表示保值期结束时现货和期货的价格。

假设现货和期货收益率服从正态分布，则由 R_h 可以得出套期保值资产组合的方差为：

$$\sigma_h^2 = \sigma_S^2 + h^2\sigma_F^2 - 2h\sigma_{SF} \tag{9.82}$$

套期保值资产组合的波动率，即标准差为：

$$\sigma_h = \sqrt{\sigma_S^2 + h^2\sigma_F^2 - 2h\sigma_{SF}} \tag{9.83}$$

根据绝对 VaR 的定义值，在特定时间内和给定置信水平 α 下，套期保值资产组合收益率 R_h 低于其绝对风险价值 $-VaR_h$ 的概率为 $1-\alpha$，即：

$$\Pr(R_h \leqslant -VaR_h) = 1 - \alpha \tag{9.84}$$

假定现货和期货收益率都服从正态分布，因此，可得套期保值后资产组合的绝对 VaR 值为：

$$VaR_h = Z_\alpha \sigma_h - E(R_h) = Z_\alpha \sqrt{\sigma_S^2 + h^2\sigma_F^2 - 2h\sigma_{SF}} - [E(R_S) - hE(R_F)] \tag{9.85}$$

式（9.85）中，Z_α 为对应于置信水平 α 的标准正态分布的分位数。

得到空头套期保值后资产组合的风险价值后，最小化资产组合的风险价值，就可以得到最小 VaR 套头比，从而确定最优套期保值策略。可以从没有套期保值费用和有套期保值费用两个方面来介绍。

（2）不考虑成本的最小 VaR 套期保值策略。假设套期保值资产组合收益率服从正态分布，不考虑套期保值费用，最小化 VaR 的最优套期保值策略可以表示为：

$$\min VaR_h = Z_\alpha \sqrt{\sigma_S^2 + h^2\sigma_F^2 - 2h\sigma_{SF}} - [E(R_S) - hE(R_F)] \tag{9.86}$$

式（9.86）的目标函数最小化套期保值者在给定置信水平和套期保值区间下的预期最大损失。保守的套期保值者可以通过提高置信水平来增强风险抵御能力，也就是说，置信水平越高，意味着套期保值者的风险厌恶程度越高。

目标函数关于套头比 h 求导数，并根据最优解的一阶必要条件，令其为0，可得：

$$\frac{\partial VaR_h}{\partial h} = E(R_F) + Z_\alpha\left(h\sigma_F^2 - \frac{\sigma_{SF}}{\sqrt{\sigma_S^2 + h^2\sigma_F^2 - 2h\sigma_{SF}}}\right) = 0 \tag{9.87}$$

化简并求解，得到两个根：

$$h_{1,2}=\frac{\sigma_{SF}}{\sigma_F^2}\pm\frac{E(R_F)}{\sigma_F^2}\sqrt{\frac{\sigma_{SF}^2-\sigma_S^2\sigma_F^2}{E^2(R_F)-Z_\alpha^2\sigma_F^2}} \tag{9.88}$$

对其求二阶导：

$$\frac{\partial^2 VaR_h}{\partial h^2}=Z_\alpha\frac{\sigma_S^2\sigma_F^2(1-\rho^2)}{(\sigma_S^2+h^2\sigma_F^2-2h\sigma_{SF})^{1.5}}\geqslant 0 \tag{9.89}$$

由于相关系数$\rho=\sigma_{SF}/\sigma_S\sigma_F$，满足$-1\leqslant\rho\leqslant 1$，所以式（9.89）非负，满足最优解的二阶充分条件，可知两点均为极小值点。通过比较两极小值点对应的 VaR 值的大小，就可以确定最优套头比。由于：

$$\begin{aligned}VaR_{h1}-VaR_{h2}&=(h_1-h_2)E(R_F)+\\&Z_\alpha\frac{(h_1-h_2)[(h_1+h_2)\sigma_F^2-2\sigma_{SF}]}{\sqrt{\sigma_S^2+h_1^2\sigma_F^2-2h_1\sigma_{SF}}+\sqrt{\sigma_S^2+h_2^2\sigma_F^2-2h_2\sigma_{SF}}}\\&=2\frac{E^2(R_F)}{\sigma_F^2}\sqrt{\frac{\sigma_{SF}^2-\sigma_S^2\sigma_F^2}{E^2(R_F)-Z_\alpha^2\sigma_F^2}}\geqslant 0\end{aligned} \tag{9.90}$$

因此 $VaR_{h1}\geqslant VaR_{h2}$，从而可知最小 VaR 套期保值策略的最优套头比为：

$$h^*=h_2=\frac{\sigma_{SF}}{\sigma_F^2}-\frac{E(R_F)}{\sigma_F^2}\sqrt{\frac{\sigma_{SF}^2-\sigma_S^2\sigma_F^2}{E^2(R_F)-Z_\alpha^2\sigma_F^2}} \tag{9.91}$$

化简可得：

$$h^*=\rho\frac{\sigma_S}{\sigma_F}-\frac{E(R_F)}{\sigma_F}\sqrt{\frac{1-\rho^2}{Z_\alpha^2\sigma_F^2-E^2(R_F)}} \tag{9.92}$$

（3）考虑成本的最小 VaR 套期保值策略。实际的套期保值过程中存在交易费用、保证金利息、税金等相关费用。本小节仍然以空头套期保值为例进行说明，并且将套期保值相关费用分为两部分：一是固定费用，不随交易量变化；二是可变费用，它会随着交易量增加而增加。这时，经过套期保值后资产组合的收益率为：

$$R_h=\frac{C_SS_0R_S-C_FF_0R_F-I-qC_F(F_0+F_1)}{C_SS_0}=R_S-h(1-q)R_F-2qh-\frac{I}{C_SS_0} \tag{9.93}$$

式（9.93）中，C_S 为多头现货头寸；C_F 为空头期货头寸；$R_S=(S_1-S_0)/S_0$ 和 $R_F=(F_1-F_0)/F_0$ 分别是保值期内现货和期货的收益率；$h=(C_FF_0)/(C_SS_0)$ 为套头比；I 为套期保值期内固定费用；q 为随交易量增加而增加的套期保值费用比率。

因此，套期保值后组合收益率 R_h 的方差 σ_h^2 为，

$$\sigma_h^2=\sigma_S^2+h^2(1-q)\sigma_F^2-2h(1-q)\sigma_{SF} \tag{9.94}$$

对于给定的套期保值期限和置信水平 α，套期保值后资产组合的 VaR_h 为：

$$VaR_h = Z_\alpha \sigma_h - E(R_h)$$
$$= Z_\alpha \sqrt{\sigma_S^2 + h^2(1-q)\sigma_F^2 - 2h(1-q)\sigma_{SF}} + h(1-q)E(R_F) + 2qh - E(R_S) + \frac{I}{C_S S_0} \tag{9.95}$$

式（9.95）中，$E(R_F)$ 和 $E(R_S)$ 为现货和期货的期望收益率；Z_α 为置信水平 α 对应的标准正态分位数。在不考虑保值收益的前提下，最小化套期保值后资产组合的 VaR 值的最优套期保值策略为：

$$\min \quad VaR_h \tag{9.96}$$

求解该模型，可以得到考虑套期保值费用的最优 VaR 套头比为：

$$h^* = \frac{\rho}{(1-q)}\frac{\sigma_S}{\sigma_F} - \frac{E(R_F) + 2q/(1-q)\sigma_S}{(1-q)}\frac{\sigma_S}{\sigma_F}\sqrt{\frac{1-\rho^2}{Z_\alpha^2\sigma_F^2 - [E(R_F) + 2q/(1-q)]^2}} \tag{9.97}$$

将两种方法进行比较，固定费用 I 不影响套头比，而可变费用 q 会直接影响最优套头比的取值。

算例 9-4　动态最小 VaR 套期保值策略的实现方法

（1）首先计算被套期保值股票和股指期货的对数收益序列 s_t 和 f_t，$t=1, 2, \cdots, N$，N 为采集到的价格样本个数。

$$s_t = \ln\left(\frac{S_t}{S_{t-1}} \times 100\%\right), f_t = \ln\left(\frac{F_t}{F_{t-1}} \times 100\%\right)$$

对收益序列进行正态性、相关性、条件异方差、平稳性以及协整性检验，判断股票和股指期货对数收益序列是否具有条件异方差性和协整性。

（2）对该股票和股指期货的对数收益率建立双变量 GARCH（1，1）误差修正模型，利用最大似然估计方法估计模型参数。

（3）根据上一步的模型，预测两个对数收益率的期望值、条件方差和条件协方差。

（4）将计算得到的期望值、条件方差以及条件协方差代入到前面的最优套期保值计算公式中，得到最小 VaR 套头比和最小方差套头比为：

$$h^* = \rho_t \frac{\sigma_{S_t}}{\sigma_{F_t}} - \frac{E(f_t)}{\sigma_{f_t}}\sqrt{\frac{1-\rho_t^2}{Z_\alpha^2\sigma_{f_t}^2 - E^2(f_t)}}$$

$$h_t^* = \rho_t \frac{\sigma_{S_t}}{\sigma_{f_t}}$$

9.5 案例分析

9.5.1 中石化“黑天鹅”事件

1. 案例简介[①]

中国石油化工集团有限公司（以下简称“中石化”）是国家独资设立的国有公司、国家授权投资的机构和国家控股公司。公司主营业务范围包括：实业投资及投资管理；石油、天然气的勘探、开采、储运（含管道运输）、销售和综合利用；煤炭生产、销售、储存、运输；石油炼制；成品油储存、运输、批发和零售；石油化工、天然气化工、煤化工及其他化工产品的生产、销售、储存、运输；新能源、地热等能源产品的生产、销售、储存、运输等。中国国际石油化工联合有限责任公司（以下简称“联合石化”）是中石化的全资子公司，是中国最大的国际贸易公司。联合石化主要从事原油、成品油的进出口、境外期货业务等，是天然的原油多头套期保值企业。

2018 年 12 月 27 日，媒体爆出“中石化因联合石化公司在 70 美元价位使用‘Zero Collar’看涨油价策略，导致原油交易巨额亏损”。当日晚，中国石化便发布公告称“公司了解到联合石化在某些原油交易过程中因油价下跌产生部分损失，正在评估具体情况”[②]。

2018 年 12 月 27 日，在 A 股市场，中石化股价下跌至 5. 25 元，大跌 6. 75%，当天市值跌去 460 亿元，成为 2018 年底最大一只“黑天鹅”。

2019 年 1 月，中石化发布 2018 年业绩快报，以及全资子公司联合石化套期保值业务亏损调查进展，联合石化 2018 年经营亏损约 46. 5 亿元。

据中石化披露的生产经营数据显示，2018 年公司原油产量为 2. 89 亿桶，原油加工量为 2. 44 亿吨（原油加工数据按 1 吨 =7. 35 桶换算，加工量约为 17. 93 亿桶）。由此，2018 年中石化的原油进口量约为 15. 04 亿桶（约 2. 05 亿吨），占比约为 84%。中石化公告称，与国际标杆油价相比，2018 年联合石化为中石化所属炼油企业节省采购进口原油实货成本约 64 亿元。以进口 15. 05 亿桶计算，与国际标杆油价相比，联合石化 2018 年每桶油节约 4. 25 元（每吨节约 31. 22 元）[③]。

对于联合石化的亏损，中石化公告称，主要是由于对国际油价趋势判断失误，部分套期保值业务交易策略失当，油价下跌过程中导致联合石化部分原油套期保值业务

① 资料来源：证券日报网，详见 http：//epaper. zqrb. cn/html/2019 －01/28/content_ 404509. htm? div = －1。
② 资料来源：每日经济新闻，详见 http：//www. nbd. com. cn/articles/2018 －12 －27/1286237. html。
③ 资料来源：东方财富网，详见 http：//data. eastmoney. com/notices/stock/600028. html。

的期货端产生损失。2019 年 1 月 27 日，中石化“黑天鹅”事件中两位主角联合石化董事长陈波和詹琦被停职。

2. 案例分析

利用已披露的信息模拟分析联合石化的套期保值策略。联合石化使用了原油美式期权，标的物为 WTI 原油（西德克萨斯中质原油）期货，期货合约规格一手 1000 桶。由于期货价格围绕现货价格波动，为了简化分析，我们假设其标的为原油现货，并假设期权为欧式。相关媒体文章均指明这次交易是采用了“Zero Collar”策略，又叫“零成本领子”①。这种套期保值策略可以解释为：卖空看跌期权（执行价 60 美元/桶），同时用所得权利金买入执行价格更高（执行价 80 美元/桶）的看涨期权，这种期权组合不需要支付购入期权的费用，可以实现“零成本”。可以得到其到期损益情况如图 9.2 所示。

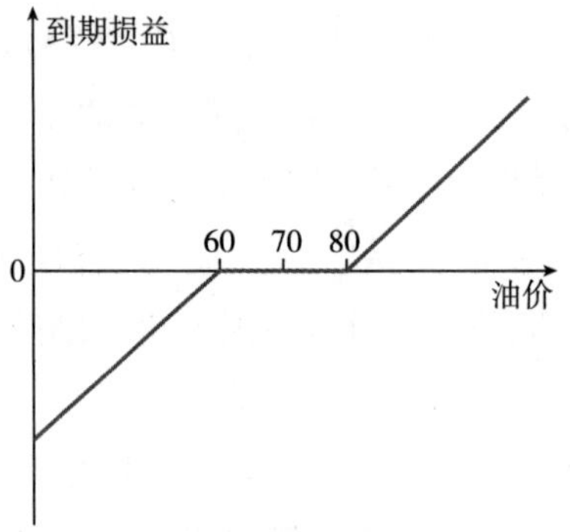

图 9.2　“Zero Collar”策略损益②

2018 年中石化的原油总量进口占比高，而联合石化就承担着为其进口原油的任务。为了对冲油价上涨风险并且免去期权费用，联合石化选择了这一策略。

当国际原油价格上涨超过 80 美元/桶时，看涨期权被行权。联合石化作为多头方将可得到巨大的盈利。当国际原油价格处于 60 ~ 80 美元/桶这一区间时，看涨期权和看跌期权都不会被行权，联合石化的这一策略既不会给其带来盈利，也无亏损。当国际原油价格下跌至 60 美元/桶时，看跌期权被行权，联合石化作为其空头方将承担巨大的亏损。

事实上，2018 年 12 月 27 日 WTI 原油的收盘价为 44.61 美元/桶，这时联合石化每桶原油将会亏损 60 - 44.61 = 15.39（美元）（假设 27 日为到期日），考虑合约大小，

① 资料来源：新华网，详见 http：//www.xinhuanet.com/fortune/2019-01/02/c_1123934675.htm。
② 资料来源：和讯网，详见 http：//options.hexun.com/2019-01-02/195740909.html。

则对应地会亏损 15390 元。联合石化买卖的期权当然是数以万计的期权张数，如果涉及 10 万张，这一亏损将高达 15.39 亿美元。

与此同时，作为套期保值策略，联合石化虽然在期权组合上承担了亏损，但由于油价的下跌，其进口现货原油成本也大幅下降了。因此导致最终结果是联合石化亏了 46.5 亿元，但又“赚了”64 亿元。

联合石化公司作为中石化的子公司，为其进行原油、成品油的进出口等业务，在过程中利用期货期权控制进出口风险敞口是合理之举。但仍然发生了此次的巨亏事件，通过这次事件，我们可以看出，主要原因有：

（1）对国际油价趋势判断失误。2018 年 9 月，陈波在年度亚太石油会议演讲中称，鉴于全球市场当前的供需态势，原油价格在每桶 60～80 美元是正常的。他认为，2018～2035 年是全球炼油产能最后一个扩张周期。2035 年之后，将很难再见到大规模的炼油项目上马。此前，陈波还预计 2020 年中国原油进口量会突破 5 亿吨。然而，欧美原油期货价格自 2018 年 10 月初抵达年内高点之后，便出现断崖式下跌，从 10 月 3 日的近四年最高点计算，WTI 原油期货已高位下挫约 40%。这轮原油巨震，超出了大多数人的认知①。

（2）错误使用“Zero Collar”策略。“Zero Collar”策略的主要思路是抵消期权费用，使得交易零成本。这一目标通过调整组合中买入和卖出期权的份额实现，这种策略在零成本的同时不仅会增加空头方的保证金数额而且会恶化交易的亏损程度，还可能增加 Delta 风险敞口（不能保持中性）。

3. 案例总结

中石化表示已责令联合石化深刻接受此次事件教训，加强市场研判，提高危机应对和风险管控能力，完善有关制度，严格执行纪律。并要求全系统企业举一反三，强化合规经营意识，识别防范风险，避免类似情况再次发生，无论任何人有任何违规活动，都将依规严肃处理②。

此次中石化套期保值业务的失败为其他类似企业提供了经验教训：

（1）套期保值策略需合规。企业在进行套期保值策略时，应该有效估算被套保现货数量，严格控制套保操作的头寸规模，期货或期权方的仓位规模应该与现货风险敞口规模匹配。

（2）套期保值专业知识需丰富。在金融市场上进行套期保值操作是一项技术活，不仅需要操作者深入了解相关基础知识、法规，还需要操作者有敏锐的洞察力及平和的心态。企业应该组织对相关人员的专业培训并建立健全考核机制，杜绝由于套期保

① 资料来源：东方财富网，详见 http://finance.eastmoney.com/a/201901041020228174.html。

② 资料来源：人民网，详见 https://www.sohu.com/a/291451044_114731?_f=index_pagerecom 20。

值操作不合理导致的巨额亏损。

9.5.2 东航油套期保值

1. 案例简介[①]

中国东方航空集团公司是由中央直接管辖的国有独资公司，是中国民航第一家在香港、纽约和上海三地上市的航空公司。它主要从事国内和国际航空的客、货、邮、行李运输、通用航空等业务及延伸服务。

航空业的利润很大程度上受航油价格的影响。2008 年前后，国际原油市场波动频繁，油价跌宕起伏，2008 年 7 月 11 日美国原油期货主力合约冲高到 147 美元/桶，创造历史新高，就在业内纷纷进一步看高 200 美元/桶时，油价在接下来的半年里雪崩式下跌至 30 美元/桶，之后在低位长期徘徊，不断盘升。2010 年 4 月，又恢复到 80 美元/桶的水平。因而对航油进行套期保值被认为是锁定运营成本的主要手段，被世界各国航空公司广泛采用。

2008 年 6 月，东航与数家国际知名投行签订 55 份远期航油合约进行航油套期保值，合约包括买入看涨期权、卖出看跌期权等；2008 年 7 月起，受多方面不利消息影响，国际原油现货价格一路暴跌，从最高的 147 美元/桶跌到 45 美元/桶；2008 年 11 月 27 日，《关于航油套期保值业务的提示性公告》指出，截至 2008 年 10 月 31 日，东航套期保值亏损共计 18.3 亿元，实际亏损将随航油价格变动而变动；2008 年 12 月 31 日，航油价格下跌到 40 美元/桶，根据东航套期保值合约及当日纽约 WTI 原油收盘价计算，东航亏损 62 亿元；2009 年 1 月，国资委表示将通过非公开发行给予东航 30 亿元注资，两个星期后金额增加到 70 亿元，东航避免破产。

2. 案例分析

当时国际原油期货价格剧烈变化的原因是多方面的：第一，机构投机基金在实体经济低迷、欧美发达国家各项经济指标未见明显好转的形式下，越来越多的投机者涌入能源期货市场。第二，在国际汇率市场上，国际原油期货的计价单位美元相对其他各主要货币较最初时贬值，而两者有明显的负相关特征。第三，国际汇率体系方面资金的相对过剩会造成边际投资报酬递减，投资渠道的限制和边际报酬的递减，会使资金流向金融领域，尤其是成交量大、流动性好的国际期货交易市场，导致大宗商品价格的上涨。

东航签订的期权合约具体情况如表 9.7 所示。

---

① 资料来源：新浪财经，详见 http：//finance. sina. com. cn/stock/s/20090113/09555753353. shtml。

表 9.7 东航期权合约

合约形式	合约内容	分析
看涨期权	当油价超过 118 美元/桶时，投资银行将向东航支付差价，上限为 20 美元	当油价涨到 138 美元/桶时，东航的风险将被放大，而其收益有限
看跌期权	当油价跌破 82.75 美元/桶时，东航需双倍赔付，损失无下限	损失没有被锁定，放大了油价的下行损失风险
特殊合约	抵消赔偿损失的储备。根据合约，当油价超过 110 美元/桶，投行除了向东航支付一定差价外，还为其提供下行储备。储备量为油价与 110 美元的差价。但合约期间，储备上限是 10 美元	表面看起来对东航有利，实为陷阱。使合约复杂化，且增加了东航买入其他衍生品对冲的难度

资料来源：笔者自行整理。

东航在这次套期保值中，为了“零成本”期权费用，采用卖出看跌、买入看涨的期权组合策略。这一策略与上节中石化亏损的策略一样，因此在此不再详细分析。

亏损原因分析如下：

（1）对油价预测出现问题。东航与交易对手签订的是卖出看跌期权同时买入看涨期权的合约，只有在油价上涨时才能实现盈利，因而并非单纯的套保合约，有投机的性质，在下跌时会形成巨大的公允价值变动损失。

（2）企业内部原因。一是所有权与经营权不统一，东航作为国企，庞大的资产并非管理层所有，管理层用别人的钱来赌博，赢了可以名利双收，输了最多归于市场风险；二是相关业务流程和操作规范混乱，公司内部控制存在缺陷。交易员、风控员和复核清算员同属于财务会计部，不能独立审核、控制和判断；三是交易监管复杂，国资委希望证监会利用其专业能力监督国有企业衍生品交易，但证监会认为属出资人责任，这使得这部分监管处于空白。

3. 案例总结

原油期货和金融衍生品是非常复杂的投资工具，需要对其本身构成、未来市场走势、会计准则适用性、风险收益等做全方位的综合考量。目前来说，大型央企还是应当以套期保值类业务为主，避免投机性交易，最大限度地规避风险，从东航的经验和教训来看，央企的金融衍生品投资应当注意以下四个方面：

（1）需要培养企业自己的从事衍生品交易的人才，熟悉所做合约的结构，减少由交易对手方设定价格和合约的情况出现，对于所做的衍生产品要有充分的了解和掌握，应当要求交易对手方对于合约存在的风险作出明确披露，避免由于合约文字和风险揭示不足而产生的对合约的误解，从而减少因对手隐瞒交易风险而导致的损失出现。尽量避免做结构复杂的具有多个买入卖出期权报价的合约，以减少计算的复杂性。

（2）建立严格的前、中、后台体系，分离产品研究、实际实施和监察的职能，准确估算合约的风险敞口，在潜在风险敞口总额超过授权限额时，应当履行严格的报批制度，并充分估计未来不利走势对于公司的潜在影响，综合判断是否继续增加合约数量。当风险敞口出现明显的放大时，应当及时对未来走势做出预判，选择是否对现有头寸进行清算或者保护，以避免进一步的损失。

（3）尽量避免签订期限过长的合约，考虑到会计准则中对于套期保值会计原则的规定，在有关套期保值会计准则进行有利的修订前，央企上市公司签订的场外合约最好不要超过当年的会计报表截止日，以防止由于合约远期期权公允价值的大幅变动导致的年度会计报表巨额亏损产生。

（4）对于相关标的商品的价格走势要有自己的明确判断，不能因为可以从现货市场低价买入所需商品来弥补衍生品的亏损，就忽视标的商品价格的走势变动，采用套期保值会将公司的成本锁定于某一设定价格，而一旦标的产品价格大幅低于这一设定价格并持续较长时间，公司相对于其他没有进行套保的同业就丧失了成本上的优势。与此同时，标的商品特别是大宗商品的价格大幅降低往往意味着经济活动陷入低迷，公司的收入可能因此出现骤降，从而形成双重风险，因此在签订套保合约时应当予以充分的重视。

第10章
套　　利

引　例

某年三月份，投资者观察到芝加哥期货交易所（CBOT）和芝加哥商业交易所（CME）1109 的大豆期货合约价格存在 0.4 美分/蒲式耳的价格差，其中 CBOT 大豆合约的价格为 7.25 美元/蒲式耳，CME 大豆合约的价格为 7.65 美元/蒲式耳。投资者认为考虑到仓储和运输费用，其正常价差应该在 0.15 美元/蒲式耳的范围内。投资者认为此时的价差被严重高估，未来一段时间内两者的价差将会回归到正常的水平内。

假设 6 月份的时候，两个市场上的大豆期货合约果然恢复到了正常水平，其中 CBOT 的价格上涨到了 7.4 美元/蒲式耳，CME 市场上 1109 的价格为 7.65 美元/蒲式耳。那么在这个过程中，投资者如何利用这个定价偏差获取套利收益呢？

问题：

（1）什么是套利，套利的类型有哪些？

（2）此例中，投资者适合用哪种套利方式锁定收益？

（3）套利的风险有哪些，和投机相比有何不同？

（4）交易者如何执行操作，才能保证套利顺利实施？

10.1　套利

10.1.1　定义与分类

套利（arbitrage）是至今为止金融市场上应用最广泛的交易策略，通常而言，它是指投资者利用同一种金融资产在不同时间和空间上的价格差异，通过多种金融工具实现低买高卖，最终得到无风险收益。约翰赫尔在《期权、期货和其他衍生品》一书中将市场参与者定义为对冲者、投机者和套利者，并认为套利者对保证金融市场的有效性具有重要作用。通过套利者的自发交易，金融资产价格满足无套利均衡（no - arbitrage equilibrium）条件。这也是远期合约、期货和期权定价中最重要的假设之一。

套利在学术上已经有了严谨的定义，按照菲利普·戴布维格和斯蒂芬·罗斯的论述，套利是指投资者在不需要任何初始投资的条件下获取无风险收益。在理论上，套利被描述为一个从多市场自融资的投资组合，无论未来的价格涨跌，总能获得无风险收益，且这个收益大于同时期的五年期或者十年期国债收益。这个学术定义有两个核心特征，第一个特征是“自融资”（self - financing），即套利者想要购买任何金融产品，必须先卖出其他某种金融产品，然后用所获得的资金进行目标资产的购买。比如投资者通过基本面分析，发现在A股和港股上市的某股票价格偏离足够大，例如在A股市场上被低估，港股市场上价格被高估，则可以在港股市场上卖空该股票，用卖空所得现金购买A股市场上该股票，由此构建了一个零成本的套利组合。第二个特征在于套利获得无风险收益，这种套利收益不以人的主观判断而转移。假如投资者结合财务报表分析，发现某只股票价格被低估，于是他买入该股票，以期未来股票价格回复到真实水平。这种行为并不能称为套利，这是因为通过价值判断获得的收益依赖于市场情绪，如果该资产价格被长期低估或者投资者方向判断错误，那么存在负收益的可能。

无风险收益意味着套利交易的对象一定是投资组合，而不是单一的金融产品。

套利机会的存在是市场缺乏效率的直接体现，也是市场非均衡状态的结果，这意味着一旦套利者发现机会，就可以不用承担任何风险代价获得稳定的收益。在成熟的金融市场环境下，任何套利机会都是稍纵即逝的。一个套利机会一旦被发现了，套利者就好像嗅到血液的鲨鱼蜂拥而至，随着套利活动的逐渐增多，原本市场上存在的错误定价会被迅速纠正，套利空间也逐渐减少直至消失。如果不承认市场有效性假说，那么套利来自市场上资产价格的短暂失衡，但它同时又是重建市场均衡价格的力量。当市场处于完全有效的状态时，任何套利机会都会在不可查的瞬间被纠正，投资者任何试图战胜市场的尝试都是徒劳无功的。在本书的第1章，我们介绍了无套利定价原理，而套利就是无套利条件存在的先决因素，换句话说，套利构成了现代金融理论分析框架的逻辑基点。

如今套利的定义已经不仅仅局限于金融市场，而是具有更广泛的社会内涵，如监管套利、政策套利和税收套利等。税收套利借用套利的内涵，指企业或者个人利用各种资本所得税不同税率之间的关系进行的一种谋利行为。最常见的税收套利行为是借款购买国家及地方的免税债券。当然政府是不允许一方面用贷款来购买免税债券，另一方面又将贷款的利息税款扣除的。监管套利是指金融机构在不违背监管资本规定的前提下，通过金融交易，在不降低金融机构的业务规模和整体风险的同时，降低监管资本要求。政策套利并不是一个严谨的学术概念，其借用套利的“无风险收益”特征描述了这样一种现象，即私人或企业利用国家的区域战略和产业政策在内的各种重点优惠，为私人谋取暴利，但却对产业转型和市场发展没有丝毫贡献。本书是金融工程的指导用书，因此后面的套利内容都是聚焦于金融市场上的套利行为，对更广泛的社会性套利不再赘述。

套利的概念包罗了整个金融市场，以及金融市场的所有工具和参与者，想要给出唯一的分类是不容易的。目前对套利的分类都是从期货和远期的角度出发，按照跨时期、跨市场和跨商品将套利分为三类，这样的分类方法是具有合理性的，当然这是针对期货市场而言的。在一些金融工程的书籍中，套利的定义和期货紧密联系在了一起。比如套利被定义为“在买入（卖出）一种资产的同时卖出（买入）另一种资产，并在未来某个时间将两种头寸同时平仓的交易方式”。考虑到本章介绍的是更一般的套利行为，采取期货套利的分类方式显然是偏颇的。

按照套利的产品类型，套利可以分为四类：利用期货或远期进行套利、利用期权进行套利、利用互换进行套利、利用复合工具进行套利。

1. 利用期货和远期进行套利

期货套利的本质是利用期货市场和现货市场的价格偏差，同一个期货品种不同交易期、不同市场的价格扭曲或不同期货合约品种之间的相关性来获得收益。主要包括跨时间套利、跨商品套利、跨市场套利和期现套利四种不同的类型。

（1）跨时间套利是指，利用同一市场、同一品种、不同月份的期货合约的价格变化，在买入或者卖出某一月份的合约的同时，卖出或者买入另一月份的期货合约，并在未来的某个时间内将两个期货合约的仓位进行平仓操作，最终获得套利收益。跨时间套利主要包括三种形式：牛市套利、熊市套利、蝶式套利。

（2）跨商品套利是利用两种不同类型但是具有一定关系的期货合约的价格差异进行套利交易。这种交易要求：第一，同一或者相似交割月份但不同种类的商品期货合约的交易；第二，受到同一供求变动因素的影响；第三，交易的标的商品具有一定的相关性。比如：小麦和燕麦用途相同，都是饲料；大豆与豆油；长期债券与短期债券，它们彼此关联。具体的操作应该是买入或者卖出某一交割月份的某种商品期货合约，同时卖出或者买入另一种商品期货合约，在到期日前将两种合约平仓获得套利收益。

（3）跨市场套利是指跨市场在两种类似的期货合约之间进行反向交易以获取收益的交易策略，在某个期货交易所买入或者卖出一个品种的期货合约的同时，在另一个期货交易所卖出或者买入类似的期货合约。跨市场套利常用于贵金属期货的交易，如铜、铝、白银和黄金，也可以用于农产品期货的交易，如玉米、小麦、糖和棉花。

（4）期现套利是指对于同种标的商品，当期货市场和现货市场在价差超过无套利区间后，交易者可以在两个市场进行反向交易操作，买入低估的资产，卖出高估的资产，当价格收敛时，可以利用价差的变化获利。期现套利本质上是跨市场套利的扩展，只是建立了期货和现货市场的联系。

2. 运用期权进行套利

期权套利是指利用相同品种或者相互关联的现货产品不同交割月份的期货合约价格趋于一致的特点，通过构造期权组合（买入或者卖出多份期权合约）获得套利收益。期权有看涨期权多头、看跌期权多头、看涨期权空头、看跌期权空头四种单一交易策略，在第 7.2 节场内期权中有详细介绍。具体而言，期权套利可以分为错误定价套利和期权相对价格套利。错误定价的套利包括，期权价格偏离标的上下限的套利以及动态波动率对冲套利。期权相对价格套利则包含马鞍式期权套利、勒束式期权套利、垂直期权套利、水平期权套利以及转换期权套利等套利方式。

3. 运用互换进行套利

互换套利通过资本市场不同融资手段的比较优势，使得参与互换的双方交换各自金融市场的融资优势，最终达到融资套利的目的。互换双方的比较优势主要体现在各自税后成本或融资渠道方面。资本市场的比较优势主要体现在利用利率和货币互换的交易。根据套利收益的不同，可以将其分为信用套利以及税收和监管套利。

信用套利是互换的直接体现，主要的原因在于不同等级的企业在不同的债务资本市场上获得资本的代价是不同的，即浮动利率和固定利率市场上存在价差。一般而言，交易者需要满足两个条件，从而可以进行互换套利：（1）双方对对方的资产或者负债有需求；（2）双方在两种资产或者负债上存在比较优势。所谓的税收和监管套利是指交易者利用各国税收和监管要求的不同，运用互换规避税收和监管的特殊规定，降低成本，获取收益。

4. 利用复合工具进行套利

以上套利只是运用了一种或两种金融工具，如远期、期货、期权和互换，实际上真实市场上套利的完成需要多种金融工具协同工作。复合工具套利就是利用同一标的的现货以及各种衍生证券的价格差异，通过低买高卖的手段获得无风险收益。各种金融工具之间存在着紧密的联系，这种联系是由市场机制和背后的定价理论共同建立的，因为他们存在着简单或者复杂的平价关系。当这种平价关系由于市场非理性因素的存在而被暂时打破时，套利者就可以利用复合金融工具抓住这种套利机会，获得收益。例如，同种标的的期货合约和期权、不同期限的期权合约和期货合约都存在着价格联系，理论上具有套利的可能性。在这种套利形式下，以多种资产作为标的金融工具组合在一起，形成一种和原来截然不同的金融工具组合，在这个过程中，往往蕴含着尚没有被市场发现的套利机会。

10.1.2 套利特点、作用与风险

1. 套利特点

套利交易具有风险低、流动性强、成本低和风险调整收益稳定的特点。因为套利交易的对冲特性，它通常比单边交易的风险更低。以期货套利来说，在进行套利时需要对同种标的不同交割日期的期货合约进行反向操作，从而买入合约的损失被卖出合约的盈利补偿，或者卖出合约的损失被买入合约的盈利弥补。通过这样的机制，套利交易可以避免因为价格的剧烈波动而承受巨大的损失。套利交易在整个金融市场上占据较大的份额，通常而言，其使用的金融工具有较强的流动性，如中国的上证 50 股指期货和期权合约，其市场资金容量大，参与者众多，进入和退出都十分便利，因此套利交易方便作为大规模现金的管理策略。通常而言，套利是两笔交易同时进行，一些交易所规定套利交易的佣金比率更低。相比于单边的市场交易等其他投资行为，套利并不一定带来更高的收益，但是考虑到其更低的风险水平，套利的夏普比率相对较高，这是由价差的有限风险以及更低的波动率特性带来的好处。虽然套利的单次收益不高，但是其更加稳定，所以长期来看其收益是十分可观的。任何事物都有两面性，套利交易也不例外。套利的潜在收益受到限制。在许多投资者看来，套利的最大缺点是潜在的收益受限制。这是合乎金融逻辑的，风险和收益永远是正相关关系，限制了交易中的风险，通常也会限制交易者的潜在收益。绝好的套利机会很少频繁出现或者被发现。套利机会的多寡，与市场的有效程度密切相关。市场的效率越低，套利机会越多；市场的效率越高，套利机会越少。

以上的交易特点，决定了套利交易是十分适用于大型机构投资者的投资策略，尤其在金融市场尚不成熟的发展中国家具有更好的盈利能力。套利的单次收益少、风险低的特点需要投资者投入大额资金和利用杠杆经营，而机构投资者具有此方面的先发优势和持续投入能力，同时对于价差和套利机会的发现，机构投资者同样拥有更低廉的人力成本、更高的技术研发优势。国际期货市场上有许多专业从事套利的机构投资者。过去 30 年，中国资本市场有巨大的套利机会，近年来新三板、创业板和科创板陆续推出，丰富了套利的机会，同时上证 50、沪深 300 等金融衍生工具的上市，也为股指期货套利业务的深化提供了工具准备。

2. 套利作用

套利本质上是金融市场上的投资行为，与单方面的投机交易不同，其双向交易的特点使得风险可控。套利者抓住市场上暂时出现的定价偏差，在均值回复的合理预期下，从错误定价中获得无风险收入。从金融市场发展角度，套利交易行为对于金融市场的稳定具有重要意义，有助于发现价格扭曲，促使其回复到正常水平，也有助于市

场流动性的提高，增加金融市场的运行效率。套利交易有助于价格发现功能的有效发挥。尽管具有相同或相关资产的价格走势是基本相同的，但由于时间和空间的差别或其他原因，彼此之间还是会有一些独立影响因素，这些因素催生了不正常的价差，使相同或相关资产的价格关系出现紊乱或失真。由于套利者最关注价差变化，当发现不正常的价格关系时会积极入市套利。价差越大，套利的积极性越高，套利的人也越多，从客观上起到了促使各种价格关系趋于正常的作用，即对市场价格的纠偏作用，这对于市场形成比较公平的价格是非常有益的。套利行为同样有助于金融市场流动性的提高，增强了金融市场运行效率。套利行为的存在增加了衍生品市场的交易量，提高了金融市场交易的活跃程度，起到了市场润滑剂和减震器的作用。这对于排除或减弱市场垄断力量、保证交易者的正常进出和套期保值操作的顺利实现都具有很大的好处。

3. 套利风险

理论上讲，套利是自融资的无风险投资过程，投资者通过对冲的操作获得预期为正的收益。但现实生活中的投资并非完美，因此套利交易仍然有风险。

（1）价差风险。金融市场上的错误定价都是由噪声交易者受到非理性因素的驱动，如受到恐慌情绪影响大量抛售或者由于过于乐观大量买入。套利者面临的风险在于，短期内如果市场情绪估计错误，即价差往不利方向运动，套利组合可能面临亏损的风险。由于套利交易一般都是杠杆交易，所以价差的不利变动可能迫使套利组合短期内由于保证金不足面临强制平仓的风险，而机构投资者也容易由此陷入短期流动性风险。美国长期资本管理公司（LTCM）1998 年的巨额损失便是典型例子。

（2）交易风险。套利中通常两到三笔交易无法严格同时成交，因此存在套利组合部分成交而部分暴露于价格波动的可能，以及平仓时无法确保成交于获利价位的可能。不同市场交易时间不同，也给套利者带来了风险。例如套利者发现了 IBM 公司的股票价格在纽约证券交易所（NYSE）与伦敦证券交易所（LSE）存在可获利价差，但是他无法在两个交易所同时完成组合操作，因为两个交易所的交易时段不一致。

（3）交割风险。由于套利交易牵涉到未来的资金交割，因此具有交易对手违约、无法支付资金的风险。如果交易对手只有一个或众多相关的交易都牵涉到一个交易对手，则风险进一步提高，特别是在金融危机时，众多交易对手违约，通过杠杆将风险放大。例如某个套利者购买了大量高风险债券，并通过信贷违约互换对冲风险。套利者希望从债券的收益率与信贷违约互换的价差间获利。但在严重的金融危机发生时，债券发行方可能违约，无法支付本利，违约互换的发行方也有违约可能，两个市场都可能丧失流动性，给套利者带来沉重的损失。

10.1.3 套利与投机

投机（speculation）是指，投机者利用某种商品在不同时间的价格差异，以盈利为目的而进行的交易活动。投机者进行投机交易的目的是追逐利润，利用商品价格波动所造成的价格差异获取收益。投机作为人类的一种固有的本质特性，存在于各类商品的交易活动中。套利和投机都是利用市场出现偏差（局部或整体）的机会进行交易获取收益，两者的不同在于，套利是利用两种商品之间的价格偏差进行双向投资以获取收益，虽然也可能有风险，但风险程度不大；投机则是利用对市场整体发展趋势的判断，进行单向投资，利用市场的涨落来获取收益。投机在股指期货中占有非常大的比率，以 1999 年香港恒生指数的股指期货交易为例，其全年交易量的 74% 属于投机交易，套期保值交易和套利交易两项之和只占 26%，事实上，同在股票市场上从事股票投资类似，投机交易是在股指期货市场上进行的一种正常的投资活动，只不过由于股指期货的高杠杆作用，成本低，收益较大（当然风险也大）。

套利交易和投机交易在盈利目的上都是一样的，都是为了能够获利，事实上投资者在做任何交易时都是为了获得利益。但是，所有的交易方法都有其自身的特点，套利交易和投机交易也一样，它们在操作方式上存在着一定的差异。下面就这些差异以期货投机交易为例，来讨论一下二者之间的不同。

1. 交易方式不同

投机交易是指投资者在某段时间里对标的资产建立多头或者是空头头寸，换言之，投资者预期价格上涨的时候就做多，在预期价格下跌的时候就做空；而期货套利交易则是在同一个时间在相关的期货合约或者期货、现货之间分别建立多头或空头头寸。

2. 交易利润不同

期货投机交易投资者赚取利润的方法是利用上下波动的单一期货合约价格，而期货套利交易则是利用相关期货合约或期货和现货之间的相对价格差异套取利润。

3. 交易风险程度不同

通常情况下，期货投机交易者要承担的风险比套利交易者承担的风险大。本质上在于套利交易提前进行了相反的交易，所以一个方向的盈利可以弥补另一个方向的损失。此外，套利由于其避险属性，虽然本身的资金需求量很大，却很少运用高杠杆。相反，投机由于使用高杠杆经营容易导致巨额损失。

4. 交易成本不同

套利交易者在交易的时候只承担比较小的风险，而投机交易者在交易过程中却承担着相对较大的风险。所以在境外的期货市场中为了鼓励套利交易，相关期货合约通常对套利交易者收取比较低的保证金，而对投机者收取相对较高的保证金。

5. 交易对象不同

套利交易需要同时操作两个方向，对保证金的要求和佣金的要求比较高，且资金量需求较大，适合机构投资者。投机由于经常只针对单边市场，所以资金可高可低，既可以适用于个人，也可以是机构投资者。

10.1.4 统计套利

统计套利起源于20世80年代，由摩根士丹利等银行推向市场，该策略在金融市场上得到了广泛的应用，流行了二十多年时间。研究者围绕它创造出了很多不同的模型，在市场上获得了巨大的利益。统计套利是将套利建立在对历史数据进行统计分析的基础之上，估计相关变量的概率分布，并结合基本面数据进行分析以指导套利交易。相比于无风险套利，统计套利增加了一些风险，但是由此可获得的套利机会将数倍于无风险套利。在这个意义上，统计套利是对无风险套利条件的放松，以增加少量的风险来换取更多的套利机会，最大损失远小于预期收益。

统计套利策略通过分析价格模式和金融工具之间的价格差异来获利，最终目的是产生 Alpha 的交易利润（高于正常值），主要包括以下几种类型：市场中性套利（market neutral arbitrage）、跨资产套利（cross asset arbitrage）、跨市场套利（cross market arbitrage）、ETF 套利（ETF arbitrage）。

1. 市场中性套利

该策略假设资产具有相似的波动性。因此，一部分市场资产的增值，必定会导致一部分市场资产的减值。当市场资产恢复到正常价值时，做多和做空的曲线回归到正常值。因此，市场中性套利要求对被低估的资产做多，同时对被高估的资产做空。

2. 跨市场套利

跨市场套利是通过同一资产在不同市场上的价格差异来获利。该资产在低估值的市场上进行购买，然后在高价值的市场上进行出售。

3. 跨资产套利

这种策略考虑了金融资产与其基础资产之间的价格差异。例如，股票指数期货和形成指数的股票之间若存在超出合理范围的差价，则需要跨资产进行套利。

4. ETF 套利

ETF（交易型开放式指数基金）是一种在交易所上市交易的、基金份额可变的开放式基金。投资者可以向基金管理公司申购或赎回基金份额，也可以像封闭式基金一样在二级市场上按市场价格买卖 ETF 份额，但 ETF 的申购赎回要以一篮子股票换取基金份额或者以基金份额换回一篮子股票。当 ETF 与现货市场的标的股票组合产生价差，并且价差带来的收益大于交易费用时，市场上有利可图，可进行套利。

5. 配对交易

配对交易是指基于交易资产的相似度来对股票进行配对，当一只股票表现优于另一只股票时，表现较差的股票价格就会随着市场期望攀升，从而有出色的投资回报。这个过程是从市场变化走势中进行对冲获利。在配对交易中，交易成本是影响交易收益的重要因素。

统计套利完全依据对历史数据的统计分析来判断套利机会，会存在着一个根本性的局限，即历史数据只能反映过去，过去所发生的，在未来并不一定会发生。在分析历史的基础上，应当充分结合品种的基本面数据估计未来相对价格的走势，从而评估套利的可行性。此外，均值回归的时间跨度难以准确预计，如果预期的目标价差提前到来，则可以提前平仓离场，或反向进行新的套利。但如果均值回归迟迟未出现，则会限制套利者的资金流动性，甚至导致强行平仓，最终使得统计套利失败。所以统计套利相对于投机来讲，可以在风险可控的条件下获得相对稳定的收益，因此适应于资金量大，且追求稳健性投资的机构投资者。

10.2　期货套利交易策略

10.2.1　期现套利策略

当期货市场与现货市场在同种标的产品的价格上出现差距，交易者可以利用两个市场的价格差距，通过低买高卖而获利，也就是实施期现套利策略。理论上，期货价格是商品未来的价格，现货价格是商品目前的价格。按照本书前面介绍的一价定理，两者间的差距，即“基差”（基差 = 现货价格 - 期货价格）应该等于该商品的持有期成本。一旦基差与持有成本偏离较大，就出现了期现套利的机会。其中，期货价格要高出现货价格，并且超过用于交割的各项成本，如运输成本（包装成本和清洁费用）、入库费用、质检成本、仓储费用、开具发票所增加的成本等。期现套利主要包括正向套利和反向套利两种，如图 10.1 所示。

正向套利是指当现货被低估而某个交割月份的期货合约被高估时，投资者可以卖出该期货合约，同时买入现货；当现货和期货价格差距趋于正常时，将两个头寸平仓从而获得套利利润。反向套利是指当现货被高估而某个交割月份的期货合约被低估时，投资者可以买入该期货合约，同时卖出相应的现货；当现货和期货价格趋于正常时，同时平仓获得无风险收益。期现套利的实质是对现货和期货的基差进行投机。基差的变动可以通过期货定价模型分析和预测，分析正确可以获利，即使分析失误，套利的风险也远比单向投机的风险低。

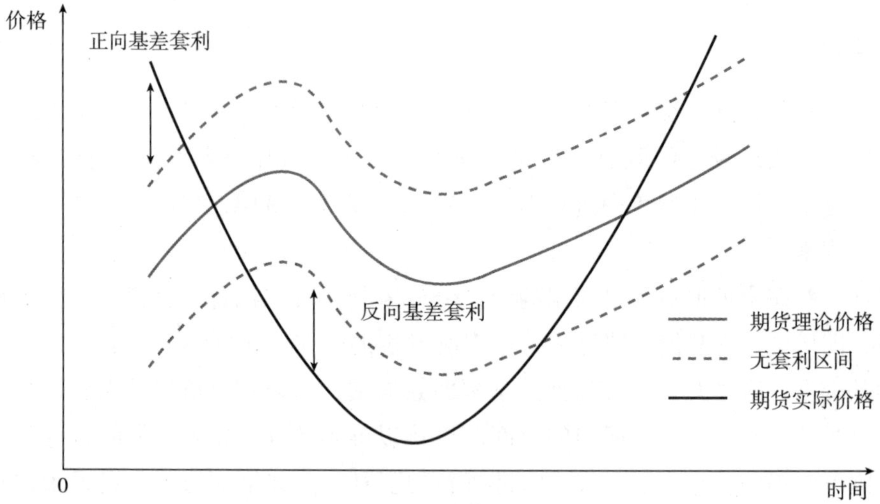

图 10.1　期现套利原理①

期现套利需要确定什么情况下能够进行无风险套利，即给定合理的价差水平，具体步骤包括：1. 计算商品期货的理论价格，并估计无套利区间的上下边界；2. 比较当前价差和无套利区间，判断当前套利机会是否存在，确定套利的方向；3. 确定交易规模，根据投资者的预期收益水平确定最优的套利规模；4. 同时对商品期货和现货建仓交易；5. 实时监测套利的盈亏情况，调整保证金比例，并根据实际情况进行加仓或者减仓操作。无套利区间的确定方法，在下一节通过股指期货的例子给出。算例 10 - 1 提供了一个期现套利的例子，由于已知持有期间成本，即无套利区间已经确定，可以采用正向期现套利获得无风险套利收益。

算例 10-1

某期货交易所 3 月份铝期货合约价格为 17500 元/吨，9 月份价格为 18500 元/吨，假设铝材每月的持仓费用为 30 元/吨，此时由于现货被严重低估，投资者采用正向期现套利策略，买入被低估的现货（3 月份交割）100 吨，卖出被高估的期货（9 月份交割）100 吨。投资者付出了 20 万元资金保证交易可以顺利实施，求投资者预期收益率。

$$(18500 - 17500 - 30 \times 6) \times 100/200000 = 0.41$$

① 资料来源：中原期货，详见 http：//www. zyfutures. com/main/a/20130917/1005490120. shtml。

10.2.2 跨时间套利策略

当投资者发现同一市场同一标的不同交割月份的期货合约的价差偏离正常水平时，可以采用跨时间套利策略进行对冲而获得稳定收益。跨时间套利按操作方向的不同又可分为牛市套利或者多头套利（bull spread）和熊市套利或者空头套利（bear spread），但无论采取哪种操作模式，其本质均是对不同交割期的合约同时进入低买高卖，即同时买入价值被低估的合约而卖出价值被高估的合约。在计算跨时间套利的价差时，统一用近期月份合约的价格减去远期月份合约价格。

当市场处于牛市的时候，通常来说近期月份的期货合约价格的涨幅要大于远期月份合约的涨幅，或者近期月份合约的降低幅度低于远期月份合约价格的降低幅度。因此，无论市场未来是上升还是下降，买入近期月份合约、卖出远期月份合约的盈利能力总是强过卖出近期月份合约、买入远期月份合约。这样的套利方式称为牛市套利。算例 10－2 给出了牛市套利的应用场景。

当市场处于熊市的时候，通常来说，近期月份的期货合约价格的涨幅要小于远期月份合约的涨幅，或者近期月份合约的降低幅度大于远期月份合约价格的降低幅度。因此，无论市场未来是上升还是下降，卖出近期合约、买入远期月份合约的盈利能力总是强过买入近期月份合约、卖出远期月份合约。这样的套利方式称为熊市套利。算例 10－3 给出了熊市套利的应用场景。

算例 10-2

某年 10 月 1 日，已知次年 3 月份玉米合约价格为 2.16 美元/蒲式耳，5 月份合约价格为 2.25 美元/蒲式耳，两者价差为 9 美分。交易者预计玉米价格将上涨，3 月与 5 月的期货合约的价差将有可能缩小。于是，交易者买入 1 手（1 手为 5000 蒲式耳）3 月份玉米合约的同时卖出 1 手 5 月份玉米合约。到了某年 12 月 1 日，3 月和 5 月的玉米期货价格分别上涨为 2.3 美元/蒲式耳和 2.27 美元/蒲式耳，两者的价差缩小了 0.06 美元。交易者同时将两种期货合约平仓，从而完成套利交易。具体交易分析如表 10.1 所示。

表 10.1　　牛市套利结果

操作月份	3 月份合约	5 月份合约	价差
10 月份建仓	买入 1 手，2.16 美元/蒲式耳	卖出 1 手，2.25 美元/蒲式耳	－0.09 美元/蒲式耳
12 月份平仓	卖出 1 手，2.30 美元/蒲式耳	买入 1 手，2.27 美元/蒲式耳	0.03 美元/蒲式耳
收益	0.14 美元/蒲式耳	－0.02 美元/蒲式耳	0.12 美元/蒲式耳
套利结果	（0.14－0.02）×5000＝600（美元）		

算例 10-3

某年10月1日，已知次年3月份玉米合约价格为2.16美元/蒲式耳，5月份合约价格为2.25美元/蒲式耳，两者价差为9美分。交易者预计玉米价格将下跌，3月与5月的期货合约的价差将有可能扩大。于是，交易者卖出1手（1手为5000蒲式耳）3月份玉米合约的同时买入1手5月份玉米合约。到了某年12月1日，3月和5月的玉米期货价格分别下跌为2.10美元/蒲式耳和2.22美元/蒲式耳，两者的价差扩大为12美分。交易者同时将两种期货合约平仓，从而完成套利交易。具体交易分析如表10.2所示。

表10.2　熊市套利结果

操作月份	3月份合约	5月份合约	价差
10月份建仓	卖出1手，2.16美元/蒲式耳	买入1手，2.25美元/蒲式耳	-0.09美元/蒲式耳
12月份平仓	买入1手，2.10美元/蒲式耳	卖出1手，2.22美元/蒲式耳	-0.12美元/蒲式耳
收益	0.06美元/蒲式耳	-0.03美元/蒲式耳	0.03美元/蒲式耳
套利结果	(0.06-0.03)×5000=150（美元）		

通过算例10-2和算例10-3，无论是熊市套利还是牛市套利，其共同特点都是利用不同月份期货合约建立方向相反、数量相同的仓位，利用远期月份合约和近期月份合约的价差变动而获利。其成功的关键在于对价差变化趋势的预测，如果价差没有发生变化，则交易者面临交易成本的压力，如果价差方向预测失误，则交易者面临损失。

蝶式套利（butterfly spread）利用不同交割月份的价差进行套期获利，由两个方向相反、共享居中交割月份合约的熊市套利和牛市套利跨期套利组成。蝶式套利是一种合成套利的形式，整个套利涉及三个合约，如"买6月金5手，卖7月金10手，买8月金5手"，分别是6月份、7月份和8月份交割的三种期货合约。其中"买6月金5手，卖7月金5手"是牛市套利，"卖7月金5手，买8月金5手"是熊市套利。此外还有一种蝶式套利的形式，即"卖6月金5手，买7月金10手，卖8月金5手"，由一个熊市套利和牛市套利构成。蝶式套利的本质在于套利者认为中间交割月份的期货合约价格与两旁交割月份合约价格之间的相关关系将会出现差异，实际上可以称为套利的套利。算例10-4给出了一种牛市套利和熊市套利组合的蝶式套利形式。

算例 10-4

某年3月份某期货交易所5月、7月和9月的大豆期货合约分别为，9.1美元/蒲式耳、9.15美元/蒲式耳、9.2美元/蒲式耳，假设在两个月后5月、7月和9月份的期货合约价格为9.22美元/蒲式耳、9.23美元/蒲式耳、9.28美元/蒲式耳。则蝶式套利的具体执行情况如表10.3所示。

表10.3 蝶式套利结果

操作月份	5月份期货合约	7月份合约	9月份合约
3月份建仓	买进2手	卖出4手	买进2手
5月份平仓	卖出2手	买进4手	卖出2手
收益	0.12美元/蒲式耳	-0.16美元/蒲式耳	0.08美元/蒲式耳
套利结果	(0.12+0.08-0.16)×2×5000=400（美元）		

10.2.3 跨商品套利策略

跨商品套利通常是指在买入某一交割月份的期货合约的同时卖出相同数量、相同交割月份且相互关联的另一种商品期货合约，通过对冲获得套利收益。一般来说，进行跨商品套利交易时所选择的两种商品大都是具有某种替代性或受同一供求因素制约的商品。跨商品套利可分为两种情况：一是相关商品间的套利；二是原料与成品间的套利。相关商品间的套利是指某些商品期货价格之间存在较强的相关关系，可利用它们之间的价差进行套利。例如，小麦和玉米均可用作食品加工及饲料，价格有相似变化趋势，因此可以进行小麦和玉米间的套利。原料与成品间的套利是指利用原材料和它的制成品之间的价格关系进行套利。最典型的是大豆与其两种制成品——豆油和豆粕之间的套利。算例10-5展示了相关商品套利的一个例子。

算例 10-5

在谷物中，小麦和玉米符合跨商品套利的要求，如果小麦价格过高，则玉米可以成为它的替代品，两者有相同的变动趋势。某年5月份，某期货交易所9月份小麦期货合约价格为4.8美元/蒲式耳，玉米期货合约价格为3.8美元/蒲式耳。投资者认为两者的价差低于正常水平，未来价差将会继续扩大。8月份时，9月份交割小麦期货合约的价格为5.4美元/蒲式耳，玉米期货合约价格为4.0美元/蒲式耳。具体套利结果如表10.4所示。

表 10.4　跨商品套利结果

操作月份	9月份合约—小麦	9月份合约—玉米	价差
5月份建仓	买入1手，4.8美元/蒲式耳	卖出1手，3.8美元/蒲式耳	1美元/蒲式耳
8月份平仓	卖出1手，5.4美元/蒲式耳	买入1手，4.0美元/蒲式耳	-1.4美元/蒲式耳
收益	0.6美元/蒲式耳	-0.2美元/蒲式耳	0.4美元/蒲式耳
套利结果	(0.6-0.2) ×5000=2000（美元）		

10.2.4　跨市场套利策略

跨市场套利是在两个期货交易所买进和卖出相同交割月份的期货合约，并利用可能的地域差价来赚取利润。在不同期货市场上，许多经营者有着相同种类的期货商品，如贵金属（金、银、铜、铝等）和大宗商品（小麦、玉米、棉花等），由于地域之间供求差异或者缺乏信息交流，相同标的产品的期货合约往往存在着价差。通常，跨市交易既可在国内交易所之间进行，也可在不同国家的交易所之间进行。跨市场套利需要满足三个基本条件：期货合约具有相同或者相似的标的物；期货品种在两个市场上具有较强的相关性；两个市场的商品可以自由流通。从贸易流向和套利方向一致性的角度出发，跨市套利一般可以划分为正向套利和反向套利两种：如果贸易方向和套利方向一致，则称为正向套利；反之，则称为反向跨市套利。例如：国内铜以进口为主，在LME做多的同时，在上海期货交易所做空，这样的交易称为正向套利。相应的了结方式有实物交割平仓和对冲平仓两种。

算例 10-6

某年3月初，国际黄金期货交易市场A和B在6月份交割的黄金期货合约价格分别为1200美元每盎司和1205美元每盎司。某投资基金注意到这一反差的价格水平，并判断之后价格将下降，于是进行跨市场套利操作。一个月后黄金价格恢复到1190美元每盎司，具体操作情况如表10.5所示。

表 10.5　跨市场套利结果

操作月份	A市场	B市场	价差
3月份建仓	买入100盎司黄金合约，1200美元每盎司	卖出100盎司黄金合约，1205美元每盎司	5美元每盎司
4月份平仓	卖出100盎司黄金合约，1190美元每盎司	买入100盎司黄金合约，1190美元每盎司	0
收益	-10美元每盎司	15美元每盎司	5美元每盎司
套利结果	5×100=500（美元）		

10.3 股指期货套利

10.3.1 定义及分类

股指期货套利是具有代表性的套利交易，是利用某个类型的股指期货合约同现货投资组合或其他股指期货合约之间的定价偏差，通过双边交易以获取低风险差价。股指期货的套利交易主要分为两类：一类是股指期货同现货投资组合之间的套利交易，在本节之前称为期现套利，业界通常称为指数套利；另一类是不同股指期货合约之间的套利，参见期货套利的分类规则，包括跨时间套利、跨市场套利和跨商品套利。

1. 指数套利

股指期货的指数套利是指，买入（卖出）某个月份的期货合约的同时，卖出（买入）对应的现货股票投资组合，并在价格恢复到正常区间后对两笔头寸同时平仓的一种套利交易模式。这里出现的现货投资组合，既可以是股指对应成分股构成的组合，也可以是由其他股票构成的现货组合，只要两种资产的价格差或者比率存在一个合理区间，具有明确的数量关系。

2. 跨时间套利

股指期货的跨期套利是指，利用同一股指期货不同交割月份的价格差，建立数量相同方向相反的交易头寸，并以对冲的方式获得收益。跨期套利并不是无风险的。跨期套利的风险来自对价差变化趋势的判断是否正确，相比于单边的股指期货投机活动，其风险较低。

3. 跨市场套利

股指期货跨市场套利是指，套利者利用同种标的指数的股指期货合约在不同市场上的交易价格差，通过相反的操作寻求套利收益的交易方式。套利者着眼于同种期货合约在不同市场上的价差是否扩大或者缩小，而不是针对整个市场的运动方向。与商品期货的跨期交易相比，股指期货跨市场套利不存在实物交割的限制，在操作上更为便捷。

4. 跨商品套利

股指期货的跨商品套利交易是指，利用两种不同但是高度相关的股指期货合约之间的价差进行交易。可以进行跨商品套利的前提是，这两种股指期货的标的指数具有相互替代性或者受同一供求影响。如道琼斯股指期货和标准普尔期货指数，沪深300

股指期货和上证 50 股指期货指数之间可以进行跨商品套利。

股指期货套利和商品期货套利的最大区别在于其标的商品的属性不同，详情可以参见本书第 6.2 节股指期货。商品期货合约的标的产品是有形物品，因此在交易中涉及品质、仓储、运输、损耗和交割等各种成本。而股指期货的标的是各种股票指数，不存在实物交割的限制，因此在套利的便捷性上更胜一筹。股指期货的套利的前提便是套利机会存在与否，而想要判断套利机会存在性，首先要知道股指期货的理论价格。因此，股指期货的套利一般要遵循如下步骤：1. 计算股指期货合约的理论价格；2. 计算股指期货合约的无套利区间；3. 判断套利机会是否存在；4. 确定交易规模，进行指数套利或者股指期货合约之间的套利。

计算股指期货合约的方法有很多，常见的方法包括持有成本定价模型以及预期理论模型，本书第 5.2 节已经给出了股指期货的持有成本定价理论，下一节将根据持有成本定价模型在不完美市场假设下给出无套利区间的论述。

10.3.2 无套利区间模型

1. 持有成本定价模型

科尔内尔和弗兰兹（Cornell and French）在完美市场假设下构造了股指期货持有成本定价模型，其基本假设包括：(1) 借贷利率相同且维持不变；(2) 无逐日盯市的保证金结算风险；(3) 无税收和交易成本；(4) 卖空股指成分股无限制；(5) 股利发放时间、数量确定，无股利不确定性风险；(6) 股指成分股可无限分割。在上面的假设下，股指期货的理论价格可以通过复制股指期货现金流的方式得到。考虑如下两种投资组合：

投资组合 1：在 t 时刻以价格 S_t 买入股票指数的现货，并持有到 T 时刻，在 T 时刻股票指数的现货价格为 S_T，持有期间的股利收入为 $D_{t,T}$。

投资组合 2：在 t 时刻购买价格为 S_t 的国债，并买入在 T 时刻交割的股指期货合约 $F_{t,T}$，以复利计算国债收益，且到期时股指期货和现货的价格相同。

上述两个投资组合的初始投入相同，根据一价定律，在无套利市场下两个投资组合在期末时刻的价值应当相同，即：

$$S_T + D_{t,T} = S_t e^{r(T-t)} + S_T - F_{t,T}, \tag{10.1}$$

整理可得股指期货在 t 时刻的价格应该为：

$$F_{t,T} = S_t e^{r(T-t)} - D_{t,T}. \tag{10.2}$$

当股指期货价格偏离理论价格时就可以进行无风险套利，即指数套利。如果股指期货实际价格高于理论价格，则套利者可出售股指期货，同时买入股指现货投资组合，并持有股指期货到期冲销。同时将现货头寸出售以赚取无风险收益。当股指期货实际价格低于理论价格时，套利者可以买入股指期货，同时卖空股指现货投资组合，在持有股指期货到期冲销的同时，将现货头寸平仓来赚取无风险收益。

2. 不完美市场无风险套利区间

无套利区间，是指考虑交易成本后，将股指期货的理论价格分别向上移和向下移所形成的一个区间。在这个区间中，套利交易不但得不到利润，反而将导致亏损。具体而言，将期指理论价格增加一定数量的价位称为无套利区间的上界，将期指理论价格下移一定数量之后的价位称为无套利区间的下界，只有当实际的期指高于上界时，正向套利才能够获利；反之，只有当实际期指低于下界时，反向套利才能够获利。显然，对于套利者来说，正确计算无套利区间的上下边界是十分重要的。

完美市场环境是持有成本模型的一个重要假设，研究发现，期货的实际价格经常偏离模型的理论价格。在大量研究分析后，国内外很多研究者发现，导致期货错误定价的主要因素有：逐日盯市和随机利率、借贷利率差异、交易成本、卖空限制、执行风险等。这些因素中，借贷利率差异以及交易成本对股指期货价格影响较大，因此将两个因素纳入考虑范围，在多头和空头套利策略的基础上分别确定套利的上下边界，从而给出不完美市场下的无套利区间。

为了叙述方便，给出记号：$F_{t,T}$ 为 T 时刻到期的股指期货在 t 时刻的理论价格；$D_{t,T}$ 为在 T－t 时间段内指数成分股的现金股利折算成指数点在 T 时刻的值；S_t 为现货指数在 t 时刻的市场价格；C_1 、C_2 是现货指数买卖佣金、交易印花税（%）；C_3 、C_4 是买入、卖出指数现货时的相对冲击成本（%）；C_5 是指数期货买卖佣金（元/点）；C_6 是指数期货印花税；C_7 、C_8 是买入、卖出指数期货时的相对冲击成本（%）；F_t 是指数期货合约在 t 时刻的市场价格；Z 是指数期货的合约乘数（元/点）；r 是无风险收益率，r_b 为借入利率（融资成本）。

通过对正向套利进行分析，可以确定无套利区间的上界，正向套利也称为空头套利，指股指期货价格被高估情况下卖空期货，同时买入现货指数并持有到期的交易模式。正向套利时，T 时刻期货头寸的盈利为：$-F_T+F_t$ ，现货头寸的盈利为：$S_T+D_{t,T}-S_te^{r_b(T-t)}$ 。

当 T 时刻的净现金流大于期货和现货市场的总交易成本时，存在套利机会，即下式成立时存在套利机会：

$$[S_T+D_{t,T}-S_te^{r_b(T-t)}-F_T+F_t]Z>(C_{ls1}+C_{sf1})e^{r(T-t)}+C_{ls2}+C_{sf2} \qquad (10.3)$$

其中 $C_{ls1}=S_tZ(C_1+C_2+C_3)$ 为现货多头的开仓成本；$C_{sf1}=F_tZ(C_6+C_8)+C_5$ 为期货空头的开仓成本；$C_{ls2}=S_tZ(C_1+C_2+C_4)$ 为现货多头的平仓成本；$C_{sf1}=F_tZ(C_6+C_7)+C_5$ 为现货多头的开仓成本。

由于到期日期货价格收敛于现货价格，即 $S_T=F_T$ ，整理得到 t 时刻套利机会存在等价于期货价格 F_t 满足式（10.4）：

$$F_t > \frac{S_t e^{r_b(T-t)} - D_{t,T} + S_t(C_1 + C_2 + C_3)e^{r(T-t)}}{1 - (C_6 + C_8)e^{r(T-t)}} + \frac{S_T(C_1 + C_2 + C_4 + C_6 + C_7) + \frac{C_5}{Z}[1 + e^{r(T-t)}]}{1 - (C_6 + C_8)e^{r(T-t)}} \tag{10.4}$$

假设股指现货价格以无风险收益率递增，因此用 $S_t e^{r(T-t)}$ 作为 S_T 的估计值，从而得到套利的上边界为：

$$F_u = \frac{S_t e^{r_b(T-t)} - D_{t,T} + S_t(2C_1 + C_2 + C_3 + C_6 + C_7)e^{r(T-t)} + \frac{C_5}{Z}[1 + e^{r(T-t)}]}{1 - (C_6 + C_8)e^{r(T-t)}} \tag{10.5}$$

通过反向套利进行分析，可以确定无套利区间的下界。反向套利又称多头套利，是指股指期货被低估情况下卖空现货，买入指数期货并持有到期的交易模式。

反向套利策略，T 时刻期货头寸的盈利为：$F_T - F_t$，现货头寸的盈利为：$-S_T - D_{t,T} + S_t e^{r_b(T-t)}$。

T 时刻的净现金流大于期货和现货市场的总交易成本时，存在套利机本，即下式成立时存在套利机本：

$$[S_t e^{r_b(T-t)} - S_T - D_{t,T} + F_T - F_t]Z > (C_{ss1} + C_{lf1})e^{r(T-t)} + C_{ss2} + C_{lf2} \tag{10.6}$$

式（10.6）中，$C_{ss1} = S_t Z(C_1 + C_2 + C_4)$ 为现货空头的开仓成本；$C_{ls1} = F_t Z(C_6 + C_7) + C_5$ 为期货多头的开仓成本；$C_{ss2} = S_t Z(C_1 + C_2 + C_4)$ 为现货空头的平仓成本；$C_{ls1} = F_t Z(C_6 + C_8) + C_5$ 为期货多头的平仓成本。

由于到期日期货价格收敛于现货价格，即 $S_T = F_T$，整理得到 t 时刻套利机会存在等价于期货价格 F_t 满足下式：

$$F_t < \frac{S_t e^{r(T-t)} - D_{t,T} - S_t(C_1 + C_2 + C_4)e^{r(T-t)}}{1 - (C_6 + C_8)e^{r(T-t)}} - \frac{S_T(C_1 + C_2 + C_3 + C_6 + C_8) + \frac{C_5}{Z}[1 + e^{r(T-t)}]}{1 - (C_6 + C_7)e^{r(T-t)}} \tag{10.7}$$

假设股指现货价格以无风险收益率递增，因此用 $S_t e^{r(T-t)}$ 作为 S_T 的估计值，从而得到套利的下边界为：

$$F_l = \frac{S_t(1 - 2C_1 - 2C_2 - C_3 - C_4 - C_6 - C_8)e^{r(T-t)} - D_{t,T} - \frac{C_5}{Z}[1 + e^{r(T-t)}]}{1 + (C_6 + C_7)e^{r(T-t)}} \tag{10.8}$$

如果股指期货价格处于期货理论价格的上界和下界之间，则被认为不存在套利机会，该价格处于合理定价的状态。因此，在考虑多种市场摩擦的因素后，不完美市场下的股指期货定价区间可表示为：$[F_l, F_u]$。当市场价格高于区间上界，说明市场价格被高估，投资者可以采取空头套利策略；反之，如果市场价格低于区间下界，说明市场价格被低估，投资者可以采取多头套利策略，从而获得无风险利润。

10.3.3 指数套利

指数的期货和现货之间存在着必要的联系，一旦两者的价差超过无套利区间，即偏离程度超过了交易成本，就产生了套利机会。投资者可以买入被低估的现货或者期货，同时卖出被高估的期货或者现货，并在价差回归到无套利区间内时通过反向交易套取利润，这样的套利模式通常称为指数套利（index arbitrage）。指数套利的存在使得指数期货的价格和现货组合保持着合理的关系。指数套利作为一种风险分配机制和价格修正机制，能够将一个市场避险者的风险转移到另一个市场投资者身上，也能增加股指期货市场和现货市场的流动性。当市场买卖力量暂时失衡的时候，它能够迅速吸纳市场过剩的流动性或者缓解市场流动性不足的问题，进而消除股指期货和其理论价格的差异。如果缺乏指数套利交易，会使得股指期货的价格大幅度地偏离其正常的水平，使得股指期货市场无法正常发挥其金融避险功能和套期保值功能。

指数套利和商品期货的期现套利一样，分为正向套利（空头套利）和反向套利（多头套利）。正向套利或者空头套利是指，当股指期货点数被高估时，即价格超过其由成分股计算出的价值时，卖出高估的股指期货合约，同时买入股指的现货，在未来某个时刻价格回复到均衡水平时，通过反向交易平掉头寸获得无风险收益。下面给出一个正向套利的案例。

算例 10-7

某年9月底，沪深300指数为2500点，而临近11月的沪深300股指期货合约是2600点，假设借款的年利率是6%，股票指数的成分股不分发红利，股指期货交易的保证金比例为10%，每张期货合约的乘数为300元/点。已知11月到期日时，股票指数的点数变为2620点，则交易者指数套利的方式如下。

此时，股指期货的理论价格为：$F_{t,T} - D_{t,T} = 2500 \times e^{0.06 \times 2/12} = 2525.13$

由于实际价格高估，因此存在套利机会（假设交易成本为零）。可以在期货市场上卖出30张期货合约，价格为2600点，其中收入为：

$$2600 \times 30 \times 300 = 2340\ （万元）$$

同时在现货市场上以无风险利率借入2340万资金买入对应的现货组合。在11月份交割日前进行平仓从而获得无风险收益。在期货市场上买入30张期货合约，价格为：$2620 \times 30 \times 300 = 2358$（万元），同时在现货市场上卖出持有的现货组合，得到：

$$2340 \times [1 + (2620 - 2500)/2500] = 2452.32\ （万元）$$

而持有期的成本为 $2340 \times (0.06 \times 2/12) = 23.4$（万元），具体的收益结果如表格10.6所示。

表 10.6　　股指期货指数套利结果

操作	股指期货	现货组合	价差
9 月份建仓	卖出 30 张期货合约，2600 点，2340 万元	买入对应现货组合，2340 万元	0
11 月份平仓	买入 30 张期货合约，2620 点，2358 万元	卖出现货组合，2452.32 万元	94.32 万元
收益	−18 万元	112.32 万元	
套利结果	94.32 − 23.4 = 70.92（万元）		

反向套利是指当股指期货被低估的时候，即股指期货实际点数小于理论价格的时候，可以买入股指期货的同时卖空标的组合，当未来价格趋于合理的时候，在同时将两个头寸进行平仓处理。同样地给出一个案例说明反向套利的模式。

算例 10-8

某年 9 月底，沪深 300 指数为 2500 点，而临近 11 月的沪深 300 股指期货合约是 2400 点，假设借款的年利率是 6%，股票指数的分红利率为 3%，股指期货交易的保证金比例为 10%，每张期货合约的乘数为 300 元/点。已知 11 月到期日时，股票指数的点数变为 2620 点，则交易者指数套利的方式如下。

此时，股指期货的理论价格为：$F_{t,T} = S_t e^{(r)(T-t)} - D_{t,T} = 2500 \times e^{0.03\times 2/12} = 2512.531$（元）

由于实际价格被低估，因此存在套利机会（假设交易成本为零）。可以在现货市场上卖出现货组合，价格为 2500 点，并将卖空的收益按照无风险利率贷出。

同时在期货市场上买入股指期货合约，价格为 2400 点。在 11 月份交割日前进行平仓从而获得无风险收益。而持有期的成本为 2500 ×（0.03 × 2/12）= 12.5。具体的收益结果如表 10.7 所示（此处单位为点数）。

表 10.7　　股指期货指数套利结果

操作月份	股指期货	现货组合	价差
9 月份建仓	买入一张股指期货合约，2400 点	卖出对应现货组合，2500 点	100 点
11 月份平仓	卖出一张期货合约，2620 点	买入对应现货组合，2620 点	0
收益	220 点	−120 点	
套利结果	220 − 120 − 12.5 = 87.5（点）		

从前面的正向套利和反向套利的分析以及案例中读者可以看出，在不考虑交易成本等因素的完美市场条件下，只要期货合约的市场价格偏离其理论价格就会出现套利的机会。究竟采用空头套利还是多头套利，取决于股指期货的市场价格是被高估还是被低估。如果股指合约被高估应采取空头套利，反之则采取多头套利。但是在实际交易中，由于交易成本是客观存在的，以及一些其他因素导致市场是不完美的，因此在指数套利中存在一些问题。而不是简单的只要期货合约的市场价格偏离其理论价格，套利机会就会出现。我们在上一节已经给出了在考虑交易成本条件下的无风险套利区间，通过无风险套利区间，交易者可以判断套利的入场和离场时点。此外股票指数的现货组合如何复制是另一个难点。由于股指的标的不是实物商品，而是一篮子股票资产，在市场上没有天然存在的现货。因此需要根据指数的成分股以及所占权重构造指数的现货组合，并利用该组合和股指期货进行套利。然而该方法需要占据投资者大量的资金和管理成本，灵活性较差。此外用股票来复制指数的时候存在一定的追踪误差（成分股的进出、权重的改变、配股及分红等原因），会对最终的套利空间造成一定的影响，甚至导致套利的失败。关于股指期货指数的现货复制，感兴趣的读者可以参见作者的另一本专著《稀疏金融资产管理》，里面详细介绍了指数复制的一般和特殊方法。对于规模较小的机构投资者，可以选择利用交易型开放式指数基金（ETF）来近似复制指数。投资者可以如买卖股票那样在市场上买卖追踪标的指数的 ETF 基金，作为标的指数缺乏现货组合的补充。

10.3.4 指数跨期和跨市场套利

股指期货的跨期套利是指利用不同月份的股指期货合约的价格或价差关系，买进（卖出）某一月份的股指期货的同时卖出（买进）另一月份的股指期货合约，并在未来某个时间同时将两个头寸平仓了结的交易方式。跨期套利交易与单边持仓相比，面临的风险小，交易成本低。因为在市场价格的变化下，交易者在一种期货合约交易的亏损会被另一种期货合约上的盈利所弥补。跨期套利交易能够进行的条件是当实际价差偏离理论价差时，可以考虑进行套利交易。因此在分析跨期套利机会是否存在时，首先应该确定两种不同的股指期货合约的理论价格，从而确定理论价差，然后和实际价差比较才能断定是否存在套利机会。

根据股指期货的定价理论，可以研究不同月份的股指期货合约之间的理论价差。设 t 时刻近月股指期货的价格为 F_{t,T_1} ，而远月的股指期货合约价格为 F_{t,T_2} ，股指期货的现货价格为 S_t ，无风险利率为 r ，现货指数的组合的年分红率为 d ，则根据持有期货成本定价模型，得到两种期货合约的价格分别是：

$$F_{t,T_1} = S_t e^{(r-d)(T_1-t)}, F_{t,T_2} = S_t e^{(r-d)(T_2-t)} \tag{10.9}$$

此时两个不同月份的期货合约的理论价差为：

$$F_{t,T_2} - F_{t,T_1} = S_t e^{(r-d)(T_1-t)} - S_t e^{(r-d)(T_2-t)} \tag{10.10}$$

当实际价差偏离理论价差的时候，可以考虑进行套利交易，当价差回归到理论水平时则了结头寸结束交易。此外，可以用统计套利的思想根据价差比等分析手段进行股指期货的跨期套利。即分析两个不同月份的价差和价格比数据，观察和统计数据分布区间，如图 10.2 所示，当实际价差出现在大概率分布之外的时候，可以考虑建立双向的套利头寸，在价差重新回到大概率区间的时候，了结头寸获取套利收益。

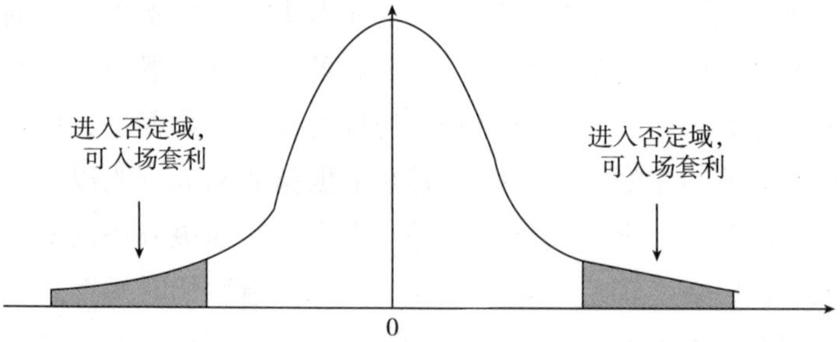

图 10.2　套利进入时机

股指期货的套利按照交割月份和买卖方向可以分为牛市套利、熊市套利以及蝶式套利。牛市套利指买入近月股指期货合约，同时卖出远月股指期货合约，并在未来同时平仓的套利交易方式。执行牛市套利的前提是投资者认为当前远月和近月期货合约的价差过大，在未来一段时间内价差会不断趋于弱化，此时通过买入近月卖出远月合约，当价差果然缩小时，套利交易就会获得利润。熊市套利是卖出近月股指期货合约，同时买入远月股指期货合约，并在未来同时平仓的套利交易方式。执行熊市套利的前提与牛市套利相反，当投资者认为当前远月和近月期货合约的价差偏小，在未来一段时间内价差会不断趋于增强，此时通过卖出近月买入远月合约，当价差果然增加时，套利交易就会获得利润。蝶式套利指买入（卖出）N 份近月股指期货合约，同时卖出（买入）2N 份中间月份股指期货合约，一级买入（卖出）N 份远月股指期货合约，并在未来某个时间同时平仓了结三种头寸的交易方式。以下给出股指期货跨期套利中的牛市套利的案例。

算例 10-9

2009 年，政府为尽快走出金融危机的影响，实施超宽松的货币政策和大规模的经济刺激方案。投资者预计在技术性超跌反弹和政策利好的推动下，沪深股市将走出一波级别较大的反弹甚至牛市行情，因此决定实施卖远月、买近月的牛市套利策略。投资者在 2010 年 1 月在沪深 300 市场实施该策略，其中近期合约 IF0903 的价格为 2400 点，远期合约 IF0906 的价格为 2450 点。到 2 月份，IF0903 的价格为 2550 点，IF0906 的价格为 2500 点。

牛市套利的具体收益结果如表 10.8 所示。

表 10.8 股指期货跨期套利结果

操作月份	股指期货 IF0903	股指期货 IF0906	价差
1 月份建仓	买入一手，2400 点	卖出一手，2450 点	-50
2 月份平仓	卖出一手，2550 点	买入一手，2500 点	50
收益	150 点	-50 点	
套利结果	(150-50) ×300=30000 (元)		

跨市套利是指在两个交易所对两个以同一指数为标的、到期日相同的指数期货合约同时进行相反方向的交易，在某个期货交易所买入（卖出）一个品种的股指期货合约，同时在另一个期货交易所卖出（买入）类似品种的股指期货合约，以期在有利时机分别在两个交易所对所持有的股指期货合约进行平仓清算获取收益。

例如，日经 225 指数期货合约分别在大阪证券交易所（OSE）、新加坡交易所（SGE）和芝加哥商业交易所（CME）上市交易。三种期货合约的标的资产都是日经 225 指数，但合约乘数、报价单位以及交易时间不尽相同。大阪证券交易所上市的日经 225 指数期货合约，以日元报价，合约乘数为 1000 日元/指数点；新加坡交易所和芝加哥商业交易所则既有日元报价，也有美元报价的日经 225 指数期货合约，日元报价的指数期货合约，合约乘数为 500 日元/指数点，美元报价的期指合约，合约乘数为 5 美元/指数点。而且，在芝加哥交易所开仓买卖的日经 225 指数期货合约，可以在新加坡交易所对冲平仓，而新加坡交易所的开市交易时间比大阪证券交易所开市时间长，这就为三个交易所的日经 225 指数期货合约的套利提供了机会和方便、快捷的交易通道。

10.4 案例分析

10.4.1 亚洲金融危机背后的套利

1. 案例简介[①]

20 世纪 70 年代后期，日本资本疯狂扩张，美日贸易战愈演愈烈。为了应对美国国内的通货膨胀与巨额的财政赤字和对日贸易逆差，1985 年 9 月，美国、日本、联邦德国、法国、英国五个发达工业国家财政部长及中央银行行长达成五国政府联合干预外汇市场的协议《广场协议》，使美元对主要货币有秩序地下调，以解决美国巨额的贸易赤字。日本被迫进行“金融自由化，日元国际化”，日元兑美元升值 40%。

随后，日本央行起草“前川报告”，建议可概括为五点[②]：一是扩大内需；二是升

① 资料来源：金投网，详见 http://bank.cngold.org/zt/yzjrwj.html。
② 资料来源：崔殿超.《前川报告》的划时代意义 [J]. 世界经济研究，1988 (5)：26-32。

级产业结构；三是扩大进口并改善市场准入环境；四是加快金融自由化和国际化；五是采取积极的财政和金融政策。可惜的是，当年前川报告只实施了后半段，却忘了前半段，这使得日本产生了偌大的资产泡沫。

在1987年《卢浮宫协议》下，日本利率降到2.5%，日本企业手握大笔现金，但国内投资收益较低，他们开始寻求向外投资的机会，对“亚洲四小龙”和东盟四国的投资显著增加。

1993年，美国经济复苏，美元升值带动泰铢升值，使得泰国出口下降，经济增速放缓。泰国政府为了调节国际收支，减少逆差，采取相关措施：开放离岸金融业务，凡获批准的商业银行均可从国外吸收存款和借款，并在泰国境内发放外币贷款；企业可以自由对外借款，非居民可以自由在国内或国外开立泰铢账户，进行存款、借款和自由汇兑。这些引起国际资本大幅流入，导致泰国股市和房市泡沫化。

在1995年，日本为了提振经济，开始实施贬值策略，东南亚货币相对美元升值。泰国国内进口大幅增长，经常账户恶化，其作为东盟四国之一，外债规模大幅超过外汇储备规模。

日元贬值带来了三个直接后果：首先，热钱加速撤离，冲击了日本金融体系，银行问题日益显著；日元大幅贬值且利率降低使国内流动性泛滥，并带来了热钱流入，内外因素催生了日本史无前例的巨大经济泡沫；其次，实体经济融资困难，生产和投资规模收缩，跨国企业收缩海外业务。在银行不良资产增长的情况下，实体企业融资困难，在东盟四国的投资减少，泰国的部分外资开始撤出。最后，日元套息交易规模扩大，大量对冲基金和热钱涌入东南亚。

2. 案例分析

（1）日元的外汇套利交易。在1996年7月和1997年2月，投机者通过借入日元获得资金（不高于3% ~5%的利息成本），兑换为泰铢后以17%的隔夜利率得到外汇套利的收益（见图10.3）。

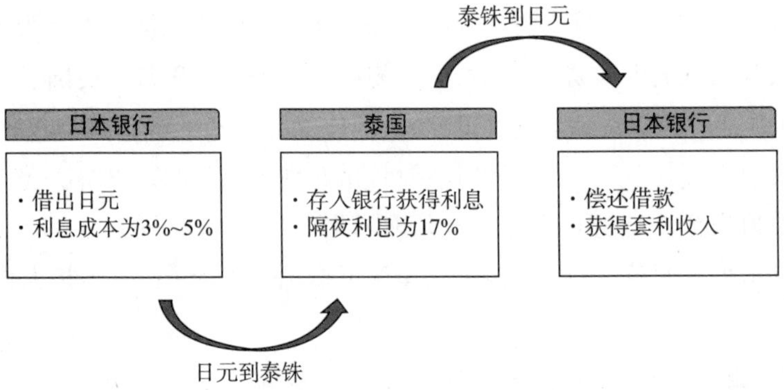

图10.3　外汇套利模式

在这类套利外汇交易中，当两国的利率存在明显差距时，投机者只需要担心日元升值的风险，当日元进一步贬值，投机者不仅能从利率差异中获利，还能从日元贬值中得到额外的日元收益。

（2）量子基金做空泰铢套利。当时，泰国的经济增长不是基于单位投入产出的增长，而主要依赖于外延投入的增加，生产力实际上仍处于较落后的阶段。泰铢与美元挂钩，固定汇率制度高估了泰铢的实际价值，泰铢的价格中存在大量泡沫。随后，由于泰国房地产泡沫破灭，泰铢大幅贬值造成的金融危机愈演愈烈。

量子基金做空泰铢套利主要包含三个内容。首先，在泰国银行抵押美国国债，借出泰铢。其次，在外汇现货市场上，无限制抛出借来的泰铢，造成群众恐慌，形成泰铢贬值预期，推进其贬值。在外汇期货市场上，大量卖空远期泰铢的期货合约：如果到结算交割日，泰铢贬值，则量子基金作为卖空方获利。同时，这一抛售远期合约的行为使得泰铢的远期汇率下跌，进一步造成市场恐慌，从而影响即期汇率。

量子基金的一系列行为，煽动了市场中的投资者和投机者纷纷加入对泰铢抛售的活动中。泰国的开放投资政策使得国际参与者们可以以极低的成本在该过程中获利。并且，只要泰铢的总体方向未贬值，这一获利过程的风险将很小。

事发后，泰国银行提升拆息率暂时稳定局势，但并未能持续。大规模的泰铢供过于求，泰国政府耗尽美元外汇储备也未能满足市场对美元的需求，最后不得不宣布放弃固定汇率制，施行浮动汇率制，泰铢一夜之间暴跌17%。索罗斯控制的量子基金用少量美元偿还在泰国银行的借款，净赚数十亿美元（见图10.4）。

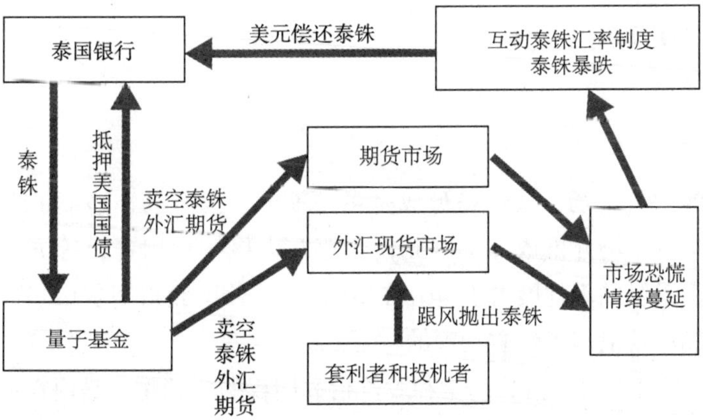

图10.4　泰铢危机

3. 案例总结

亚洲金融危机是一次范围、损失较大的金融事件，起始于泰国，波及马来西亚、新加坡、日本和韩国、中国等地。泰国、印度尼西亚、韩国等国的货币大幅贬值，同时造成亚洲大部分主要股市的大幅下跌；冲击亚洲各国外贸企业，造成亚洲许多大型企业的倒闭，工人失业，社会经济萧条。新兴市场国家在考虑金融自由化时，可以从中吸取一些教训。

（1）完善金融系统，提高金融机构管理者的风险管理经验。此次亚洲金融危机来源于新兴市场的金融自由化，在金融系统失灵的情况下，泰国的金融自由化导致了信贷激增，巨额贷款损失和随之而来的银行资产负债状况恶化。完善金融系统，杜绝逆向选择和道德风险的不对称信息问题严重恶化，使其有效地引导资金流向及配置。同时，为了应对随着金融自由化而来的贷款激增等复杂环境，还需提高金融机构管理者的风险管理经验。

（2）健全金融法规和政府监管体系。新兴市场国家在金融法规和政府监管方面有所欠缺，无法应对金融自由化给金融市场带来的巨大冲击。尤其是当外来资本大量流入，政府若不做好管控工作，将会使相关金融机构资产恶化，承担过度风险。

（3）推进货币政策改革，稳固银行体系。由于提高市场利率等货币政策会损害银行体系的资产负债表，新兴市场国家的中央银行在面临投机者的攻击时，很难利用相关货币政策来稳定汇率。投机者们在意识到这一点后，会更加积极。因此，国家中央银行不仅要改革其货币政策，还要注重稳固银行体系，使其在利率升高的情况下仍然可以生存。

（4）思考钉住汇率制度的适用性。显然，对于此次事件，泰铢对美元的盯住汇率制度也是导致其危机的重要原因。

10.4.2 QFII 操作套利

1. 案例简介[①]

对于成熟的期货市场，其价格形成是可预期的、公开的、连续的并且权威的。但是很多国家的期货市场并不成熟，因此便会存在大机构利用资金等方面的优势，对期货价格进行人为操纵的事件屡见不鲜。在 2006 年的韩国股指期货市场、股票市场和股指期货期权市场中就上演了惊心动魄的一幕。

KOSPI 200 是韩国股价指数期货和股价指数期权的标的物，是由在主板上市的能够代表市场、代表行业并具有丰富流动性的 200 只股票组成。

1996 年，韩国开始了股指期货和期权的交易，市场规模不断扩大。其中的主要交易对象是 1996 年 5 月上市的 KOSPI 200 股指期货和 1997 年 7 月上市的 KOPSPI 200 股指期权。

---

① 资料来源：新浪财经，详见 http：//finance. sina. com. cn/stock/zldx/20120705/081312483095. shtml。

2005 年上半年，KOSPI 200 股指期权全球交易量排名第一，吸引了一大批合格境外机构投资者（QFII，也指外国专业投资机构到境内投资的资格认定制度，是在资本项目尚未完全开放的国家和地区，实现有序、稳妥开放证券市场的特殊通道）。

2006 年 5 月 21 日（这天为周日，所以最后行权的时间实际上是 5 月 19 日）是韩国 5 月的 KOSPI200 股指期货期权到期日。Jackpot 是家实力雄厚的境外投资机构，其对于韩国股票指数未来看好，于是持有大量的 KOSPI 200 股指看涨期权（执行价格为 190 点）。韩国 KOSPI 200 的 5 月份股指期货价格在前 5 个交易时间在 188.50 点附近波动，显然，这对 Jackpot 不利：如果当天不行权，权利将作废，Jackpot 将损失全部期权费，处于大额度亏损状态。

为了减少亏损，甚至扭亏为盈，Jackpot 联合其他境外机构投资者对市场进行了操纵：在当日交易的最后一个小时凭借着资金优势在 1 小时内建立了总数大于 6000 手以上的净头寸，使得市场供不应求。它们将 KOSPI 200 的 5 月份股指期货价格一口气从 188.50 点升到 191.05 点，创下了 KOSPI200 该股指期货合约的历史上最高价（上涨约 2.55%）。至此，Jackpot 持有的 KOSPI 200 股指看涨期权转为有利状态。Jackpot 执行买入期权的权利后，立即在股指期货市场上做空套现，赢得了相当可观的利润。由于股指期货价格被大幅拉升，期货对现货的溢价基差上升到 0.75 以上，引发了超过 2000 亿韩元的期现间多头套利。

2006 年 5 月 22 日，境外投资者们纷纷平仓，甚至持续建立空仓，造成了股指期货市场上供过于求的场面，使得韩国期货市场猛烈下跌，股指期货价格从前一天收盘的 191.05 点被打压到 180.75 点，当日跌幅达到 4.3%。这次操作使得大部分个人投资者损失巨大，期货和现货间的基差被拉低到 -0.35 以下，又引发了超过 5000 亿韩元的期现间空头套利。

此次事件对韩国股指期货市场和股票市场影响较大，由于股指期货价格的下跌，股票市场相应指数也下跌近 20%。

2. 案例分析

首先，回顾期货交易市场上的三类参与者。投机者：考虑市场的未来走向之后再下注，本案例中 Jackpot 买入大量看涨期权的行为就是一个投机行为。套利者：锁定低风险利润，利用同一资产在不同时间或者不同地点的差价来获利，本案例中市场两次剧烈波动后产生的差价为套利者创造了空间。套期保值者：为避免或减少价格发生不利变动的损失而进行对冲行为的参与者，本案例中也存在这类参与者。三者之间一般有明确的界限，在市场上也会发生转换。

愿意承担风险以获取利润的投机者和转移价格波动风险的套期保值者使得期货市场的风险回避、价格发现以及风险投资功能得以发挥。但是以 Jackpot 为首的境外投资机构联手操纵，打破了一般投资者的风险回避，导致期货价格剧烈波动，超出了无套利区间的范围，市场出现大量套利空间，人为制造了有利可图的机会。

两次市场操纵使得基差先飙升再狂跌，在现货和期货价格第一次的大幅度偏离中，套利者可以通过指数权重买进成份股，同时卖出期货合约建立套利头寸，但这损害了多头套期保值者（卖现货买期货）的利益。在第二次的大幅度偏离中，期货价格被低估，相对而言股价被高估，套利者可以通过指数权重卖出成份股，同时买入期货合约套利，这又损害了空头套期保值者（买现货卖期货）的利益。

分析此次套利空间产生的原因：

第一，期货价格是标的物价格的反映，但由于存在升水与贴水，期货与标的物的价值存在一定差异。其中股指期货较为特殊，其指数对于期货价格存在较强影响，但是期货价格对于股票指数的影响较弱（由于股票指数由大盘决定，相对稳定）。二者之间的差异及影响关系使得无套利区间存在，当期货的实际价格高于无套利区间上界或低于无套利区间下界时会出现套利机会。

第二，韩国 KOSPI 200 股指期货的结算价格由最后交易日最后 10 分钟股指的集合竞价决定。这样的制度使得人为操纵股指期货结算价格成为可能，Jackpot 等境外机构投资者完全可以在短时间内通过大量建仓来控制价格。

第三，韩国期货价以市场的法规与监管制度不完善，未明确规定对于境外机构投资者的会员制度，为 Jackpot 联合其他机构提供了可乘之机。监管与法规的不完善导致即使市场出现了问题，投资者因此亏损也无法追查责任，使得 QFII 有可能出现的非法行为存在逃避的漏洞。

第四，韩国期货交易所规定单一客户持有的净持仓总数不得超过 5000 张，但是这一规定显然没有考虑到机构投资者联手操纵的问题。在本案例中，Jackpot 成功在短时间内买卖超过 5000 手，是由于它不止单一客户，而是数个合格境外机构投资者联手的结果。

3. 案例总结

我国的期货期权市场正处于起步阶段，相比于国外市场来说还是欠缺成熟，但是有着极大的发展空间。在市场监管方面，我们应当从维持市场的持续稳定发展的角度出发，从保护投资者利益的角度出发，加强市场基本建设，加强对投资者和客户合法利益的保护，加强风险管理和监控，真正做到防患于未然。

实际上，我国目前有着更完善法规制度以杜绝韩国股指期权操纵案例再次发生。

中金所规定，我国沪深 300 指数期货的结算价格为最后一小时加权平均价格（权数为成交量），大大提高了市场操纵的成本和难度。中金所还对会员有着严格的分类、分级管理制度，把交易所会员分为特别结算会员、全面结算会员、交易结算会员和交易会员等。境外机构投资者一般无法直接成为交易会员和结算会员，要通过中金所的会员进行股指期货的交易，会员对境外机构投资者有可能出现的非法行为负重要责任。中金所还对单一合约的单边持仓量做出限制（10 万手）以防止机构间联手行为的出现。

第 11 章 量化投资

引 例

巴菲特，因其长期较高的投资收益率被人们称为“股神”，是投资界价值投资的代表，与之并称的是西蒙斯，是量化投资的代表，最伟大的对冲基金经理之一。西蒙斯是一位数学家，他在 40 岁时离开了学术界创建了一家投资基金公司，开发了一系列数学模型与算法进行投资。这位创造了华尔街投资神话的传奇人物管理的大奖章基金的平均年收益率比巴菲特还要高得多，其超越巴菲特的秘密武器就是“量化投资”。

1988 年以来，西蒙斯管理的大奖章基金的平均年收益率高达 35%，这个数字较巴菲特等价值投资大师同期的平均年收益率要高出十多个百分点，较同期标准普尔 500 指数的平均年收益率更是高出 20 多个百分点，即使 2008 年面对全球金融危机的重挫，“大奖章”的回报也高达 80%。

（资料来源：凤凰财经，详见 https：//finance. ifeng. com/c/7vn4Q1wK1yM）

问题：

（1）量化交易是什么？

（2）相比较价值投资，量化交易的优势有哪些？

11.1 量化投资

11.1.1 量化投资定义

量化投资（quantitative investment）是指，通过数量化方式及计算机程序发出买卖指令，以获取稳定收益为目的的交易方式。量化投资的关键是利用数学、物理学和统计学中的理论和方法，对投资对象进行量化分析和优化，通过对宏观经济数据、金融市场交易数据、企业的基本面数据等进行分析，结合大数据技术和数据挖掘技术对数据进行处理，最终得到最优的交易策略。量化投资以先进的数学模型替代人为的主观判断，利用现代信息技术从庞大的历史数据中海选能带来超额收益的多种“大概率”事件以制定策略，极大地减少了投资者情绪波动的影响，避免在市场极度狂热或悲观的情况下做出非理性的投资决策，具有较强的投资稳定性。

量化投资的历史可以追溯到20世纪50年代，目前量化投资已经在全球范围内得到了机构投资者的广泛认同。在美国零售市场发行的主动型股票基金，超过16%的份额是量化投资基金。以贝莱德集团、道富全球管理公司、高盛国际资产管理公司等为首的一大批以量化投资为核心竞争力的投资公司逐渐成为机构资产管理公司眼中的巨无霸企业。国内的量化投资基金从2009年开始起步，目前正处于朝阳阶段。2015年以来，中国量化投资基金行业已进入快速发展轨道，截至2018年5月，中国量化投资基金市场规模已经达到1160亿元。但国内量化交易的产品较为单一，标的资产仍以股票为主，而国外成熟市场则覆盖了货币、债券、商品、期货等各类品种。横向对比来看，发达国家量化基金占到全市场的30%左右，而国内仅有5%~6%，说明国内的量化交易仍有较大的提升空间。

11.1.2 量化投资特点

量化投资和传统的定性投资从本质上来说是相同的，二者都是基于“有效市场假说”中的市场非有效或弱有效的理论基础，在弱有效的情况下，市场价格已充分反映出所有过去历史的证券价格信息，如股票的成交价、成交量、融资金融等。二者的区别在于量化投资管理是将定性思想量化而应用，它更加强调对数据进行计算与分析，得出数量化的结果。量化交易具有以下四个方面的特点：

（1）纪律性。根据模型的运行结果进行决策，而不是凭感觉。纪律性既可以克制人性中贪婪、恐惧和侥幸心理等弱点，也可以克服认知偏差，且可跟踪和修正。

（2）系统性。具体表现为“三多”：一是多层次，包括在大类资产配置、行业选择、精选具体资产三个层次上都有模型；二是多角度，定量投资的核心思想包括宏观周期、市场结构、估值、成长、盈利质量、分析师盈利预测、市场情绪等多个角度；三是多数据，即对海量数据的处理，依赖于大数据技术可以捕捉更多的套利机会。

（3）套利思想。量化投资通过全面、系统性的扫描捕捉错误定价、错误估值带来的机会，从而发现估值洼地，并通过买入低估资产、卖出高估资产而获利。

（4）概率取胜。一是量化投资不断从历史数据中挖掘有望重复的规律并加以利用；二是依靠组合资产取胜，而不是单个资产取胜。

11.1.3 量化投资过程

一个完整的量化策略需要包含输入、策略处理逻辑、输出；策略处理逻辑需要考虑选股、择时、仓位管理、止盈止损和策略生命周期等因素。

1. 选股

量化选股就是用量化的方法选择确定的投资组合，期望这样的投资组合可以获得超越大盘的投资收益。常用的选股方法有多因子选股、行业轮动选股、趋势跟踪选股等。

（1）多因子选股。多因子选股采用一系列的因子，如市盈率、市净率、ROA、ROE 等，作为选股标准，满足这些因子的股票被买入，不满足的被卖出。比如在实际操作中将营收增长率大于30%作为因子，买入营收增长率大于30%的股票，卖出小于30%的股票。著名的 Fama – French 三因子模型，将市场风险、市值风险、账面市值比作为因子。

（2）风格轮动选股。风格轮动选股是利用市场风格特征进行投资，市场在某个时刻偏好大盘股，某个时刻偏好小盘股，如果发现市场切换偏好的规律，并在风格转换的初期介入，就可能获得较大的收益。

（3）行业轮动选股。行业轮动选股是由于经济周期的存在，有些行业启动后会有其他行业跟随启动，通过发现这些跟随规律，投资者可以在前者启动后买入后者获得更高的收益，不同的宏观经济阶段和货币政策下，都可能产生不同特征的行业轮动特点。

（4）资金流选股。资金流选股是利用资金的流向来判断股票走势。巴菲特说过，股市短期是投票机，长期看一定是称重机。短期投资者的交易就是一种投票行为，而所谓的票，就是资金。如果资金流入，股票应该会上涨，如果资金流出，股票应该下跌。所以根据资金流向就可以构建相应的投资策略。

（5）动量选股。动量选股是利用投资者投资行为特点而构建的投资组合。动量效应就是前一段强势的股票在未来一段时间继续保持强势。原因是人的心理因素，价格上涨的正反馈作用会导致投资者继续买入。但是在正反馈到达无法持续的阶段时，价格就会崩溃降低回归，在这样的环境下就会出现反转特征。根据股票价格的动量效应和反转效应均可以构建相应的投资策略。

（6）趋势跟踪策略。当股价在出现上涨趋势时进行买入，而在出现下降趋势时进行卖出，本质上是一种追涨杀跌的策略。如果可以控制好亏损时的额度，坚持住对趋势的捕捉，长期下来是可以获得额外收益的。

2. 择时

量化择时是指，通过对资产未来价格进行分析预测，判断资产买卖与建仓清仓的时机。如判断股票未来下跌，则卖出清仓；如果判断未来价格震荡，则进行买低卖高的操作。常用的择时方法有：趋势量化择时、市场情绪量化择时、有效资金量化择时、机器学习量化择时等。

（1）趋势量化择时。趋势择时的基本思想来自技术分析，技术分析认为趋势存在延续性，因此只要找到趋势方向，跟随操作即可。趋势择时的主要指标有 MA、MACD、DMA。

（2）市场情绪量化择时。市场情绪择时就是利用投资者的热情程度来判断大势方向，当情绪热烈、积极入市时，大盘可能会继续涨；当投资者情绪低迷、不断撤出市场的时候，大盘可能继续下跌。

（3）有效资金量化择时。有效资金模型和选股模型中的资金流模型类似，通过判断推动大盘上涨或者下跌的有效资金来判断走势，因为在顶部和底部时资金效果具有额外的推动力。

（4）支持向量机（support vector machine，SVM）量化择时。SVM 择时就是利用支撑向量机的分类技术进行大盘趋势的模式识别，将大盘区分为几个明显的模式，从而找出其中的特征，然后利用历史数据学习的模型来预测未来的趋势。

3. 仓位管理

仓位管理是在投资某个股票组合时，决定如何分批入场，又如何止盈止损离场的技术。常用的仓位管理方法有：漏斗型仓位管理法、矩形仓位管理法、金字塔形仓位管理法等：

（1）漏斗型仓位管理法。初始进场资金量比较小，仓位比较轻，如果行情按相反方向运行，后市逐步加仓，进而摊薄成本，加仓比例越来越大。仓位呈下方小、上方大的一种形态，很像一个漏斗。

（2）矩形仓位管理法。初始进场的资金量，占总资金的固定比例，如果行情按相反反向发展，以后逐步加仓，降低成本，加仓都遵循这个固定比例，形态像一个矩形，可以称为矩形仓位管理方法。

（3）金字塔形仓位管理法。初始进场的资金量比较大，后市如果行情按相反方向运行，则不再加仓，如果方向一致，逐步加仓，加仓比例越来越小。仓位呈下方大、上方小的形态，像一个金字塔。

4. 止盈止损

止盈，顾名思义，在获得收益时及时卖出，锁定盈利。止损，在股票亏损时及时卖出股票，避免更大的损失。及时止盈止损是获取稳定收益的有效方式。

5. 策略的生命周期

一个策略往往会经历产生想法、实现策略、检验策略、运行策略、策略失效几个阶段。任何人、任何时间都可能根据自己的投资经验，或参照他人的投资经验产生一个策略想法，并通过建立模型与程序指令实现该策略。策略实现之后，需要通过历史数据的回测和模拟交易的检验，这也是实盘前的关键环节，筛选优质的策略，淘汰劣质的策略。最后在实盘交易中投入资金，运行选好的策略，通过市场检验策略的有效性，从而赚取收益。但是市场是千变万化的，策略不可能永久有效，即策略有时效性，所以需要实时监控策略的有效性，一旦策略失效，则需要及时优化或更换策略。

11.1.4 量化投资风险

量化交易一般会经过海量数据仿真测试和模拟操作等手段进行检验，并依据一定的风险管理算法进行仓位和资金配置，实现风险最小化和收益最大化，但往往也会存在一定的潜在风险，具体包括：

（1）历史数据的完整性。行情数据不完整可能导致模型与行情数据不匹配。行情数据自身风格转换，也可能导致模型失败，如交易流动性、价格波动幅度、价格波动频率等，而这一点是目前量化交易难以克服的。

（2）模型设计中没有考虑仓位和资金配置，没有安全的风险评估和预防措施，可能导致资金、仓位和模型的不匹配，而发生爆仓现象。

（3）网络中断、硬件故障也可能对量化交易产生影响。

（4）同质模型产生竞争交易现象导致的风险。

（5）单一投资品种导致的不可预测风险。

为规避或减小量化交易存在的潜在风险，本节从资金层面、策略层面、策略内部和外部四个角度介绍量化投资的风险控制。

1. 资金层面的风险控制

大的层面来讲，资金层面的风险控制应该是第一位的，无论你用传统的资金分配法构造投资组合也好，还是用风险平价（risk parity）方法来构造你的投资组合也好，都是从资金层面对风险进行宏观的控制。例如，一个交易策略组使用同一个或同一组账户（如股票+期货）组内的每个量化交易策略是一个虚拟的子账户，各个策略可以进行独立的资金量控制，防止某个交易策略因为错误过多地使用资金，从而避免风险暴露。

2. 策略层面的风险控制

具体到策略层面，可以进行一些更为具体的风险控制，策略层面的风险控制可以是在策略内部实现的，也可能是在策略外部实现的。

从基金经理或公司管理者层面来讲，策略内部逻辑是一个具体而细节的东西，很多时候不太可能逐个去详细核实检查，这样的工作量太大，而且很难真正落到实处。如果能从策略执行的角度，在策略交易时进行事中的实时检查，避免风险会更有现实意义。

3. 策略内部的风控

对于一个交易策略而言，其核心逻辑就是要在合适的时候发出“入场信号”和“出场信号”。但不管怎样调优，策略师也很难保证策略发出的每个信号都是正确的，只能通过一些辅助的手段来修正。例如，根据历史数据的回测结果设定某个条件下入场信号的盈利概率，根据这些数据对入场信号的交易量进行适当的控制，通过仓位的管理来增加赢面。此外，入场信号在策略内部往往是一系列敏感信号过滤后的结果，具体来讲，就是通过模型的一些条件边界的设定和各个信号阈值的设定，模型内部经过逻辑处理后才最终发出交易指令，这实际上就是在最后发出交易信号前进行了风险控制。

此外，通常还会在策略内部设置了仓位的管理逻辑，通过逐步加仓或是第一个信号时只是试探性加仓，在趋势回调时再趁机补仓，从而更好地控制持仓成本；另外，策略内部往往还有止盈止损的“出场信号”，常用的有固定的止盈或止损，例如，盈利 10 个点或亏损 3 个点就结束这次交易；也有移动的止盈，例如，当价格从最高点回落 3 个点后止盈，或者是价格穿过 MA 均线后再止盈，来争取比固定止盈更多的盈利。

4. 策略外部的风控

首先，风控逻辑是无法完全实现在策略内部的，策略本身是一个独立完备的实体，但无论策略师怎样努力，都无法避免一些错误，也无法完整地考虑到市场可能出现的所有情况。此外，策略的核心目的是赚钱，把所有的可能的情况完整地分析并实现在策略代码逻辑中也基本上是不可能的，这样的策略代码会变得非常臃肿并且难以维护。

其次，很多风控的逻辑是相同的，如果把类似的代码在不同的策略中复制粘贴也不是一个好的管理办法，一方面浪费开发精力，另一方面也可能会导致一些不必要的错误。因此一些通用的、共性的策略风控逻辑应该独立提取出来，以风控规则的形式来实现灵活的使用配置，根据不同的策略模型来选择性地加载一些风控规则，可以灵活地调节风险控制与策略执行效率的平衡。

最后，一些策略模型因为自身的特殊性，需要一些特殊的风险控制逻辑，可以单独进行定制的风控规则开发，然后挂到系统中，这样能够把策略逻辑和风险控制适当地隔离，从而获得更好的盈利稳定性。与其在策略内部实现复杂的逻辑，不如在策略外部进行限制措施，确保一些对套利交易会造成伤害、现有策略逻辑下可能会发生的错误能在最后关口被阻止，以第三方的角度来控制策略风险，从这个意义上来讲，策略外部的风控无论从实现成本还是客观性上都更有意义。

11.1.5 量化投资流派

量化投资在国内市场的四类主要参与者：券商、公募基金、私募基金以及期货公司。

券商行业中从事量化研究与投资的人占多数，一般券商会有如下一些量化团队：

（1）研究所的量化团队：主要针对机构客户。

（2）经纪业务部门下属的量化团队：主要针对大额零售客户。

（3）资产管理部门的量化团队：主要针对所发的集合理财产品。

（4）衍生品部门的量化团队：接近于自营性质。

券商系的量化策略主要有：套利、量化选股及市场中性。

（1）套利：通过股指期货套利获取低风险收益，在套利机会减少时主动投资，优选股票、基金等品种构建现货组合并通过做空股指期货对冲系统性风险，获取稳健收益。

（2）量化选股：这一策略量化就是开发数量化模型，辨别股票价格的驱动因子，例如 PE、ROE 等指标，以这些驱动因子作为解释变量预测未来股票价格。

变动从而构造投资股票组合。量化的驱动因子就包括成长性因子、估值因子、盈利能力因子、市场情绪因子、分析师情绪因子等。

（3）市场中性：是指通过多空反向操作，对冲系统风险而获得 Alpha 收益。目前市场中性策略主要有两种方式：一是通过股指期货做空对冲股票现货头寸；二是发掘股票之间的内在联系，使用价格变动反向的股票构造投资组合对冲风险。

量化投资的崛起，正悄然改变着卖方研究的业务结构，一般实力雄厚的卖方研究机构都形成了宏观、策略、行业研究、金融工程并驾齐驱的研究格局。据量子金服统计，截至 2017 年 11 月 27 日，市场中存续的券商量化资管产品共有 479 个，其中股票型基金共有 6 只，混合型共有 429 只，FOF 有 1 只，其他类有 43 只。目前国内最大的几家券商中，中信证券共有 32 只产品。海通证券共有 288 只产品，从成立的时间来看，仅 2017 年新成立的就有 212 只。

1. 公募基金

公募基金推出了一些主动管理型量化基金，还有一些专户产品，主要通过股指期货量化对冲。量化投资在公募基金产品中的应用主要包括三个方面：一是利用量化投资管理纯被动指数基金，控制跟踪指数误差；二是主动管理的增强指数量化基金；三是主动管理的量化产品，择时、选股等都通过量化模型完成。这三个方面的应用反映了量化投资的三个层次，最底层的层次是选股，中间层是行业配置，最上层是仓位选择。

但目前国内公募量化基金仍处在起步阶段，而且目前纯粹的量化基金并不多，同时基金之间采用的量化模型也有同质化现象。大部分量化基金采用的选股逻辑有很多相似之处，普遍采用的选股模型是多因子模型，出发点是对上市公司基本面的量化，输入数据来源也相同，对因子权重分配则掺杂着研究员和基金经理的主观判断。公募基金中，第一只量化基金出现在2004年，但2009年才开始出现加速迹象。截至2017年第3季度，全部6539只公募基金中量化策略类基金共计218只，分为指数型量化、主动型量化、对冲型量化三类。

2. 私募基金

私募做量化的逻辑也相对更简单，它的目标就是获取收益，因此哪怕是揪住了任何一点能赚钱的东西，都会孜孜不倦地研究下去并把其转化为收益。而一旦这个Alpha因子消失了，它也会发了疯一样地去寻找另一种方式。而这种力量则是公募基金和券商资管等基金管理人所缺乏的，因为他们管理的并不是自己的钱，对他们来说，量化只是工作或者事业；而对于很多量化私募来讲，这是他们谋生的根本。

因此私募量化交易者的量化策略呈现出粗放式发展的特征，多种策略百花齐放。有些私募的量化策略主要体现在对持仓风险的管理上，采用了当前全球资本市场交易中广泛使用的在险价值法量化风险模型。该理论通过对历史价格波动和趋势进行严格的统计计算和研究，预测持仓在未来一段时期可能出现的最大亏损幅度。有些私募的量化策略采取市场中性策略。另外，并购套利、事件驱动、宏观策略等量化策略也在当前私募量化产品中有所体现。

3. 期货市场

期货市场采用T+0交易方式，主力品种投机性强、流动性好，很多期货品种都会同时出现双主力合约，便于进行跨期套利，相对来说，期货市场更适合做量化交易。期货市场有三类量化投资者，分别是趋势性交易者、套利交易者以及高频交易者。趋势性交易者会充分运用各种模型对价格进行预判，这种交易者的资金从几万元到几千万元都是存在的。套利交易，包括无风险的股指期现套利和统计套利。高频交易者，一般利用期货市场价格的微小变动进行快速交易，从而获得高收益。

目前国内市场的量化交易在很大程度上只是一种营销工具，被封装起来的核心策略大多局限于传统技术指标和均线系统的组合应用，其功能更多地体现为一个程序化交易平台，用于宣传和展示的投资绩效往往具有选择性，中长期具有较为稳定盈利能力的产品凤毛麟角。

国内期货量化交易主要受限于以下两个因素：其一是交易策略单一化，大多数程序化交易系统缺乏多元化策略库的支持，并且核心策略局限于传统技术指标和均线系统的组合应用；其二是资金规模较为分散。

11.2 量化投资经典策略

11.2.1 量化选股

1. 双均线策略

均线最早是由著名的美国投资专家约瑟夫·E. 格兰维尔（Joseph E. Granville）于20世纪中期提出来的，由于其简单容易理解的特点，成为当今应用最普遍的技术指标之一。对于每一个交易日，都可以计算出前k天的移动平均值，然后把这些移动平均值连起来，成为一条线，叫作N日移动平均线，简称均线。移动平均线常用线有5日、10日、30日、60日、120日的指标。5日和10日的是短线操作参照指标，称作日均线指标；30日和60日的是中期均线指标，称作季均线指标；120日和240日的是长期均线指标，称作年均线指标。均线有两种计算方法，MA（moving average）和EMA（exponential moving average），MA就是简单的移动平均线，做算术平均，新旧数据的权重相同。

$$MA(k) = \frac{P(N) + P(N-1) + \cdots + P(N-k+1)}{k} \tag{11.1}$$

式（11.1）中，k是移动均线的长度，P是资产的价格，N是当前的时间。EMA是指数移动平均，对最新的数据赋予更大的权重。

$$EMA(N) = \alpha P(N) + (1-\alpha)EMA(N-1) \tag{11.2}$$

式（11.2）中，α为平滑指数，一般取值为$\frac{2}{N+1}$，上式继续迭代可以得到：

$$EMA(N) = \alpha[P(N) + (1-\alpha)P(N-1) + (1-\alpha)^2P(N-2) + \cdots + (1-\alpha)^{k-1}P(N-k+1)] \tag{11.3}$$

在EMA指标中，每天价格的权重系数以指数等比形式缩小。时间越靠近当今时刻，它的权重越大，说明EMA函数对近期的价格加强了权重比，更能及时反映近期价格波动情况。

双均线，就是两条天数不同的移动平均线，比如说，一条是5天的移动平均线，另一条是10天的移动平均线。如图11.1所示，深色的是5天均线，浅色的是10天均线。可以看到股票价格的波动比5天均线的波动要大，这是因为5天均线取的是前5个交易日的均值，相当于平滑了股票价格。

金叉和死叉可以定义为：由时间短的均线（如图11.1深色的线）在下方向上穿越时间长一点的均线（如图11.1浅色的线），为“金叉”，反之为“死叉”。可以构建一个简单的策略：投资者认为，双均线金叉的时候，表明股票很强势，反之很弱势，因此选择购买强势的股票，卖出弱势的股票。以上即为双均线策略的基本思想，我们也可以把算术移动平均线换成指数移动平均线。指数移动平均线和算术移动平均线主要区别在于指数移动平均需要进行一个迭代。

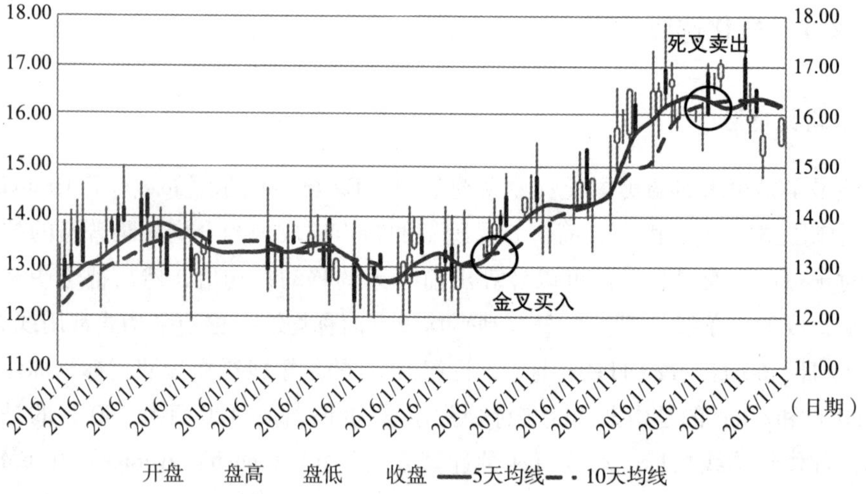

图 11.1 双均线策略示意①

2. 多因子策略

套利定价理论认为，如果市场未达到均衡状态的话，市场上就会存在无风险套利机会。并且用多个因素来解释风险资产收益，根据无套利原则，得到风险资产均衡收益与多个因素之间存在（近似的）线性关系。

多因子策略是一种应用十分广泛的选股策略，其基本思想是找到某些和收益率最相关的指标，并据此建一个股票组合，期望该组合在未来的一段时间跑赢或者跑输指数。如果跑赢，则可以做多该组合，同时做空期指；如果跑输，则可以做多期指，融券做空该正向阿尔法收益组合，赚取反向阿尔法收益。

回归法是多因子策略发掘因子的常用方法。它用过去的股票的收益率对多因子进行回归，得到一个回归方程后把最新的因子值代入回归方程，得到一个对未来股票收益的预判，最后以此为依据进行选股。回归法的缺点是容易受到极端值的影响，在股票对因子敏感度变化较大的市场情况下效果也比较差。

在进行单因子分析之后，还可以按照有效性大小等标准对不同因子按照不同权重进行组合，进行投资组合的构建，经常测试不同因子之间的相关性剔除冗余的因子，并重复单因子投资组合有效性的测试方法，按照多因子选股策略的有效性，力争选出比单因子策略更好的投资策略。

① 资料来源：聚宽（JoinQuant）量化交易平台，详见 https：//www. joinquant. com/view/community/detail/7f93868fc490a937122366a0ec9aa388。

资本资产定价模型（CAPM）问世以后，很多学者就在有效市场假说条件下对其进行了实证检验。布莱克、詹森和斯科尔斯（Black, Jensen and Scholes, 1972）及法玛（Fama, 1973）对1969年以前的数据进行检验，结果证明了CAPM模型的有效性。但对此后数据的检验，CAPM模型却缺乏说服力，许多影响股票收益的其他因素陆续被发现。罗斯（Ross, 1976）提出了套利定价模型（APT），模型认为，如果市场未达到均衡状态的话，市场上就会存在无风险套利机会，并且用多个因素来解释风险资产收益。然而，用因子分析法检验APT时存在一个缺点，即该方法无法告诉我们具体的因子是什么，很难通过因子分析去识别影响证券收益的背后因素。

陈、罗尔和罗斯（Chen, Roll and Ross, 1983）给出了一组能够广泛反映宏观经济的因素。这些因素包括行业产出指数、非预期通货膨胀、违约风险溢价的变化（用AAA级公司债券与BBB级公司债券到期收益率的差值衡量）、利率期限结构的意外变化（用长期政府债券和短期政府债券的到期收益率的差值衡量）。

常见的因子包括9类：规模因子、估值因子、成长因子、盈利因子、动量反转因子、交投因子、波动率因子、股东因子、分析师预测因子。

（1）规模类因子：包括总市值、流通市值、自由流通市值；

（2）估值类因子：包括市盈率（TTM）、市净率、市销率、市现率、企业价值倍数；

（3）成长类因子：包括营业收入同比增长率、营业利润同比增长率，归属于母公司的净利润同比增长率、经营活动产生的现金流金额同比增长率；

（4）盈利类因子：包括净资产收益率ROE、总资产报酬率ROA、销售毛利率、销售净利率；

（5）动量反转因子：包括前一个月涨跌幅、前2个月涨跌幅、前3个月涨跌幅、前6个月涨跌幅；

（6）交投因子：包括前一个月日均换手率；

（7）波动因子：包括前一个月的波动率、前一个月的振幅；

（8）股东因子：包括户均持股比例、户均持股比例变化、机构持股比例变化；

（9）分析师预测因子：包括预测当年净利润增长率、主营业务收入增长率、最近一个月预测净利润上调幅度、最近一个月主营业务收入上调幅度、最近一个月上调评级占比。

我们以多因子模型的一个特例——Fama－French三因子模型为例来解释如何利用多因子模型来选择合适的股票。

3. Fama－French 三因子

法玛和弗兰兹（Fama and French）在研究股票超额收益率的时候发现了一个神奇的现象，有两类股票的历史平均收益率一般会高于CAPM模型所预测的收益率。它们是小公司股票以及具有较高股权账面—市值比的股票。法玛和弗兰兹认为：

（1）市值比较小的公司通常规模比较小，公司相对而言没那么稳定，因此风险较大，需要获得更高的收益来补偿；

（2）账面市值比就是账面的所有者权益除以市值（以下简称 B/M）。B/M 较高，则说明市场上对公司的估值比公司自己的估值更低。这些公司一般都是销售状况或者盈利能力不是十分好的公司，因此相对于低 B/M 的公司来说需要更高的收益来补偿。

这个三因子模型的本质就是把 CAPM 中的 α（未被解释的超额收益）分解掉，将其分解成市值因素、B/M 因素和其他未被解释的因素（可以看成是新的 α），可以用如下式表达：

$$R_i = a_i + b_i R_M + s_i E(SMB) + h_i E(HML) + \varepsilon_i \tag{11.4}$$

式（11.4）中，$R_i = E(r_i - r_f)$，指股票 i 比起无风险投资的期望超额收益率。$R_M = E(r_M - r_f)$，为市场相对无风险投资的期望超额收益率，$E(SMB)$ 是小市值公司相对大市值公司股票的期望超额收益率，$E(HML)$ 则是高 B/M 公司股票比起低 B/M 的公司股票的期望超额收益率。

11.2.2 量化套利策略

1. 基本思想

绝对收益策略旨在通过基金经理投资技巧改变市场头寸获取收益，此策略的最大特点为在任何时间赚取绝对收益，而非跑赢大盘。而套利策略是各种绝对收益策略中市场方向性最低的策略，套利策略认为市场长期存在失效情况，并可通过不同的分析技巧、规则和合理的投资程序相结合，寻找不同金融证券之间的关系及市场定价的短期失衡，并从中获取套利收益。套利策略可分为三类，它们分别为：（1）可转换套利（2）固定收益套利（3）统计套利策略。

前面两种由于在中国缺少工具目前难以实施，而在融资融券推出后，理论上已经可以构建股票中性策略，所以本节重点探讨这一类型策略，即统计套利策略。有别于无风险套利，统计套利是利用证券价格的历史统计规律进行套利的，是一种风险套利，其风险在于这种历史统计规律在未来一段时间内是否继续存在。具体统计套利思想作者在第 10 章套利部分已有描述，有兴趣者可参见第 10.1 节。

统计套利的主要思路是先找出相关性最好的若干对投资品种（股票或者期货等），再找出每一对投资品种的长期均衡关系（协整关系），当某一对品种的价差（协整方程的残差）偏离到一定程度时开始建仓—买进被相对低估的品种、卖空被相对高估的品种，等到价差回归均衡时获利了结束即可。

统计套利的主要内容包括股票配对交易、股指对冲、融券对冲和外汇对冲交易。股指对冲的概念在套利一节已经有过详细描述，可以参见第 10.3 节。经济全球化表现在资本市场上，体现为各个国家、地区、行业之间的指数具有较强的相关性。这种指数之间的联动为投资者做量化交易提供了保障，在操作层面又有行业指数间的套利、国家指数间的套利、洲域指数间的套利、全球指数套利。融券对冲是利用融券机制进行做空的同时，买入现货规避价格风险。具体而言又包括股票融券套利、可转债融券套利、股指期货融券套利、封闭式基金融券套利等。由于不同货币之间具有较强的相关性，以及不同货币之间支付的利息存在差额，因此存在套利和对冲的可能，包括利差套利、货币间套利等。无论是股指对冲、融券对冲、还是外汇交易对冲，本质上都是配对交易思想的体现，即对于长期来看具有一致变动趋势的资产，通过发现不正常的价格歧视，在市场上行以低买高卖获得安全收益。接下来以股票的配对交易为例，介绍配对交易策略。

2. 配对交易

股票配对交易是统计套利的主要内容之一，它旨在寻找市场上历史走势相似的股票进行配对，当价格差较大（高于历史均值）时高卖低买进行套利。具体而言，通过相关性或者协整方法确定具有长期趋势的股票对，当股票的收益或者价差偏离到一定程度时开始建仓，买进价格被低估的股票，融券卖出被高估的股票，当价差回归到均值状态时了结套利。配对交易在20世纪80年代由华尔街天才交易员努齐奥·塔塔格里亚（Nunzio Tartaglia）提出，最初的做法十分简单，即在同一行业内选择具有相似特征的上市公司，并观测股价之间是否具有长期均衡的趋势，对于满足条件的上市公司进行正反套利操作。

配对交易利用了两个资产的短暂价格偏离的对称性，进行对冲以获取两个资产的Alpha收益，其核心假设是配对资产的价差具有均值回复性。而这种均值回复是与交易者的非理性行为相关的，由于没有具体实际的基本面因素支撑，因而股价很快回复到正常水平。配对交易是一种市场中性的交易策略。当观察到配对的资产价格差异增大到一定程度时，对价格上升的资产建立空头，对价格下跌的资产建立多头。在一价定律的作用下，配对资产的价格差异将很快减小。由于头寸始终是相反的，因此系统风险完全对冲，配对交易整体上只承担了配对资产的个别风险。

配对交易通常包含四个主要步骤，即确定股票池、确定配对股票、确定触发机制和止损机制、跟盘交易。跟盘交易环节主要是实时观察两者的价差，当价差收缩到合理区间之后完成配对交易锁定收益。以下介绍前面三个技术环节。

（1）确定股票池。这一步在于确定交易对象的范围，通过对技术分析和基本面分析，确定可能满足配对交易的股票池。在选择的过程中需要考虑如下信息：①股票的流动性；②股票的上市时间；③是否有潜在的风险。以沪深300成分股的配对交易为例，配对交易者首先应筛选沪深300的成分，然后去除样本期ST，停牌或有重大声明的股票，按照行业信息将股票分类，这样的目的是最大限度排除系统性风险的干扰。

（2）确定配对股票。通过两个股票的历史信息，分析得到价格走势相近、具有长期稳定关系的配对股票。股票对的选择主要可分为技术面选股与基本面选股两种。技术面选股根据历史价格信息运用计量或统计方法，通过两只股票历史价格序列之间的协整检验，或者计算两只股票历史价格之间的相关系数、价差的标准差等，确定配对股票组合。基本面则是根据公司所处行业层面、经营内容、盈利状况等财务信息来判断两公司股价的关联性。

（3）确定触发机制和止损机制。这里也可以理解为确定开仓和平仓信号以及止损信号，即交易者何时开始建仓，在交易期内何时进行平仓，在何种情况下为了控制风险而强制平仓。具体而言，即两者价差达到某种程度时，做多价格偏低的资产而做空价格估值高大的资产，当价差恢复到正常区间内后了结头寸。业界通常的开仓信号设定为去中心化价差序列的2倍标准差，止损点为3倍标准差。配对交易的收益和开仓时价格的偏离幅度有关，偏离的幅度越大，价差回到均值后，配对交易的收益就越高。

常见的确定配对股票的方法有两种，分别是最小距离法和协整方法。

（1）最小距离法。又称最小化价差平方和方法，即需要对股票对的价差平方和数值大小进行排序。首先选择合适的形成期，也就是样本期，将股票价格进行标准化，计算单期收益：

$$r_t^i = \frac{P_t^i - P_{t-1}^i}{P_{t-1}^i}, t = 1,2,\cdots,T \tag{11.5}$$

式（11.5）中，P_t^i 表示第 i 只股票在 t 时刻的价格，则股票 i 在第 t 天的标准化价格为：

$$p_t^i = \Pi_{t=1}^T(1 + r_t^i), t = 1,2,\cdots,T \tag{11.6}$$

p_t^i 是 t 天内的累计收益，这里用来代表标准化价格。然后计算标准化的股票价格序列的平方距离，用此距离来度量价差，即股票价格序列之间的错误定价程度：

$$SSD_{X,Y} = \sum_{t=1}^{T}(p_t^X - p_t^Y)^2 \tag{11.7}$$

通过设置合适的交易规则，投资者选择平方距离最小的股票对进入交易期进行交易。

（2）协整方法。计量经济学中的协整概念和误差修正模型，体现了两时间序列之间的长期均衡和短期的非均衡，十分契合配对交易中要求的两资产间价格（非平稳序列）具有长期稳定关系。如果X股票的对数价格是非平稳时间序列，且对数价格的差分序列是平稳的，则称X股票的对数价格序列是一阶单整序列。假设股票X和Y的对数价格序列 $\log(P_t^X)$，$\log(P_t^Y)$（$t = 1,2,\cdots,T$）都是一阶单整的，就可以利用协整理论建立协整回归方程：

$$\log(P_t^Y) = \alpha + \beta\log(P_t^X) + \varepsilon_t \tag{11.8}$$

式（11.8）中，β 表示做多和做空股票的资金比例，α 表示两者的长期均衡价差，ε_t 表示错误定价偏差，三者均可以通过协整回归方程得到。为了避免出现伪回归，需要利用

E－G检验保证两个变量之间存在协整关系，即在两个变量都是一阶单整的条件下通过ADF检验验证模型估计得到的残差序列 ε_t 是否平稳。当残差序列平稳时，两个对数价格序列的协整关系成立，投资者可以利用两个股票进行配对交易，其中最优的资金配比以及均衡价格差由模型确定。为了便于观察，实际中需要对价差进行标准化处理。

11.2.3 量化择时策略

量化投资策略的类型简单地分为两种：一种是趋势判断型量化投资策略，即通过判断价格的趋势做出交易策略；另一种是波动率判断型量化投资策略，即通过判断价格的波动做出交易策略。量化择时交易是指利用技术分析、基本面分析、大数据或者人工智能来判断大盘的走势情况，即上涨还是下跌，然后选择最优的买入或者卖出时点。如果预期上涨，则交易选择买入持有；如果预期是下跌，则考虑卖出清仓；如果判断是震荡，则进行高抛低吸，通过这样的方式可以获得远超过单边投机交易的收益。因此量化择时策略是收益率最高的一种交易方式。量化择时策略只是众多量化策略中的一种，它不参与股票的选择工作，考虑的重点是资产组合与股票交易时买卖点的确定，任何资产买卖的时点在一定程度上来说它都可对其进行预测。但是由于大盘趋势和宏观微观经济形式、国家政策、国际形势等密切相关，通过量化手段准确判断大盘走势较为困难。

以下介绍几种典型的量化择时方法，包括趋势择时、市场情绪择时、有效资金模型、牛熊线、Hurst 指数、SVM 分类及异常指标模型。

（1）趋势择时。趋势择时策略是利用趋势指标（MA、DMA、MACD 等）来选择股票买卖点，其本质上是技术分析演变而来，技术分析者认为市场具有动量效应。所以只要把握市场的整体趋势，当市场的趋势向上时就跟随买入，当市场的趋势向下时就跟随卖出，这样就能实现自动买卖。其缺点是存在着严重的滞后性，不能有效反映趋势的转变。

（2）市场情绪择时。市场情绪择时策略指交易者构建能反映金融市场情绪的指标（开户数量、新增资金量、IPO 数量），通过这些情绪指标进一步判断市场处在的情绪。如果市场中投资者的情绪比较高，投资者可以跟随买入，相反，若市场中投资者的情绪较低，交易者则选择减少持仓，这种择时策略的难点在于对市场投资者的情形很难量化。

（3）牛熊线择时。牛熊线择时策略是指将股票走势分为牛熊两条线，当股票价格向上穿过牛线时，意味着牛市到来，此时投资者应该加仓买入；当价格向下穿过熊线时，则意味着股票即将迎来下跌趋势，此时投资者应该选择减仓卖出。股票价格在牛熊线之间则大盘不具方向性。其缺点在于由于国内的卖空机制不完善，因此交易机会可能比较少。

（4）有效资金择时。有效资金是指，市场上能对趋势产生影响的资金流。有效资金模型类似量化选股模型中的资金流模型，实质是通过判断推动大盘上涨或者下跌的有效资金来判断走势。同样的资金量，在趋势顶部和底部的时候，对市场的影响是不一样的。从大概率的角度来看，当股价越接近顶部时，上涨1%所需要的主动买入资金越多，上涨也就越困难，此时的成交金额更能反映股价的高低，而底部则刚好相反。

（5）Hurst 指数。分形市场理论预示着股市具有分形结构，而这种结构恰能解释收益率分布呈现的尖峰厚尾特性。分形市场理论认为，资本市场由大量具有不同投资期限的投资者组成，且信息对不同投资者的交易周期有着不同的影响；资产价格的变化并非随机游走，而是具有增强趋势的持久性，今天或未来的资产价格变动与初始状态之间并非相互独立，而是具有持续相关性。因此可以定义 Hurst 指数来判断趋势的拐点。

（6）SVM 择时。SVM 是一种基于统计学习理论的模式识别方法，在文本识别、分类和预测中取得了成功的应用。核心思想可以概括为：寻找一个最优分类超平面，使得训练样本中的两类样本点尽量被无错误地分开，并且要使两类的分类间隔最大。利用 SVM 技术来建立择时模型，可以有效地避免传统回归模型的精度和扩展性问题。

（7）异常指标择时。大盘在某些时刻，如市场处于高潮或者低谷的时候，会存在伴生异常信息。比如市场上存在一些信息先知者，他们可能嗅到了市场涨潮的趋势或者预计了大盘将要陷入下跌，如果可以捕捉到这部分交易行为及其产生的影响，则可以辅助交易者预测未来大盘涨跌。用于择时的异常指标有市场噪声、行业集中度和兴登堡凶兆等。

11.2.4 算法交易

算法交易（algorithmic trading），也称为自动交易、黑盒交易，是利用计算机程序，通过算法的交易指令来执行预先设定好的交易策略。程序的输入中包含许多变量，如执行时间、执行价格、最优交易量等。算法交易最初诞生是为了将大单拆分成大量较小的交易减少对市场的冲击、降低机会成本和风险。随着相关技术的发展完善，算法交易因其优势开始被应用在更多的用途上。如对冲经理人可以通过算法交易利用社交媒体等即时信息，在竞争对手尚没有意识到之前迅速完成交易。如今算法交易广泛应用于投资银行、养老基金、共同基金，以及其他买方和卖方机构投资者。根据各个算法交易中算法的主动程度不同，可以把算法交易分为被动型算法交易、主动型算法交易、综合型算法交易三大类。

（1）被动型。被动型算法交易也叫结构型算法交易或者时间表型算法交易。这类交易算法除利用历史数据估计交易模型的关键参数外，不会根据市场的动态变化主动调整交易的时机与交易的数量。当投资者决定了目标价格、交易数量后，交易时机和交易速度就会由算法自动决定，之后就会按照一个既定的静态交易方针进行交易。该策略的核心是减少滑价（目标价与实际成交均价的差）。虽然交易的过程被大大简化，但被动型交易算法仍然是市场上最流行的算法交易策略，占据绝大多数的算法交易市场份额。在国际市场上使用最多的是成交量加权平均价格（VWAP）、时间加权平均价格（TWAP）等，都是属于被动型算法交易。一般而言，这种策略适用于流动性强、交易规模大、波动性小且对交易速度要求不高的交易。

（2）主动型。主动型算法交易也叫机会型算法交易。这种交易算法会根据市场的变化动态调整自己的交易方案，判断当前是否交易，如果需要交易，那么最优的交易的数量和交易的价格是多少。由于很多交易指令是根据市场的即时状况下达，因此有可能无法完成交易员希望的全部交易。主动型交易算法可以减少冲击成本，同样还可以预测价格的未来趋势。当算法判断市场价格在未来会向不利于交易员的方向运动时，选择延缓交易，反之则加快交易的速度。当市场价格存在较强的均值回归现象时，算法会抓住每一次有利于交易者的偏移。此外，由于算法交易被广泛应用，证券的市场价格会表现出某些规律。一些机构为此设计新的算法交易，如瑞士信贷的 Sniper 算法，可以发现市场上与自己交易方向相反的交易对手，通过设计合适的交易算法达到和对手完成交易的目的，使得市场避免受到冲击，降低了交易成本。

（3）综合型。综合型算法交易结合了主动型和被动型算法交易的优点，即包含给定的交易目标，在具体实施过程中需要决策交易是否执行。综合型算法最常见的方式是首先将交易指令分解到多个时间段内，而在每个时间段内具体如何交易由主动型交易算法进行执行。从这个角度分析，综合型交易算法提高了执行的速度，同时也降低了执行的成本。VWAP 策略是最常用的被动型交易策略之一，是一种拆分大额委托单，在约定时间段内分批执行，以期使得最终买入或卖出成交均价尽量接近该段时间内整个市场成交均价的算法交易策略，具有简单、易操作等特点。传统的 VWAP 只是一种被动型静态策略，在这个策略当中，有以下最重要的因素：历史成交量、未来的成交量预测、市场动态总成交量、拆单的时间段。但是这些因素都是在交易开始前就已经输入到算法，不会随着市场状态改变。为此，基于传统的 VWAP 交易策略发展一种新的交易策略，综合考虑历史数据、实时市场行情等，从而尽可能地获取等于或优于市场 VWAP 的成交均价。改进的 VWAP 策略的原理是：在当前市场价格高于历史均价的时候，根据市场价格的预测，按照相应的比例减少成交量，从而在保证高价位的低成交量的同时，防止因为价格的持续上涨而导致未成交量过度累积在之后的时间段；在市场价格低于历史均价的时候，按照给定的比例增加成交量，在保证低价位的高成交量的同时，避免因为成交过快而使得整个交易提前完成。

11.3 量化常用评价指标

11.3.1 夏普比率

1990 年诺贝尔经济学奖得主威廉·夏普（William Sharpe）以投资学最重要的理论

基础 CAPM（capital asset pricing model，资本资产定价模式）为出发点，提出闻名遐迩的夏普比率（Sharpe ratio，SR），用以衡量金融资产的绩效表现。威廉·夏普理论的核心思想是理性的投资者将选择并持有有效的投资组合，即那些在给定的风险水平下使期望回报最大化的投资组合，或那些在给定期望回报率的水平上使风险最小化的投资组合。解释起来非常简单，他认为投资者在建立有风险的投资组合时，至少应该要求投资回报达到无风险投资的回报，或者更多。

$$Sharpe\ Ratio = \frac{E(R_p - R_f)}{\alpha_p} \tag{11.9}$$

式（11.9）中，R_p 是投资组合收益率；R_f 为无风险利率；α_p 表示投资组合的标准差。目的是计算投资组合每承受一单位总风险，会产生多少的超额报酬。夏普比率依据资本市场线（capital market line，CML）的理论而来，是市场上最常见的衡量比率。当投资组合内的资产皆为风险性资产时，适用夏普比率。

算例 11-1

假设使用五年期国债利率作为无风险收益利率，当前五年期国债利率是3%，某基金投资组合当前的预期回报率是6%，回报率的标准差是6%，则该基金投资组合的夏普比率可以计算为：

$$SR = \frac{6\% - 3\%}{6\%} = 0.5$$

夏普比率在计算上尽管非常简单，但在具体运用中仍需要对夏普比率的适用性加以注意：

（1）夏普比率的有效性依赖于以相同的无风险利率借贷的假设。

（2）夏普比率没有基准点，因此其大小本身没有意义，只有在与其他组合的比较中才有价值。

（3）夏普比率是线性的，但在有效前沿上，风险与收益之间的变换并不是线性的。因此，夏普指数在对标准差较大的基金的绩效衡量上存在偏误。

（4）夏普比率未考虑组合之间的相关性，因此纯粹依据夏普值的大小构建组合存在很大问题。

（5）夏普比率与其他很多指标一样，衡量的是基金的历史表现，因此并不能简单地依据基金的历史表现进行未来操作。

（6）计算上，夏普指数同样存在一个稳定性问题：夏普指数的计算结果与时间跨度和收益计算的时间间隔的选取有关。

尽管夏普比率存在上述诸多限制和问题，但它仍以其计算上的简便性和不需要过多的假设条件而在实践中获得了广泛的运用。

11.3.2　信息比率

信息比率（information ratio，IR）：以马科维茨的均值方差模型为基础，用来衡量超额风险所带来的超额收益。它表示单位主动风险所带来的超额收益。

$$IR = \frac{\alpha}{w} = \frac{E(R_p) - E(R_B)}{\sigma(R_p - R_B)} \tag{11.10}$$

式（11.10）中，α 为组合的超额收益，ω 为主动风险，R_B 是基准的收益，R_p 是投资组合的收益。信息比率是从主动管理的角度描述风险调整后收益，它不同于夏普比率从绝对收益和总风险角度来描述，而是衡量了相对于某个基准的单位风险下的超额收益。其中信息比率的分子是相对基准的超额收益，分母是投资组合收益和基准收益序列差的标准差，也可以称为追踪误差。以基金的信息比率计算为例，将基金报酬率减去同类基金或者是大盘报酬率（剩下的值为超额报酬），再除以该超额报酬的标准差就可以得到信息比率。信息比率越大，说明基金经理单位跟踪误差所获得的超额收益越高，因此，信息比率较大的基金的表现要优于信息比率较低的基金。

信息比率和夏普比率都是风险调整后的指标，但是两者表示的意义还是有所不同。以超额收益为例，夏普比率使用的是相对无风险的超额收益，而信息比率使用的是相对于某个基准的超额收益率。以风险为例，夏普比率的分子是投资组合的收益序列的标准差，而信息比率是超额收益的标准差。两者计算上的不同决定了其应用场景的区别。单纯的看夏普比率并没有实际意义，而是应该将多个投资组合或者基金放在一起比较。但是信息比率对比的是基准指标，因此只需要阅读信息比率就可以得到相对基准水平的好坏。当然，如果信息比率的基准选择无风险收益率，且无风险收益率在样本期内的取值恒定时，信息比率在数值上和夏普比率相同。从这个角度分析，信息比率是比夏普比率更一般化的度量。在实际使用中，基金经理应该根据应用场景选择适当的基准，并在最大限度上保证公平。

算例11-2

假设有一只以标准普尔500指数为基准的基金，并且该基金和指数在给定的五年期间实现了以下收益：

基金：11%，3%，12%，14%，8%；

S&P 500 指数：12%，5%，13%，9%，7%。

计算该基金的信息比率。

由题得：

$$IR = \frac{E\ (R_p)\ \ - E\ (R_B)}{\sigma\ (R_p - R_B)} = \frac{0.4\%}{2.79\%} = 0.1434$$

11.3.3 Alpha 和 Beta

1. Beta

贝塔系数（Beta coefficient）是一种风险指数，用来衡量个别股票或股票基金相对于整个股市的价格波动情况。贝塔系数是一种评估证券系统性风险的工具，用以度量一种证券或一个投资证券组合相对总体市场的波动性，在股票、基金等投资术语中常见。贝塔系数是统计学上的概念，它所反映的是某一投资对象相对于大盘的表现情况。其绝对值越大，显示其收益变化幅度相对于大盘的变化幅度越大；绝对值越小，显示其变化幅度相对于大盘越小。如果是负值，则显示其变化的方向与大盘的变化方向相反；大盘涨的时候它跌，大盘跌的时候它涨。以美国为例，通常以标准普尔 500 企业指数（S&P500）代表股市，贝塔系数为 1。某基金的贝塔系数如果是 1.10，表示其波动是股市的 1.10 倍，亦即上涨时比市场表现优 10%，而下跌时则差 10%；若贝塔系数为 0.5，则波动情况只为 50%。$\beta = 0.5$ 为低风险股票，$\beta = 1.0$ 表示为平均风险股票，而 $\beta = 2.0$ 为高风险股票，大多数股票的 β 系数介于 0.5 到 1.5 间。

则任一证券 a 的 Beta 系数计算公式为：

$$\beta_a = \frac{Cov(r_a, r_m)}{\sigma_m^2} \tag{11.11}$$

式（11.11）中，r_a 为证券 a 的收益，r_m 为市场收益。

2. Alpha

阿尔法系数是指投资或基金的绝对回报（absolute return）和按照贝塔系数计算的预期风险回报之间的差额。绝对回报或额外回报是基金或投资的实际回报减去无风险投资收益（在中国为 1 年期银行定期存款回报）。绝对回报是用来测量投资者或基金经理的投资技术。预期回报（expected return）是贝塔系数和市场回报的乘积，反映投资或基金由于市场整体变动而获得的回报。

α 系数的计算公式为：

$$\alpha = (R_i - r_f) - \beta[E(R_m) - r_f] \tag{11.12}$$

$\alpha > 0$ 表示一基金或股票的价格可能被低估，建议买入。意味着投资该基金或者股票可以获得比平均预期回报大的实际回报。

$\alpha < 0$ 表示一基金或股票的价格可能被高估，建议卖空。意味着投资该基金或者股票获得比平均预期回报小的实际回报。

$\alpha = 0$ 表示一基金或股票的价格准确反映其内在价值，未被高估也未被低估。意味着投资该基金或者股票可以获得平均与预期回报相等的实际回报。

Alpha 系数和 Beta 系数都源自 CAPM 模型，即资本资产定价模型。

$$E(r) = r_f + \beta_m[E(r_m) - r_f] \tag{11.13}$$

式（11.13）中，$E(r)$ 表示证券的预期收益率，$E(r_m)$ 是市场期望回报率，r_f 是无风险收益率。作为基于风险资产期望收益均衡基础上的预测模型之一，CAPM 阐述了在投资者都采用马科维茨的理论进行投资管理的条件下市场均衡状态的形成，把资产的预期收益与预期风险之间的理论关系用一个简单的线性关系表达出来了，即认为一个资产的预期收益率与衡量该资产风险的一个尺度 Beta 值之间存在正相关关系。Beta 值和 Alpha 值均可以通过证券和市场收益的历史数据的回归得到，其中 Beta 值是一次项（市场均衡收益）的系数，而 Alpha 是回归的截距。在市场均衡条件下，式（11.13）中左边和右边的差值是零；当两边不相等时，则会有关于 Alpha 大小的判断，其中Alpha > 0（Alpha < 0）时，意味着该资产的价格被低估（高估），投资者可以考虑买入（卖出）该资产。对于 Beta 值的求解，可以将右式中的无风险收益 r_f 移项到左式，然后对于左右两边同时求解关于市场收益的方差，进而得到 Beta 的表达式。

11.3.4　胜率，年化收益和最大回撤

1. 胜率

胜率也称为正确率或赢亏率，是指在所有的交易次数中，盈利的次数所占的百分比，即胜率% = 盈利交易次数/交易次数 ×100%。

胜率低于 50% 未必亏损，只要每次交易的平均盈利比平均亏损更大。一般未经过特别过滤的趋势跟随型或突破型策略，其长期的胜率低于 40%。而均值回归型策略其胜率容易达到 50% 以上，但如果不控制好每次交易的亏损，很高的胜率也未必是盈利的系统。设置止盈位、止损位对改变胜率和盈亏比有极大的影响。通常来说，投资者尤其是新手偏好高胜率的交易，胜率太低会影响心态，导致无法长期坚持执行，所以，策略组合最好能牺牲些盈亏比换来胜率大于 50%，好比薄利多销而不求暴利，在实战中心理上也比较容易接受。

2. 年化收益

年化收益率（annualized returns）是由当前收益率（日收益率、周收益率、月收益率）换算成年收益率所得，是一种理论收益率。年化收益率线表示该策略投资期限为一年的收益率。计算方法为：

［（策略最终价值/策略初始价值 -1）/回测交易日数量］ ×交易天数

参考标准年化收益率（benchmark returns），表示参考标准（通常是某指数）投资期限为一年的收益率，计算方式为：

［（参考标准最终指数/参考标准初始指数 -1）/回测交易日数量］ ×交易天数

这里需要区分年化收益和年收益的概念。年收益率，就是一笔投资一年实际收益的比率。而年化收益率，是投资（货币基金常用）在一段时间内（比如7天）的收益，假定一年都是这个水平折算的年收益率。因为年化收益率是变动的，所以年收益率不一定和年化收益率相同。

算例 11-3

某银行销售的一款理财产品，宣称91天的年化收益率为4.1%，如果购买了10万元，计算实际收到的利息，假设一年内有效交易天数为360天。求其利息收入。

$$4.1\% \times \frac{91}{360} \times 100000 = 1036.39\ （元）$$

3. 最大回撤

最大回撤（maximum drawdown）是衡量策略风险的重要指标，可理解为可能发生的最大亏损幅度，其值等于策略收益曲线上，高点到后期最低点的回撤幅度的最大值，也称为最大回撤率。其数学表达式为：

$$d_i = \max_{i \leqslant j}[(x_i - x_j)/x_i] \tag{11.14}$$

式（11.14）中，d_i 为在i时刻以后的最大回撤。如果想要计算得到整个时间周期内的最大回撤，则遍历 i 从初始时刻到最后时刻即可。最大回撤描述了投资者可能面临的最大亏损。最大回撤的数值越小，说明该量化策略越稳健，该数值越大，说明在策略周期内最高值和最低值的偏差过大，容易发生极端的风险损失。在同样的收益和波动水平下，投资者偏爱最大回撤更小的策略。

算例 11-4

假设某基金在时刻1、时刻2、时刻3和时刻4的基金价格分别为1元、2元、1.2元和1.5元。计算这个时间内的最大回撤。

由于最大回撤关注的是价格的下跌幅度，在时刻1和时刻3，未来的价格都是上涨情绪，所以最大回撤肯定不会在当前时刻出现。在时刻2，未来价格出现了下跌，此时回撤值有两个，分别是（2－1.2）/2＝0.4和（2－1.5）/2＝0.25，因此某基金在当前时间段的最大回撤为0.4.

11.4　案例分析

11.4.1　长期资本管理公司的陨落

长期资本管理公司（Long - Term Capital Management，LTCM）是一个史无前例的对冲基金公司，自成立后的四年内，其复杂而尖端的模型使他们在控制风险敞口的同时大赚特赚，业界无人能敌。因此，其在1998年秋的轰然倒塌，引起了人们对量化策略的反思。

1. 案例简介①

LTCM创立于1994年，是一家从事定息债务工具套利活动的对冲基金，主要活跃于国际债券和外汇市场。LTCM与量子基金（Quantum Fund）、老虎基金（Tiger Fund）、欧米伽基金（Omega Fund）一起被称为国际四大“对冲基金”。LTCM聚集了当初业界和学界最顶尖的头脑：梅利韦瑟（John W. Meriwether）、默顿（Robert C. Merton）、斯科尔斯（Myron Scholes）、大卫莫里斯（David Mullions）、罗森菲尔德（Rosenfeld），其金融科技和量化交易的思潮引领了时代发展。

凭借其超过时代眼光的量化投资理念和交易手段，LTCM成立之初吸引了大量机构投资者，如美林证券（Merrill Lynch）、瑞士银行（Union Bank of Switzerland）等。募集12.5亿美元初始资金，创造了对冲基金的历史记录。1994～1997年，LTCM业绩辉煌骄人。1997年末资产净值上升为48亿美元，净增长2.84倍，交易资产规模超过1000亿美元，其金融衍生工具的总规模达到12500亿美元。

1998年，亚洲金融危机和俄罗斯债务违约相继爆发，LTCM全面溃败。150多天资产净值下降90%，出现43亿美元巨额亏损，仅余5亿美元。后由美林（Merrill Lynch）、摩根（J. P. Morgan）为首的15家国际金融机构注资37.25亿美元购买LTCM的90%股权，避免了它倒闭的厄运。最终，该基金在2000年倒闭清算。

2. 案例分析

LTCM公司衰败过程如下：

（1）向投资者退还资本金。LTCM通过量化模型寻找债券间的套利机会，扫清了市场上的价格异常现象，促进了市场有效性——这也导致市场上的价格异常现象和套

① 资料来源：R. 洛温斯坦著，毕崇毅译．赌金者：长期资本管理公司的升腾与陨落［M］．北京：机械工业出版社出版，2017.

利机会不断减少。正如梅里韦瑟所言，“目前有吸引力的投资机会并不多”①。这导致LTCM于1997年末向诸多投资者返还了27亿美元资本金。

（2）亚洲金融危机。1997年，亚洲金融危机席卷东南亚各国，在金融危机中这些国家的货币急剧贬值。国际游资纷纷从这些国家撤出，寻找安全的投资渠道——流动性极高的美国和欧洲国库券便成了不二之选。这些债券供不应求，价格上升而收益率下降，与高风险的债券（如抵押债券和垃圾债券）的收益率差额逐步拉大。

LTCM一直赌的是“收益率差额趋同”，现在却发现市场反其道而行之。其经典之作——炒作30年当期和过期国库券之举也因此受累：由于两者收益率的差额不跌反升，其头寸逐日盯市的价值不断下跌，因此不断收到追加保证金的要求。资本从新兴市场向发达国家的回流还加剧了发达国家股票市场的波动率，而LTCM长期以来一直坚信波动率会下降、重回历史平均水平，因此在波动率这个战场上也大败而归。而1998年夏季的亚洲金融危机又波及俄罗斯，引起全球金融市场的剧烈震荡。LTCM售出的诸如S&P500和CAC40股指期权被要求执行的可能性急剧上升，LTCM面临巨额亏损，经纪人追加保证金的要求也铺天盖地而来。

（3）所罗门清理“趋同”交易的头寸。1997年所罗门债券套利交易组仓促清理其“趋同”交易的头寸，其头寸与LTCM的头寸非常类似。这令LTCM措手不及，其在市场上的固定收益投资和利率互换协议受到严重影响。

（4）俄罗斯债务违约。1998年8月17日，俄罗斯将其卢布贬值，并宣布对其国债违约。此外，俄罗斯众多银行和公司也宣布由于不可抗力，将对各种衍生产品合约违约。这一系列事件令全球金融市场大惊失色，这些衍生产品的对手方将因此损失惨重。

LTCM当时持有大量以卢布计价的俄罗斯国库券，并同时向俄罗斯某些银行卖出相应数量的卢布远期合约，予以对冲风险。其理由是若俄罗斯国库券违约，卢布必将贬值，投资国库券遭受的损失可以通过当时卖出远期合约的收益得到弥补。但是俄罗斯国库券违约后，俄罗斯众多银行包括LTCM的对手方也深受其害，无法履行其与LTCM的远期合约义务。因此，LTCM所谓的风险对冲机制形同虚设。

俄罗斯的主权违约事件导致世界各地的资本慌忙逃向高质量、高流动性的资产，惊慌失措的投资者们不断抛售高风险证券，抢购最安全的证券，压低前者的价格并推升后者的价格，这就加大了两者收益率的差额。LTCM的得意之作是炒作30年当期和过期的美国国库券，期望两者的收益率差额最终消失。但在俄罗斯违约危机之后，两者的收益率差额从6个基点飙升为19个基点。1998年8月21日是LTCM史上遭受损失最为惨重的一天，当天损失5.5亿美元。此外，由于股市震荡加剧，投资者纷纷抢购期权以求防范风险，期权价格因此暴涨。而LTCM此前正是期权出售方，因此损失惨重。当年的9月21日是其史上第二大灾难日，当天损失5亿美元。

① 资料来源：华盛顿邮报，1998年9月27日。

LTCM 公司短时间内经历了44 亿美元的损失，当中有 30 亿美元是出自两种交易，即在债券市场上通过利率互换协议进行趋同交易，以及通过卖出股指期权豪赌市场波动率。量化交易在 LTCM 发展壮大的过程中起到了决定性作用，但是“祸兮福所倚，福兮祸所伏”，LTCM 过度迷恋模型的力量，忽视了现实中的危机，最终导致风险不断累积，酿成了“黑天鹅”事件。在量化交易中，LTCM 犯的错误集中体现在以下几个方面。

（1）风险管理。LTCM 在风险管理的过程中过度依赖 VaR 模型，却忽略了该模型的几个短板：未考虑极端行情导致的金融数据分布“厚尾现象”、未考虑流动性风险以及主权债券违约风险等因素。因此，在所用的历史数据时间较短的情况下，LTCM 低估了交易中的风险。LTCM 的压力测试也并未考虑极端风险情况。

同时，LTCM 对自身流动性风险并无防范措施。LTCM 通过持有流动性差、安全性低的资产，同时出售流动性好的资产来赚取流动性溢价。但它却忽略了当自己急需流动性时应从何获取。

（2）交易策略。LTCM 的量化交易策略主要思路是分散化投资：通过配置市场上相关性较小或相反的资产以减少投资组合的波动性。依据历史数据，LTCM 在不同市场进行的交易相关性较小，一般在 0.1 到 0.3 之间。然而 1998 年 8 月的俄罗斯信用危机使得所有资金从不安全和流动性差的资产上转向安全和具有良好流动性的资产。这种状况导致许多看上去并不相关的头寸向相同的方向运动，使得 LTCM 的交易策略失灵。

（3）审时度势。早在 1998 年 5 ~ 6 月，市场就对俄罗斯信用危机产生了不好的预期，但 LTCM 却死板地依赖模型，认为虽然目前利差在一步步扩大，但是市场总会恢复，届时他们将会有很大的套利空间。于是，LTCM 加强了对俄罗斯的投资，出售国债、持有套利交易组合，导致了最后的亏损。这说明 LTCM 的量化交易并无审时度势的能力。

3. 案例总结

LTCM 公司的陨落对今后量化交易的健康发展给出了几点经验教训：

（1）复杂的金融模型并非放之四海而皆准，实际操作中的问题远比模型要复杂。首先，金融模型的建立来源于历史数据和研究者对过去事件的总结分析，我们可以以史为鉴，但未来是处于不断变化中的。其次，模型是对现实生活的简要表述，它建立在许多的假设之上，不可能完全指导实践。对于 LTCM 公司来说，虽然大量的历史数据表明它持有的分散化投资极大地降低了风险，但是历史数据的统计过程却忽略了一些小概率事件。量化模型的同质化使得市场走向一个均衡的状态，而在这样的均衡状态下量化本身是难以战胜市场的，并且随着外部环境的恶化，量化趋同交易使得市场的同涨同跌现象更为明显，杠杆的使用进一步加剧了流动性枯竭，最终使得量化交易模型走下神坛。

（2）杠杆的运用要适可而止。在金融市场中，高财务杠杆提高收益的同时也放大了风险。LTCM 为了实现高额收益，先后将资金杠杆由 16:1 提高至 25:1。之后的市场不利变动导致其基金瞬间出现巨额亏损，并要求其提供充足保证金。这样的外部震荡使得基金的投资者们对市场预期大幅下降，从而基金的市场价值盘旋下降。事后证明，LTCM 当时如能追缴保证金，等到市场恢复平稳后，其持有的绝大部分交易合约仍是盈利的。但杠杆造成的恶性循环一旦开始便很难停下。

（3）关注市场流动性风险。正如前文所述，LTCM 通过流动性溢价盈利，其持有了相当数量的流动性较差、信用级别较低的证券。但它却并未考虑当市场流动性急剧下降时，该如何保持盈利。俄罗斯金融危机导致市场恐慌下的流动性丧失无疑对 LTCM 是一个致命打击。

（4）限制相关机构信贷敞口。在此次危机下，许多大型银行也受到了波及，原因是这些银行在套利交易柜台上持有俄罗斯债券，在贷款业务中给俄罗斯公司提供商业贷款，又通过经纪业务贷款给 LTCM 从而间接接触到俄罗斯危机。但银行相关风险管理部门并未意识到这些业务的相关性，使得在危机爆发时，银行的风险敞口巨大。金融机构应建立一套程序来度量和监管交易对手方的风险敞口，对任何某个特定机构的信贷敞口应有限制，建立一套程序来监督信贷质量以及减小信贷风险。

（5）加强量化交易的监管与披露。LTCM 并未制定独立的审核机制对交易员的工作进行监管，对风险控制也并不十分看重。因此，在量化交易过程中，应强化监管，完善内部风险控制机制。LTCM 虽然定期向投资者们披露财务报表，但信息透明度并不高。投资者们并不了解自己的基金的投资详情，更无法了解其金融衍生工具交易等表外业务的巨大风险。因此，在信息披露过程中，传统的资产负债表并不适用于一些表外交易，应进行更深层次的披露。

11.4.2 骑士资本高频交易事故

高频交易是量化投资的典型代表，自诞生以来就饱受争议。高频交易基于统计的历史数据运用计算机程序从市场极为短暂的变化中寻找获利机会。它的主要特征是程序化交易、交易量大、交易次数多、持有期限短等。这种由复杂的计算机和算法交易主导的股票交易能在毫秒之内自动完成大量买卖交易；机构投资者为了争取千分之一秒的优势甚至会无限地缩小服务器和交易所的距离。由于其巨额的交易量，业界认为高频交易的计算机系统一旦出现错误，将会在短时间内给股市带来巨大冲击。

1. 案例简介[①]

成立于 1995 年的骑士资本（Knight Capital Group）是华尔街最大的经纪商和做市

① 资料来源：第一财经日报，详见 https：//www. yicai. com/news/1953392. html。

商之一。其市场的交易份额占到纽约证券交易所交易总量的 17.3%、纳斯达克证券市场的 16.9%，2011 年它处理了超过 10% 的美国上市股票交易，在纽交所和纳斯达克交易所零售股票交易业务中排名第一。除了为客户提供全方位的经纪业务服务之外，还通过公司自有的交易平台系统，为客户提供高频交易服务。

为了方便零售客户参与纽交所 2012 年 8 月 1 日上线运行的新交易功能，骑士资本于 2012 年 7 月底对装载在八台生产服务器上的高频交易系统 SMARS 进行更新，增加了客户流动性应用系统（Retail Liquidity Program，RLP）。可是由于工作人员的疏忽，只有 7 台生产服务器完成了升级。

8 月 1 日纽交所开市后，骑士资本接收并处理客户的交易单，其中七台服务器表现良好，但在遗漏升级服务的那台机器上出现了漏洞。事后统计显示，这台服务器接收了来自 212 个客户的交易单，但是却向纽交所提交了数百万个小交易单，其中超过 400 万单交易被执行，涉及 154 只股票，总成交量超过 3.97 亿股。其中，由于此次事故，75 只股票的价格涨幅超 5%，37 只股票的价格涨幅近 50%。奇才软件公司从上个交易日的 3.50 美元涨到了 14.76 美元；知名的阿伯克龙比和菲奇公司的股价在几分钟之内便攀升了 8%，从之前的 33.80 美元涨到了 36.84 美元；著名的哈雷戴维森摩托公司的股票突然跌了 12%，从 43.23 美元掉到了 37.84 美元。

这次交易故障导致骑士资本损失了 4.6 亿美元，事发后，TDA 证券、先锋基金和富国基金宣布停止向骑士资本发送交易订单。此外骑士资本被要求为每一笔交易承担更多的保证金。交易结束后公司股价也在短短的两个交易日内从 10 美元跌到了 2.5 美元，市值大量蒸发，接近破产边缘，最终被 Getco LLC 收购。

2013 年，美国证监会对骑士资本处以 1200 万美元罚金，并在事后针对骑士资本高频交易系统故障损失事件增加了条例，条例特别要求高频交易商在开发高频交易软件的过程中删除废弃或者不再使用的模块。

2. 案例分析

高频交易利用极快的交易速度完成交易，与传统的交易相比，最顶尖的高频交易策略可以快到微秒级。本案例中的骑士资本作为美股市场上最大的做市商，广泛应用高频交易寻找市场上的获利机会。其利用的自动做市商策略是常见的高频交易策略，基本原理是：

在股票市场上，有两位投资者对同一股票分别执行了 20 元的卖单和 21 元的买单（分批委托）。如果基于传统的交易系统，则在撮合竞价原则下，二者直接成交，成交速度较慢。如果存在高频交易商利用自动做市商策略不停地在市场上用很小的委托单进行探测，并探测到了这两位投资者的委托单。自动做市商将吃进 20 元的卖单，同时等市场出现 21 元的买单报价时卖出，从中获取 1 元的收益。这一策略的本质在于利用快速的成交系统和不停地报价试探通过低价买入和高价卖出获得稳定的收益。这也是高频交易的本质思想。

实现这一过程的关键在于交易速度。对于高频交易商来说，“时间就是金钱”得到了完美的体现，市场中的价格偏差是有限的，谁能更快地发现交易机会，就能够获得更多的收益。因此，高频交易十分依赖计算机的性能和交易算法。

在本次骑士资本的交易事故中，由于系统在平台更新时的不一致，有些研究者将其称为程序员的“乌龙指”，即由于程序员本身的业务失误使高频交易系统出现了巨大的逻辑漏洞，并给公司造成了无法挽回的巨大损失。

正如前文中介绍的那样，正常高频交易的逻辑是通过预测市场卖家和买家的行为，以低买高卖的方式赚取信息差。但在此次事件中，骑士资本的做市商系统诡异地进行了高买低卖的反常行为，该行为不仅为公司造成了巨大的损失，同时也给市场造成了巨大的影响，推动了不同股票不同程度的上涨或者下跌。

除了给市场造成巨大的灾难以外，由交易系统故障产生的链式影响很快传导到了客户。骑士资本被要求为每一笔交易承担更多的保证金，因此接收的交易订单越多，需要的保证金就越多，这导致其陷入了流动性危机。

高频交易市场上频繁出现的“黑天鹅”事件引起了监管部门的警觉和担忧。监管机构认为，高频交易公司利用强大的电脑系统进行快速交易，与技术上相对落后的投资者相比，此类公司利用技术优势获得的时间优势先行下单影响了市场的公平竞争。此外由于其交易量巨大，容易对整个金融系统的稳定性产生冲击。

事后来看，这次的交易故障是可以避免的。美国证监会的调查结果显示，虽然某台服务器没有及时升级 RLP 系统，但是 SMARS 系统在 8 月 1 号开市前，就已经给相关人员发送了“Power Peg Disabled”的邮件，提示该模块的分发功能被唤醒，遗憾的是没有引起任何人的注意和警惕。实际上，在 2003 年和 2005 年，开发人员对相关模块做出了两次整改，均可以删除该模块，但遗憾的是没有任何一次被成功执行。于是这个悬在骑士资本头上的“达摩克利斯之剑”在无人问津之中度过了十年，终于在十年后一次操作人员的失误中显露出其狰狞面目，一口吞下了这个做市业务的交易总量在纽交所和纳斯达克的排名都是第一的巨无霸。

3. 案例总结

骑士资本这次交易故障看似由个人原因疏忽造成的，但本质上反映出整个高频交易行为的容错率差。高频交易用看似不会出错的计算机代替了容易出错的人，但是在交易量海量的互动下，任何一个微小的错误都会被放大无数倍。高频交易将交易速度提升到了微秒级别，这也意味着一个错误留给人反应的时间达到了微秒级别。无论是公司还是个人，一旦参与高频交易，需避免将公司和整个市场放置于风险之下。骑士资本用自己血淋淋的代价提醒了高频交易的机构要重视企业的风险管理问题，具体包括：

（1）加强量化交易风险管理。事后调查发现，骑士资本在进行高频的过程中，虽然对相关风险敞口进行了限定，但在其交易系统中并未有体现，这就导致了其不能在风险敞口进一步扩大时及时停止交易。量化交易公司在设计交易系统时必须完善风险管理机制，将重大的安全风险扼杀在初始阶段。

（2）完善公司运作机制。骑士资本高频交易系统中的问题模块 Power Peg 作为一个废弃使用的模块，长期存在于交易系统之中成为僵尸模块。技术部门的开发人员在部署代码和上线程序的过程中，缺乏严格的单元测试，存在重大的操作安全风险。此外，在如此重大的程序更新环节，除了一个技术人员以外没有配置其他工作人员进行审核和检查，由此引发的风险导致了整个公司的破产。对于机构来说，其技术部门应该推出完善的监督和审核制度，对于重大的安全事项，如程序开发、检查和更新，实行多重责任核检制度，而不是将责任完全押注到员工的技术能力和责任心上。

（3）提升员工个人的风险意识。本次事件导火索来自一个程序员的更新失误，而由于员工个人的"黄油手"引发的危机数不胜数，如日本瑞穗证券公司的乌龙事件、印度公司的闪电崩盘、光大证券的"乌龙指"事件等。在量化交易和金融科技的背景下，人的失误会被无限放大，而这种错误通常是不可逆转的。当前金融企业虽然通过各种量化模型控制交易风险，但由于员工操作失误造成的风险属于不可控类型。从这个角度，公司应该加强对员工的风险管理宣传，持续进行风险管理教育，增强员工的责任意识和风险意识。

参考文献

［1］A. 波尔著，陈雄兵，张海珊译．统计套利［M］．北京：机械工业出版社，2011.

［2］B. 塔克曼等著，范龙振等译．固定收益证券［M］．北京：机械工业出版社，2014.

［3］I. 奥尔德里奇著，南华期货研究所、谈效俊、杨燕译．高频交易［M］．北京：机械工业出版社出版，2011.

［4］J. C. 赫尔著，王勇，素吾林译．期权期货和其他衍生品（第九版）［M］．北京：机械工业出版社，2014.

［5］J. C. 赫尔著，王勇译．期权和期货市场基本原理［M］．北京：机械工业出版社，2008.

［6］L. G. 麦克米伦著，郑学勤译．期权投资策略［M］．北京：机械工业出版社，2010.

［7］L. 格利茨著，唐旭译．金融工程学［M］．北京：经济科学出版社，1998.

［8］M. 鲁宾斯坦著．投资思想史［M］．北京：机械工业出版社，2009.

［9］R. K. 纳兰著，上官丽英，王思洋，王锦炎译．打开量化投资的黑箱［M］．北京：机械工业出版社，2016.

［10］R. 托托里罗著，李洪成，徐文星译．量化投资策略：如何实现超额收益 Alpha［M］．上海：上海交通大学出版社，2013.

［11］S. A. 罗斯等著，吴世农译．公司理财［M］．北京：机械工业出版社，2012.

［12］S. 纳坦恩伯格著，韩冰洁译，期权价格波动率与定价理论［M］．北京：机械工业出版社，2014.

［13］Z. 博迪等著，陈收，杨艳译．投资学［M］．北京：机械工业出版社，2009.

［14］陈晓红，杨艳军，王宗润．金融期货投资学［M］．北京：清华大学出版社，2007.

［15］仇中群，程希骏．基于协整的股指期货跨期套利策略模型［J］．系统工程，2008（12）：26－29.

［16］邓小朱，周云洁．期货与期权：理论、实务、案例［M］．北京：中国人民大学出版社，2017.

［17］丁鹏．量化投资：策略与技术［M］．北京：电子工业出版社，2012.

［18］丁秀玲，华仁海．大连商品交易所大豆与豆粕期货价格之间的套利研究［J］．统计研究，2007，24（002）：55－59.

［19］高辉，赵进文．沪深300股指套期保值及投资组合实证研究［J］．管理科学，2007（2）：80－90.

［20］宫晓莉，庄新田．调和稳定Lévy过程驱动的双重跳跃模型及期权应用［J］．系统管理学报，2017（6）：1089－1096.

［21］黄艳华．随机跳风险与随机强度组合模型的欧式期权定价［J］．金融经济，2018，496（22）：170－173.

［22］李楚霖，杨明，易江．金融分析及应用［M］．北京：首都经济贸易大学出版社，2002.

［23］李子睿．量化投资交易策略研究［D］．天津：天津大学，2013.

［24］梁斌，陈敏，缪柏其等 我国股指期货的套期保值比率研究［J］．数理统计与管理，2009，28（1）：143－151.

［25］刘悦，杨爱军，林金官．基于机制转换模型的碳排放权期权定价［J］．数理统计与管理，2019（2）：225－234.

［26］罗孝玲．期货与期权［M］．北京：高等教育出版社，2011.

［27］马超群，刘钰，姚铮等．股指期货最小风险套期保值比率计算方法及实证研究［J］．系统工程，2008，26（009）：80－84.

［28］齐明亮．套期保值比率与套期保值的效绩——上海期铜合约的套期保值实证分析［J］．华中科技大学学报（社会科学版），2004（2）：56－59.

［29］沈炳熙，曹媛媛．中国债券市场30年改革与发展［M］．北京：北京大学出版社，2014.

［30］宋逢明．金融工程原理：无套利均衡分析［M］．北京：清华大学出版社，1999.

［31］宋逢明．金融科学的工程化［J］．金融研究，1997，7：1－5.

［32］徐洪才．期货投资学［M］．北京：首都经济贸易大学出版社，2008.

［33］薛宏刚，徐成贤，徐凤敏．股票指数期货：投资，套利与套期保值［M］．北京：科学出版社，2008.

［34］叶永刚，郑康彬．金融工程概论［M］．武汉：武汉大学出版社，2009.

［35］袁东．中国债券流通市场运行实证研究：交易所债券市场与银行间债券市场的比较分析［M］．北京：经济科学出版社，2004.

［36］张敏．股指期货套利与套期保值研究［D］．武汉：华中科技大学，2007.

[37] 郑振龙，陈蓉．金融工程 [M]．北京：高等教育出版社，2016.

[38] 郑振龙．衍生产品（21 世纪金融学校系列教材）[M]．武汉：武汉大学出版社，2008.

[39] 中国期货业协会．套期保值与套利交易 [M]．北京：中国时代经济出版社，2006.

[40] A. A. Kirilenko, A. S. Kyle, M. Samadi, et al. The Flash Crash: High - Frequency Trading in an Electronic Market [J]. *Journal of Finance*, 2017, 72 (3): 967 - 998.

[41] A. Damodaran. *Investment Valuation* [M]. New York: Wiley, 2002.

[42] A. Ghosh. Hedging with Stock Index Futures: Estimation and Forecasting with Error Correction Model [J]. *Journal of Futures Markets*. 1993 (13): 743 - 752.

[43] A. Hameed, Y. Kusnadi. Momentum Strategies: Evidence from Pacific Basin Stock Markets [J]. *Journal of Financial Research*, 2002, 25: 383 - 397.

[44] A. P. Chaboud, B. Chiquoine, E. Hjalmarsson, et al. Rise of the Machines: Algorithmic Trading in the Foreign Exchange Market [J]. *Journal of Finance*, 2014, 69 (5): 2045 - 2084.

[45] A. Shleifer, R. W. Vishny. The Limits of Arbitrage [J]. *Nber Working Papers*, 1997, 52 (1): 35 - 55.

[46] B. Cornell, K. R. French. The pricing of stock index futures [J]. *Journal of Futures Markets*, 1983, 3 (1): 1 - 14.

[47] B. P. Brown. An Empirical Evaluation of Accounting Income Numbers [J]. *Journal of Accounting Research*, 1968, 6 (2): 159 - 178.

[48] B. R. Routledge, D. J. Seppi, C. S. Spatt. Equilibrium Forward Curves for Commodities [J]. *Journal of Finance*, 2000, 3 (55): 1297 - 1338.

[49] C. Bradford, R. F. Kenneth. Taxes and the Pricing of Stock Index Futures [J]. *Journal of Finance*, 1983, 38 (3): 675 - 694.

[50] C. C. John, A. S. Ross and M. Rubinstein. Option pricing: A simplified approach [J]. *Journal of Financial Economics*, 1979.

[51] C. C. John, R. Mark. *Options Markets* [M]. Prentice Hall, 1985.

[52] C. L. Chang, M. Mcaleer, R. Tansuchat. Crude Oil Hedging Strategies Using Dynamic Multivariate GARCH [J]. *Energy Economics*, 2011, 33 (5): 912 - 923.

[53] D. Duffie, P. K. Singleton. Transform Analysis and Asset Pricing for Affine Jump - Diffusions [J]. *Econometrica*, 2000, 68 (6): 1343 - 1376.

[54] D. M. Modest, M. Sundaresan. The Relationship Between Spot and Futures Prices in Stock Index Futures Markets: Some preliminary evidence [J]. *Journal of Futures

Markets, 1983, 3 (1): 15 -41.

[55] E. Chang , D. Madan, P. Carr . The Variance Gamma Process and Option Pricing [J]. *European Finance Review*, 1998, 2 (1): 79 -105.

[56] E. F. Fama, K. R. French. A Five - factor Asset Pricing Model [J]. *Journal of Financial Economics*, 2015, 116 (1): 1 -22.

[57] E. F. Fama, K. R. French. Common Risk Factors in The Returns on Stocks and Bonds [J]. *Journal of Financial Economics*, 1993, 33 (1): 3 -56.

[58] E. Gatev, W. N. Goetzmann, K. G. Rouwenhorst. Pairs Trading: Performance of a Relative Value Arbitrage Rule [J]. *Social ence Electronic Publishing*, 2006, 19 (3): 797 -827.

[59] E. Reiner, M. Rubinstein. Breaking down the barriers [J]. *Risk*, 1991 (4), 28 -35.

[60] F. Black, J. Cox. Valuing Corporate Securities: Some Effects of Bond Indenture Provisions [J]. *Journal of Finance*, 1976, 31: 351 -367.

[61] F. Black, M. S. Scholes. The Pricing of Options and Corporate Liabilities [J]. *Journal of Political Economy*, 1973, 81 (3): 637 -654.

[62] F. Black. The Pricing of Commodity Contracts [J]. *Journal of Financial Economics*, 1976, 3 (1): 167 -179.

[63] F. Modigliani, M. H. Miller. American Economic Association the Cost of Capital, Corporation Finance and the Theory of Investment [J]. *The American Economic Review*, 1958, 48 (3): 261 -297.

[64] F. R. Macaulay. *Some Theoretical Problems Suggested by the Movements of Interest Rates, Bond Yields and Stock Prices in the United States since* 1856 [M]. National Bureau of Economic Research, Inc, 1938.

[65] G. E. Morgan. Forward and Futures Pricing of Treasury Bills [J]. *Journal of Banking & Finance*, 1981, 5 (4): 483 -496.

[66] G. Vidyamurthy. *Pairs Trading: Quantitative Methods and Analysis* [M]. John Wiley & Sons, 2004.

[67] H. Corb. *Interest Rate Swaps and other Derivatives* [M]. New York: Columbia University Press, 2012.

[68] H. David. Risk, Futures Pricing, and the Organization of Production in Commodity Markets [J]. *Journal of Political Economy*, 1988, 96 (6): 1206 -1220.

[69] H. Markowitz. Portfolio Selection [J]. *The Journal of Finance*, 1952, 7 (1): 77 -91.

[70] I. Fisher. What is Capital [J]. *The Economic Journal*, 1896, 6 (24): 509 534.

[71] J. Alm, F. Lindskog. Foreign Currency Interest Rate Swaps in Asset – Liability Management for Insures [J]. *European Actuarial Journal*, 2013, 3: 133 – 158.

[72] J. Bicksler, A. H. Chen. An Economic Analysis of Interest Rate Swaps [J]. *The Journal of Finance*, 1986, 41 (3): 645 – 655.

[73] J. C. Cox, J. E. Ingersoll, S. A. Ross. The Relation between Forward Prices and Futures Prices [J]. *Journal of Financial Economics*, 1981, 9: 321 – 346.

[74] J. Ericsson, O. Renault. Liquidity and Credit Risk [J]. *Journal of Finance*, 2006, 61 (5): 2219 – 2250.

[75] J. Hand, R. Holthausen, R. Leftwich. The Effect of Bond Rating Agency Announcements on Bond and Stock Prices [J]. *Journal of Finance*, 1992, 47 (2): 733 – 752.

[76] J. Hull, A. White. The Pricing of Options on Assets with Stochastic Volatilities [J]. *Journal of Finance*, 1987, 42 (2): 281 – 300.

[77] J. Monique, Y. Marc, C. Marc. *Mathematical methods for financial markets* [*M*]. Springer London, 2009.

[78] J. S. K. Chang, J. C. H. Loo, C. C. W. Chang. The Pricing of Futures Contracts and The Arbitrage Pricing Theory [J]. *Journal of Financial Research*, 1990, 13: 297 – 306.

[79] J. Y. Campbell, R. J. Shiller. Stock Prices, Earnings and Expected Dividends [J]. *Journal of Finance*, 1988, 43 (3): 661 – 676.

[80] K. Ioannis, S. E. Steven. *Methods of mathematical finance* [M]. Berlin: Springer, 2004.

[81] L. A. G. Frederick, H. L. Robert. The Pricing of Commodity Futures Contracts, Nominal Bonds and Other Risky Assets under Commodity Price Uncertainty [J]. *The Journal of Finance*, 1979, 34 (1): 69 – 83.

[82] L. H. Ederington. The Hedging Performance of the New Futures Markets [J]. *Journal of Finance*, 1980, 35 (5): 157 – 170.

[83] L. L. Johnson. The Theory of Hedging and Speculation in Commodity Futures [J]. *Review of Economic Studies*, 1960, 27 (3): 139 – 151.

[84] L. RenéSchilling. Financial Modelling with Jump Processes [J]. *Journal of the Royal Statistical Society*, 2005, 168.

[85] M. F. Miller, F. Modigliani. Dividend Policy, Growth, and the Valuation of Shares [J]. *The Journal of Business*, 1961, 34 (4): 411 – 433.

[86] M. Grinblatt, N. Jegadeesh. Relative Pricing of Eurodollar Futures and Forward Contracts [J]. *The Journal of Finance*, 1996, 51 (4): 1499 – 1522.

[87] M. J. Barclay, R. H. Michael and B. W. Jerold. Private Information, Trading Volume, and Stock Return Variances [J]. *Review of Financial Studies*, 1990, 3 (2): 233 – 253.

[88] M. J. Brennan, E. S. Schwartz. Arbitrage of Stock Index Futures [J]. *The Journal of Business*, 1990, 63 (1): 7 -31.

[89] M. Nicholas. A Theory of Price - Earnings Ratios [J]. *Financial Analysts Journal*, 2005, 51 (1): 29 -43.

[90] N. Cakici, S. Chatterjee. Pricing Stock Index Futures with Stochastic Interest Rates [J]. *Journal of Futures Markets*, 2010, 11 (4): 441 -452.

[91] O. Sarig, A. Warga. Bond Price Data and Bond Market Liquidity [J]. *Journal of Financial and Quantitative Analysis*, 1989, 24 (3): 367 -378.

[92] P. Collin - Dufresne, B. Solnik. On The Term Structure of Default Premia In The Swap and LIBOR Markets [J]. *The Journal of Finance*, 2001, 56 (3): 1095 -1115.

[93] P. Klein. Interest Rate Swaps: Reconciliation of Models [J]. *Journal of Derivatives*, 2004, 12 (1): 46 -57.

[94] Q. Edward. Risk Parity and Diversification [J]. The Journal of Investing, 2011, 20 (1): 119 -127.

[95] R. A. Jarrow, G. S. Oldfield. Forward Contracts and Future Contracts [J]. *Journal of Financial Economics*, 1981, 9: 373 -382.

[96] R. C. Merton. Option pricing when underlying stock returns are discontinuous [J]. *Journal of Financial Economics*, 1976, 3 (1): 125 -144.

[97] R. C. Merton. Theory of Rational Option Pricing [J]. *Bell Journal of Economics & Management Science*, 1973, 4 (1): 141 -183.

[98] R. H. Litzenberger. Swaps: Plain and Fanciful [J]. *Journal of Finanace*, 1992, 47 (3): 831 -850

[99] R. J. Myers, S. R. Thompson. Generalized optimal hedge ratio estimation. American Journal of Agricultural Economics. 1989, 71: 858 -868.

[100] R. L. Weil. Macaulay's Duration: An Appreciation [J]. *The Journal of Business*, 1973, 46 (4): 589 -592.

[101] R. T. Baillie, R. J. Myers. Bivariate Garch Estimation of the Optimal Commodity Futures Hedge [J]. *Journal of Applied Econometrics*, 2010, 6 (2): 109 -24.

[102] S. A. Ross. The arbitrage theory of capital asset pricing [J]. *Journal of Economic Theory*, 1976, 13 (3): 341 -360.

[103] S. A. Ross. The Arbitrage Theory of Capital Asset Pricing [J]. *Journal of Economic Theory*, 2015, 13 (3): 341 -360.

[104] S. G. Cecchetti, R. E. Cumby, Figlewski S. Estimation of the Optimal Futures Hedge [J]. *Review of Economics and Statistics*, 1998 (70): 623 -630.

[105] S. G. Kou. A Jump - Diffusion Model for Option Pricing [J]. *Insurance: Mathe-*

matics and Economics, 2009, 44 (3): 337 -344.

[106] S. M. Turnbull, L. M. Wakeman. A Quick Algorithm for Pricing European Average Options [J]. *Journal of Financial and Quantitative Analysis*, 1991, 26: 377 -389.

[107] S. RenéM. Options on the minimum or the maximum of two risky assets: Analysis and applications [J]. *Journal of Financial Economics*, 1982.

[108] T. Ho, R. Singer. Bond Indenture Provisions and The Risk of Corporate Debt [J]. *Journal of Finance*, 1984, 41: 375 -406.

[109] T. Kristiansen. Pricing of Monthly Forward Contracts in The Nord Pool Market [J]. *Energy Policy*, 2007, 35 (1): 307 -316.

[110] W. F. Sharpe. Capital Asset Prices: A Theory of Market Equilibrium under Conditions of Risk [J]. *Journal of Finance*, 1964, 19 (3): 425 -442.

[111] W. P. Chen, R. K. Chou, H. Chung. Decimalization, ETFs and Futures Pricing Efficiency [J]. *Journal of Futures Markets*, 2010, 29 (2): 157 -178.

[112] W. Sharp. Capital Asset prices: A Theory of Capital Market Equilibrium under Conditions of Risk [J]. *Journal of Finance*, 1964, 19: 425 -442.